U0670502

"十四五"技工教育规划教材

财务共享服务实务

CAIWU GONGXIANG FUWU SHIWU

主　编：宋祚荣　　副主编：徐建宁

重庆大学出版社

内容提要

本书以社会财务共享服务中心的核算流程为主线，通过案例教学的方式分别从期初建账、票据录入、财税审核、纳税申报四个方面依次介绍工作情境、业务流程、业务操作、业务训练等内容。本书可以帮助学生系统了解会计准则、小企业会计准则、税收政策、企业财务制度等相关法律法规内容，熟悉财务共享服务中心工作规范和工作流程，掌握财务共享中心平台期初建账、票据录入、财税审核的流程及实操，掌握小规模纳税人、一般纳税人税费计算及纳税申报的流程及实操。

本教材是职业教育大数据与会计专业教材，也可作为相关"1+X"职业技能等级证书的培训教材。

图书在版编目(CIP)数据

财务共享服务实务 / 宋祚荣主编. -- 重庆：重庆
大学出版社，2023.2
ISBN 978-7-5689-3603-3

Ⅰ.①财… Ⅱ.①宋… Ⅲ.①企业管理—财务管理系
统—高等职业教育—教材 Ⅳ.①F275-39

中国版本图书馆 CIP 数据核字(2022)第 223140 号

财务共享服务实务
CAIWU GONGXIANG FUWU SHIWU

主　编　宋祚荣
副主编　徐建宁
参　编　刘文华　雷雯嘉
策划编辑：尚东亮

责任编辑：尚东亮　　　版式设计：尚东亮
责任校对：关德强　　　责任印制：张　策

*

重庆大学出版社出版发行
出版人：饶帮华
社址：重庆市沙坪坝区大学城西路21号
邮编：401331
电话：(023)88617190　88617185(中小学)
传真：(023)88617186　88617166
网址：http://www.cqup.com.cn
邮箱：fxk@cqup.com.cn(营销中心)
全国新华书店经销
重庆俊蒲印务有限公司印刷

*

开本：787mm×1092mm　1/16　印张：11.75　字数：259千
2023年2月第1版　　2023年2月第1次印刷
印数：1—3 000
ISBN 978-7-5689-3603-3　定价：39.00元

　　2011 年 8 月，国资委发布的《关于加强中央企业财务信息化工作的通知》明确指出"具备条件的企业应当在集团层面探索开展会计集中核算和共享会计服务"。2013 年 12 月，财政部下发的《企业会计信息化工作规范》第三十四条列明"分公司、子公司数量多、分布广的大型企业、企业集团应当探索利用信息技术促进会计工作的集中，逐步建立财务共享服务中心"。2014 年 10 月，财政部再次下发《财政部关于全面推进管理会计体系建设的指导意见》，该意见提出"推进面向管理会计的信息系统建设……鼓励大型企业和企业集团充分利用专业化分工和信息技术优势，建立财务共享服务中心，加快会计职能从重核算到重管理决策的拓展，促进管理会计工作的有效开展"。2016 年 10 月，财政部印发的《会计改革与发展"十三五"规划纲要》指明"密切关注大数据、'互联网+'发展对会计工作的影响，及时完善相关规范，研究探索会计信息资源共享机制、会计资料无纸化管理制度"。随着云计算、人工智能、大数据等信息技术的不断进步与发展，"财务共享服务"已不再是新鲜词汇，越来越多的中国企业加入这场"会计工业革命"。

　　随着"财务共享服务"理念的发展和普及，针对中小企业的传统代理记账公司也在积极寻求转型，社会型财务共享服务中心也如雨后春笋般迅猛发展，对中小企业的财务工作和财务人员带来了很大的冲击。基于此现状，本书以传统企业财务核算的流程与内容为基础，结合社会财务共享服务中心的特点，详细阐述了社会财务共享服务中心的工作模式、工作内容与业务流程，并利用财务共享实训平台进行实操练习，将之转变成可操作的实践方法。

　　本书以社会财务共享服务中心的核算流程为主线，通过案例教学的方式分别从期初建账、票据录入、财税审核、纳税申报四个方面依次介绍工作情境、业务流程、业务操作、业务训练等内容。培养能够在社会财务共享服务中心、集团财务共享服务中心中胜任票据整理、信息录入、信息审核等基础会计核算工作的新型财务人员，能够在中小企业完成云会计核算、报表编制、纳税申报等工作的财务人员。本书可以帮助学生系统了解会计准则、小企业会计准则、税收政策、企业财务制度等相关法律法规内容，熟悉财务共享服务中心工作规范和工作流程，掌握财务共享服务中心平台期初建账、票据录入、财税审核的流程及实操，掌握小规模纳税人、一般纳税人税费计算及纳税申报的流程及实操。

　　与传统教材相比，本教材有如下特点：

1. 业务操作性强

对财务共享服务中心三大工作领域——财税共享、服务共享和财务云智能技术应用的内容分别进行详细介绍,还原工作场景,梳理总结出业务流程和业务操作技能点,每个技能点都进行了精心讲解,具有较强的业务操作性。

2. 工作情境感强

以职场新人进入一家财务共享服务中心从事财税核算工作为主线,模拟真实工作场景,通过流程化的工作任务,循序渐进地引导学生逐渐认识财务共享服务中心,了解财务共享服务中心各个岗位的工作任务,掌握财税共享、服务共享、财务云智能技术应用三大工作领域的技能要求。

3. 配套资源丰富

本书针对实操性比较强的技能点,如票据录入、纳税申报、发票开具等内容专门录制了操作小视频,配套财税相关最新制度解读等数字资源,通过扫描二维码,随时随地观看微课视频,能适应线上线下混合教学的需要,提高学习效率。

4. 教材内容、形式新颖

教材内容新颖,反映的工作内容基于财务共享服务中心全新的业务流程和分工组织形式,基于全新的云共享业务平台;形式新颖,教材采用的是操作指引式的编写方法,符合"职教 20 条"倡导的工作手册式、新型活页式教材的要求。

本书由甘肃林业职业技术学院宋祚荣任主编,负责拟订教材结构、框架及工作任务二、工作任务四的编写,正保远程教育徐建宁编写工作任务三,甘肃林业职业技术学院刘文华参与编写工作任务一,甘肃林业职业技术学院雷雯嘉参与编写导论部分。

在本书出版过程中,得到了厦门网中网软件技术有限公司的大力支持,在此表示衷心的感谢! 由于编写时间紧促和编者的学识水平有限,书中难免存在不足,恳请广大读者提出宝贵的意见和建议,以便我们日后修订改进。

编 者

2022 年 8 月

目 录

导论 ………………………………………………………………… 1
  一、财务共享服务的含义与特征 …………………………………… 1
  二、财务共享服务的产生与发展 …………………………………… 4
  三、财务共享服务中心的组织架构和岗位设置 …………………… 6
  四、具体运作模式 …………………………………………………… 8
  五、技术资源及政策支撑 …………………………………………… 9
  六、财务共享服务的未来 …………………………………………… 11

工作任务一　期初建账 ………………………………………… 13
  一、工作情境 ………………………………………………………… 13
  二、业务流程 ………………………………………………………… 14
  三、业务操作 ………………………………………………………… 15
  四、业务训练 ………………………………………………………… 23

工作任务二　票据录入 ………………………………………… 24
  一、工作情境 ………………………………………………………… 24
  二、业务流程 ………………………………………………………… 25
  三、业务操作 ………………………………………………………… 27
  四、业务训练 ………………………………………………………… 83

工作任务三　财税审核 ………………………………………… 84
  一、工作情境 ………………………………………………………… 85
  二、业务流程 ………………………………………………………… 85
  三、业务操作 ………………………………………………………… 86
  四、业务训练 ………………………………………………………… 97

工作任务四　纳税申报 ………………………………………… 98
  一、工作情境 ………………………………………………………… 98

二、业务流程 ·· 99

三、业务操作 ·· 99

四、业务训练 ·· 180

参考文献 ·· 181

导　论

共享服务管理模式是现代管理模式的一次深度变革,是企业以最小单位成本提供业务支持、降低成本、提高效率、加强管控的一种新型管理模式。共享服务颠覆了传统职能部门的工作方式,其借助精细化的专业分工、标准化的流程和先进的信息技术,以"服务"为定位从事业务,服务的客户越多,显现出来的规模优势就越为明显,共享服务也就越有生命力。

财务共享服务中心(Financial Shared Service Center, FSSC)将集团公—司在不同国家或地区的会计业务汇总至一个共享服务中心来记账和报告,保证了会计记录、报告的规范和结构的统一,不再需要在每家子公司或办事处都设置会计岗位,大大节省了信息系统支出和人工成本。

随着大数据、云计算、移动互联、人工智能、物联网、区块链等信息技术的发展,企业中的财务工作模式也在不断发生变化,财务共享服务中心逐步建立起来。目前,世界500强企业中有90%的企业已经部署了财务共享服务中心,国内一些知名的大企业,比如中兴通讯、海尔、长虹、华为、中国移动、中国联通、联想等,也都纷纷建立了集团财务共享服务中心。那么,什么是财务共享服务? 财务共享服务是如何发展起来的? 财务共享服务中心有哪些业务? 其岗位是如何设置的呢?

一、财务共享服务的含义与特征

(一)财务共享服务的含义

财务共享服务来源于"共享服务"。共享服务是在具有多个运营单元的公司中组织管理功能的一种方式,它指企业将原来分散在不同业务单元进行的事务性或者需要充分发挥专业技能的活动,从原来的业务单元中分离出来,由专门成立的独立实体提供统一的服务。通过企业内部不同部门或业务单元间的组织和资源整合,实现服务共享,不但能够强化企业核心竞争力,优化资源配置,还能降低企业成本,提高管理效率。

共享服务作为这一创新型管理模式可运用于不同领域,例如人力资源共享、IT技术共享等,共享服务在财务领域的应用被称为"财务共享服务"。财务共享服务是依托数字信息技术,以财务业务流程处理为基础,将分散于各业务单元重复性高、易于标准化的财务业

务,进行流程再造与优化,并集中到财务共享服务中心统一处理,以达到优化组织结构、降低运营成本、提升客户满意度、创造财务价值的目的,以市场视角为内外部客户提供专业化服务的分布式管理模式。

提供财务共享服务的场所即"财务共享服务中心"。财务共享服务中心是企业组织架构中一个独立或者半独立的新组织或者部门,是企业集中式管理模式在财务管理上的最新应用。财务共享服务中心设立以后,可以将不同国家、地点、实体的会计业务拿到财务共享服务中心来处理,不需要在集团的每个公司和办事处都设会计,节省了系统和人工成本,同时保证了会计记录和报告的规范、结构统一。

(二)财务共享服务的特征

财务共享服务以"服务"的角色身份从事业务,颠覆传统财务职能部门的工作模式,具有鲜明的特色,服务对象的数量越多,所体现的规模优势就越明显。财务共享服务的特征主要体现在以下几个方面,如图 1 所示。

图 1 财务共享服务的特征

1. 服务协议与客户关系

财务共享服务坚持服务第一的原则,以业务的要求为导向,以客户的满意为目标,为本集团内外客户提供财务服务,并按照已签署服务协议收取相应费用,从而将业务流程转变为服务,将服务进一步转变为商品。财务共享服务中心和客户签订协议,用法的形式确定二者的关系,明确双方的责任和义务,以及服务的时限和质量标准,保障各方利益。

2. 流程优化与再造

流程优化与再造是共享服务中心的核心能力。将不同业务单位冗杂、繁多的业务流程进行标准化是财务共享服务中心提高效率、降低成本的关键点。使流程的各方面统一,包括规章制度、业务标准、流通程序等,以此来降低企业的运营成本,促进企业规模发展。一项关于财务共享服务中心业务范围的调研结果显示,在接受调研的企业的 14 项共享服务中心,现有业务范围中排在前五位的是:费用报销、采购到付款、资金结算、总账到报表及固定资产核算,这几类业务交易频繁且易标准化,是共享服务中心发展过程中形成的典型业务,最易实施。除此之外,共享服务中心通常也承担一些税务职能,如发票开具和纳税申报。从共享服务中心覆盖的流程情况来看,覆盖面排序情况如图2所示。

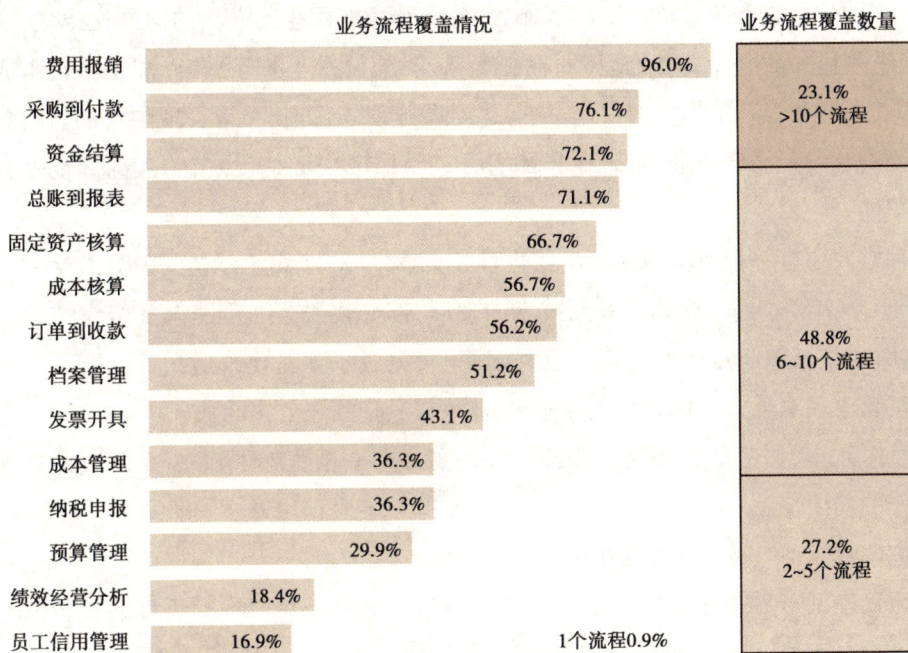

业务流程覆盖情况

流程	占比
费用报销	96.0%
采购到付款	76.1%
资金结算	72.1%
总账到报表	71.1%
固定资产核算	66.7%
成本核算	56.7%
订单到收款	56.2%
档案管理	51.2%
发票开具	43.1%
成本管理	36.3%
纳税申报	36.3%
预算管理	29.9%
绩效经营分析	18.4%
员工信用管理	16.9%

业务流程覆盖数量

覆盖数量	占比
>10个流程	23.1%
6~10个流程	48.8%
2~5个流程	27.2%
1个流程	0.9%

图2　财务共享服务中心覆盖的业务流程调研情况

3. 规模化与专业性

财务共享服务中心关注效率和效益,将企业各个分散的业务管理聚集在一起,使其各部分组成一个链条,形成规模经济,有利于降低成本,提高各企业效益。财务共享服务中心储备了从基础核算、资金支付到报表出具的专业化人员,加上高效能、高集成对接的软件平台系统,使得规模化效应得以充分有效发挥。

4. 独立盈利与外包

大型企业集团的财务共享服务中心正在从内部运营走向外包。提供外包服务不仅可以满足自身财务共享服务的需求,而且可以充分利用已经建设的财务共享服务中心进一步扩大业务范围,降低运营成本,逐渐从成本中心变为利润中心,成为企业创造新价值的独立经济体。财务共享服务中心的经营,不是通过服务补偿成本,而是通过服务赚取利润。

(三) 财务共享服务中心的分类

了解财务共享服务中心的类型,有助于企业选择适合自身发展需求的财务共享服务模式,依据企业发展的战略定位,从财务共享服务中心的建设目的出发,可以将财务共享服务中心分为服务型财务共享服务中心和集团管控型财务共享服务中心两种。

1. 服务型财务共享服务中心

服务型财务共享服务中心,是在集团内部成立一个独立的会计服务机构,企业服务资源共享,这种类型的财务共享系统趋于独立,系统设计重视业务人员的操作便捷性,主要解决大量、重复业务的会计交易处理(如报销业务、收款付款业务等)和标准化报告生成的问题,降低其在财务管理工作中的占比,从而达到提升绩效管理、决策管理的目的。财务共享服务中心的建设是循序渐进的,企业集团财务共享服务中心建设之初,大部分也是首先实现服务职能。

这种模式还有一种典型的组织是社会财务共享中心,即代账公司的财务共享中心。从2015年起,随着竞争的加剧和互联网技术的发展,部分代账公司迅速调整组织结构和业务流程,将财税核算部门独立出来建设成共享中心,完成了工业化改造。社会财务共享中心除了承接自己代账公司的核算与服务业务,还承接其他代账公司的业务。

信息系统上,服务型财务共享服务中心的财务共享系统趋于独立,系统设计重视业务人员操作的便捷性。

2. 集团管控型财务共享服务中心

集团管控型财务共享服务中心,是将企业分散在各业务单元中易于标准化和规范化的财务业务进行流程再造与标准化、集中处理,同时纵向上加强对下属业务单元的管控力度,横向上实现财务业务一体化,为集团企业实现有效监管和管理决策提供强有力的技术支撑。集团管控型财务共享服务中心的工作流程是以业务流程为起点,即先有业务后有财务,强调横向的业务财务一体化管控。使财务管控前移,从而降低财务风险。通过集团管控型财务共享服务中心,企业可以真正实现业财融合。

与传统的财务共享中心相比,集团管控型财务共享除了强调服务,更强调管控的功能;其信息化更加强调与业务系统的集成,在原有集团财务及ERP系统基础上,建立共享平台与业务系统的横向连接,包括由业务系统发起报账流程及从报账系统追溯业务单据,提供全价值链的财务管理服务。

二、财务共享服务的产生与发展

会计就技术层面而言是一个管理信息系统,自意大利数学家卢卡·帕乔利于1494年出版《算术、几何、比及比例概要》以来,已经形成了一套长期稳定不变的生产和运用经济业务信息的体系。历次工业革命和社会变革对会计的影响远远小于对社会经济生活中其他方面的影响。如果不是新的信息技术革命,会计专业也许还将在岁月静好之中继续五百年。在1980年,阿尔文·托夫勒的《第三次浪潮》向人们预言:世界将随着第三次浪潮进入信息社会! 我们有理由相信一切有关信息处理的职业(当然包括会计)必将发生浪潮式的变革。

从此之后的十年,廉价的计算机如期进入中国;十五年后,昂贵的互联网也快速地进入家庭。但有关会计,我们看到最多的只是一个当时让我们激动不已的新名词——"会计电算化"。一般来说,工具的变革往往带来分工、流程甚至思维模式的变革,但在会计领域,我们最大的成绩就是将纸质的"账本"搬到计算机里,有关会计的思维方式与五百年前无异,即使搬家以后我们还不忘按照传统的方式将账本打印出来。

进入 21 世纪第二个十年以来,新一代信息技术如雨后春笋般涌现并迅速应用于社会经济各个领域,云计算、大数据、移动互联、人工智能、物联网、区块链等看起来与会计十分遥远的技术一转眼已经化成了会计身边的财务云、电子发票、移动支付、数据挖掘、数字签名、电子档案、在线审计、区块链发票、财务专家系统……20 世纪 80 年代,福特公司建立世界上第一个财务共享服务中心。1999 年,摩托罗拉"亚洲财务结算中心"在天津成立。2005 年,中兴通讯建立国内第一个财务共享服务中心。之后,联想、海尔、华为等知名企业集团相继建立自己的财务共享服务中心……此后,由企业集团财务共享服务中心到社会共享服务中心,发展虽然不紧不慢,但今天已呈迅雷不及掩耳之势!财务共享服务通过核算和报账共享,大大减少了财务人员投入,提高了核算效率;财务共享服务通过业务流程和作业标准统一,实现了规范化管理,强化了集团管控;财务共享服务整合了经营数据和财务数据,实时核算、业财融合,大大提升了企业商业预测和决策支持能力;财务共享服务推动了管理会计与大数据的融合,让智能财务、数字化管理成为现实。自动化、智能化、数字化、业财一体化、虚拟化办公已经由"财务的未来"变成了"财务的现实"。"机器代人"本以为只会发生在生产车间,却没想到在财务领域来得更快。

(一) 财务共享服务的产生

财务共享服务始于 20 世纪 80 年代,最初产生的动因是公司降低管理运营成本的需要。同时,要正确认识财务共享服务,也离不开对经济全球化与数字经济时代的理解。正是世界经济全球化和数字经济时代的来临,催生了财务共享服务。"一带一路"建设是在我国构建全方位开放新格局,深度融入世界经济体系背景下提出的重大倡议,在给企业提供更多"走出去"的发展机会的同时,也倒逼我国企业加快转型升级的步伐。根据中华人民共和国财政部财会〔2013〕20 号文件《企业会计信息化工作规范》第三十四条的要求:分公司、子公司数量多、分布广的大型企业、企业集团应当探索利用信息技术促进会计工作的集中,逐步建立财务共享服务中心。这些都促使财务部门转变传统的财务管理工作模式,重视对财务风险的控制,同时要求个人从低附加值工作向高附加值工作转型,从财务人员变成复合型财务人才。

(二) 财务共享服务的发展

20 世纪 90 年代,随着信息技术的发展,财务共享服务中心得到了大型国外集团公司的认同和接纳,进入持续发展期,开始在如花旗银行、戴尔等大型跨国公司之中盛行,而此时财务共享服务中心的作用不仅体现在成本的降低,更多地体现在高质量服务的要求。

21世纪初,财务共享服务中心逐渐走向成熟,全球有越来越多的大型企业陆续建立了符合自身发展状况的财务共享服务中心,而财务共享服务中心的重点也已从降低业务模块成本、提高服务质量逐步上升为企业战略层面的构想。随后,全球化的推动使得大型集团企业开始跨国经营,大型跨国公司来中国建立分支机构的同时也将其先进的管理理念一并带到中国,如埃森哲上海分公司的建立,使财务共享理念广为人知。后来,中国一些企业也开始接触和运用财务共享服务模式,2005年中兴通讯作为我国第一家运用财务共享服务的公司,为我国财务共享时代拉开了序幕。经过中兴通讯勇敢实验后,越来越多的公司看到了财务共享的好处,也相继开始构建属于自己的财务共享服务中心,例如万科集团、旭辉集团、华润集团等大型企业都相继建立了自己的财务共享服务中心。

三、财务共享服务中心的组织架构和岗位设置

不同企业对财务共享服务中心的战略定位有不同考虑:有的作为公司的后台职能平台,提高资源的配置效率,以降低成本;有的作为财务转型的基础,提升财务对企业经营管理的支持;也有的作为总部财务管控的方式,加强对分支机构运营情况的管控。每个行业、每个企业的财务共享服务中心会根据企业自身的经营特点和管理需要设置不一样的部门或岗位,集团管控型财务共享中心一般按业务循环设置组织架构,服务型财务共享中心一般按职能设置。

(一)集团管控型财务共享服务中心的组织架构和岗位设置

在大型集团企业,财务共享服务中心通常与集团财务部、业务单元财务部并行存在、业务协作,其组织架构一般划分为作业处理、运营支持和标准化等部门。

大型集团企业财务共享服务中心的作业处理即会计核算部门,一般可以划分为采购与应付、销售与应收账款、费用报销、资金结算、总账、资产核算等业务循环,也有很多企业按此设置岗位,如图3所示。

以宝钢和海尔的财务共享服务中心的岗位设置为例。宝钢的财务共享服务中心是一个典型的财务共享服务中心,涵盖了会计核算能够共享的主要流程,目前共享中心细化了242个子流程,对应242个岗位类型。作为集团财务部的一个重要组成部分,宝钢财务共享服务中心由8个小组构成。海尔的财务共享服务中心内部组织设置同样完全遵循了财务流程,服务10大类流程以及120个子流程,涵盖了会计核算的所有内容。具体操作层面,海尔的共享服务中心分为9个业务小组,分别处理与特定流程相关的业务。宝钢、海尔财务共享

服务中心岗位设置情况,如图4所示。

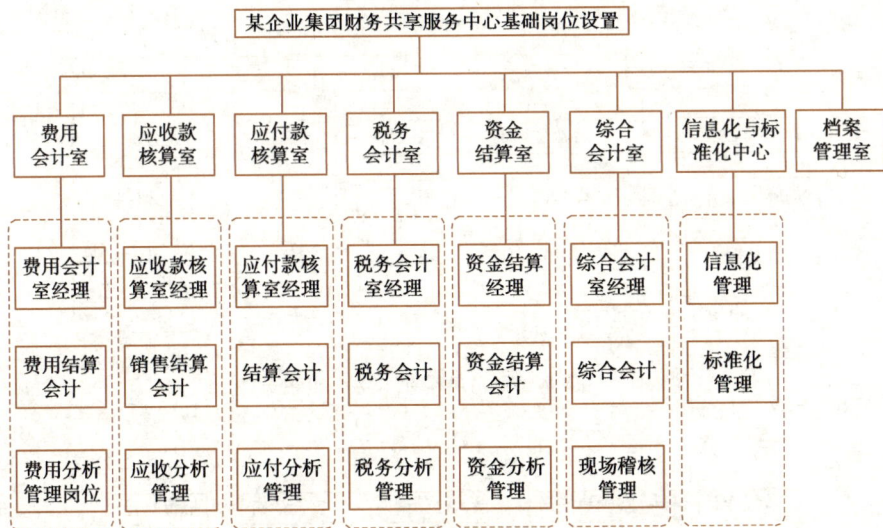

图3　集团财务共享服务中心岗位设置

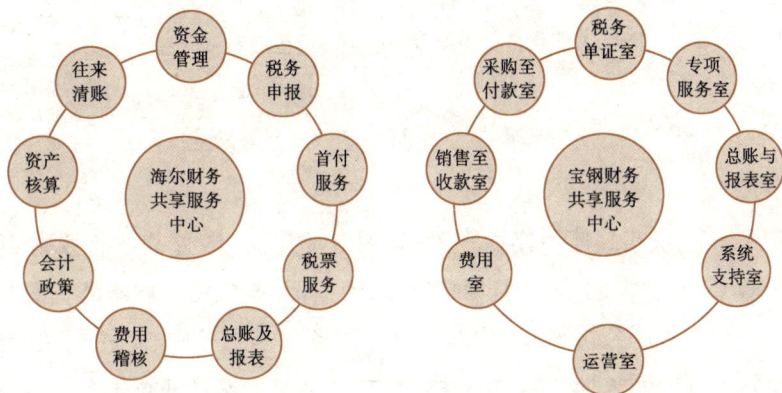

图4　集团财务共享服务中心岗位设置情况

(二)服务型财务共享服务中心的组织架构和岗位设置

相对于集团管控型财务共享服务中心,服务型财务共享服务中心组织架构的设计较为简单,其岗位一般按职能设计。以社会财务共享服务中心为例,职能部门主要包括核算中心、行政中心、市场中心、客服中心、质监部等,如图5所示。

其中,核算中心下设录入部、审核部和报税部。录入部负责建账、期初数据的录入、票据录入、复核等工作,常设收发会计、整理扫描会计、录入会计、审核会计、算税会计、报税会计等岗位;审核部负责凭证、账簿、报表的审核、税金检查等工作;报税部负责纳税申报、抄税等工作,如图6所示。

```
                        公司总经理
    ┌──────┬──────────┬──────────┬──────────┬──────────┐
  市场中心   客服中心    核算中心    质监部    行政中心
    │         │          │                    │
 市场企划部   客服部     录入部              人力资源
    │         │          │                    │
 品牌推广    综合部     审核部              日常行政
    │         │          │                    │
 数据分析    呼叫中心    报税部              客户资料
    │                                         │
  市场部                                    收费记录
```

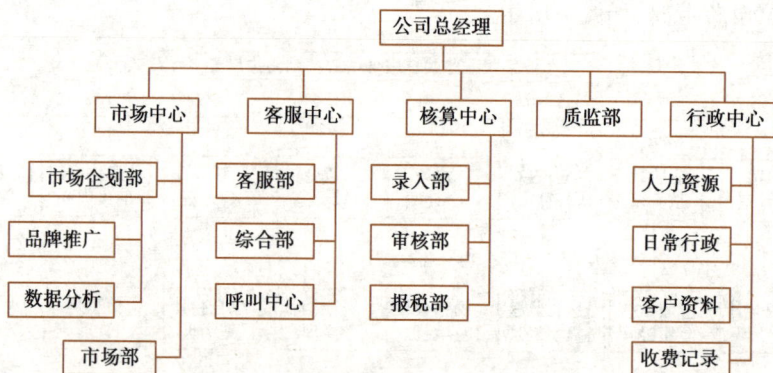

图5　服务型财务共享服务中心组织架构

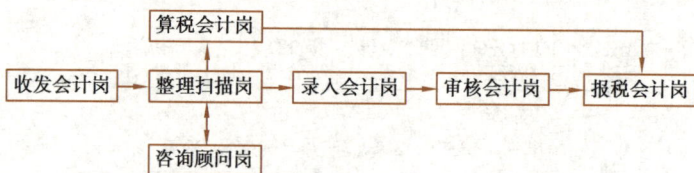

```
              算税会计岗
                 │
 收发会计岗 → 整理扫描岗 → 录入会计岗 → 审核会计岗 → 报税会计岗
                 │
              咨询顾问岗
```

图6　服务型财务共享服务中心岗位设置及流程

四、具体运作模式

"财务共享服务"模式具体运作通常为:公司选址建立"财务共享服务中心",通过"财务共享服务中心"向其众多的子公司(跨国家、跨事业部)提供统一的服务,并按一定的方式计费,收取服务费用,各子公司因此不再设立和"财务共享服务中心"相同功能的部门。最典型的服务是财务方面账务处理的服务,称为"共享会计服务"(Shared Accounting Service),是一种以事务性处理(Transaction Processing)功能为主的服务。还有一类"共享服务"以提供高价值的专业建议为服务内容,如税务、法律事务、资金管理等。从原理上来看,财务共享服务中心是通过在一个或多个地点对人员、技术和流程的有效整合,实现公司内各流程标准化和精简化的一种创新手段。通常在财务共享服务中心的业务按循环可以分为总账、应付账款、应收账款和其他四大类。下面以财务共享服务中心的应付账款业务循环为例来介绍财务共享服务中心的运作流程。

在财务共享服务中心内,应付账款循环一般设有三种职位:出纳,负责共享服务中心所有本外币付款;员工报销专员,审核负责所有员工日常费用;供应商付款会计。在财务共享服务中心的应收账款循环通常可以分为申报、审批及入账和付款三大块。

(一) 申报

各分公司员工将实际业务中发生形成的业务票据进行初步整理,并在分公司通过全公司财务信息管理系统填报并形成一份独立的报销申请单,由该分公司的相关负责人批复后由专门管理部门收集并寄往财务共享服务中心。

(二) 审批及入账

财务共享服务中心收到分公司单据后,由专门的管理部门进行登记和分类并根据分类情况发送到相应部门。应付账款小组(AP Team)在收到凭证后进行逐一确认并在公司的财务系统中进行审核。审核通过后生成文档导入财务模块,自动生成相关凭证;如果审核不通过,应付账款小组(AP Team)人员用电子邮件或电话形式通知分公司相应人员进行联系沟通以确认信息的准确性和完整性。在确认完信息后,如果在应付账款小组(AP Team)人员可直接修改情况下应该要求分公司员工发送一份书面修改请求。对于不能够由应付账款小组(AP Team)直接修改的情况,应付账款小组(AP Team)将会在公司财务信息系统中将报告驳回并要求相关人员对报销进行重新批复。

(三) 付款

在生成凭证后,应付账款小组(AP Team)进行付款,并对相关凭证进行归档。对于公司参股控股的独立法人的凭证将寄回原法人单位。

五、技术资源及政策支撑

财务共享服务中心模式虽然具有许多优势,但这种模式并不适合所有企业,其有效运行需要强大的信息系统、管理模式和员工素质作为技术支撑。

(一) 信息系统支撑

财务共享服务中心模式下,远程财务流程需要建立强大的网络系统,需要强大的企业信息系统作为IT平台。IT技术的发展,特别是"企业资源规划系统"(ERP System)的出现,推动了"财务共享服务"概念在企业界的实践和推广。利用ERP系统和其他信息技术,"财务共享服务"模式可以跨越地理距离的障碍,向其服务对象提供内容广泛的、持续的、反应迅速的服务。

在财务共享服务模式下,只有通过IT平台来强化内部控制、降低风险、提高效率,才能实现"协同商务、集中管理"。所以必须建立一个财务共享服务的IT信息平台,让分子公司把数据导入系统,做到事前提示、事中控制、事后评价;可以在平台上建立财务模板,尽可能取消人工作业,让业务数据自动生成有用的财务信息;可以运用系统标准执行减少偏差及各业务单元可能的暗箱操作,降低各种隐含风险;可以通过设置让系统自动提示例外和预警;可以利用系统的开放性建立各数据共享接口和平台,满足各方不同需求;可以通过系统定期生成不同会计准则要求的报表及特殊报表等。

在满足信息化的环境下,财务人员可以更好地使财务直接用于支持战略决策的增值分析,为公司战略发展提供及时正确的导向,根据市场快速调整业务策略、经营战术等。所以共享服务的模式是在信息技术支持下的管理变革,只有利用现代的 IT 技术,才能使企业集团的财务共享服务真正落到实处。

(二)管理模式变革

财务共享服务模式不是财务部门发起的,而是随着企业、集团公司的管理变革而产生的。当企业规模扩大、业务类型和管理层级不断增加时,企业分子公司的多套财务机构会使企业财务人员与管理费用快速膨胀、财务流程效率降低、重复设备投资规模加大、内控风险上升,多个独立、粗放而臃肿的财务"小流程"使总部统一协调财务变得越来越困难,增加盈利的代价就是加大风险。当这些现实严重毁损着企业的核心价值时,传统的财务管理模式已经成为制约企业发展的瓶颈。这时,企业必须站在战略的高度上,进行自身的管理变革,在变革中寻求突破。

(三)财务组织变革

在共享服务模式里面,必须进行财务组织结构的深度变革。管理变革以后,要求财务部门高效多维度提供信息满足企业管理与发展的需求,而传统的分权式或集权式财务架构无法完全满足这些需求。分权管理的优势是客户导向、商业智能,弊端是分支机构在一线有比较大的管理部门,流程与制度繁杂,很多工作难以实现标准化;集权的优势是经济规模化、流程标准化,弊端是反应迟钝、不灵活、与业务分离。而财务共享服务是将共性的、重复的、标准化的业务放在共享服务中心,它同时汲取了分权和集权的优势,摒除各自的弊端,使财务共享中心成为企业的财务集成芯片,日常业务集中处理,总体职能向广阔和纵深发展,让财务在共享管理中直接体现出价值增值。通过财务共享方案的实施促使财务人员转型,使财务人员由记账转向财务建议、财务管理,为各个部门、各项业务提供财务支持,对市场变化作出反应,只有把工作重心转到高价值的决策支持上来,才能更好地实现财务职能,满足企业战略、组织的需要。

(四)财务制度与政策统一

如果没有一个统一的制度政策,即使进行组织架构改革,仍然会出现问题。所以必须要有统一规范的财务作业标准与流程,通过有效整合后,把制度政策配套起来切入到系统中去,保证前端业务部门按照制度和政策去运营,并根据外部环境和内部管理的需要不断完善与改进。

(五)人力资源配置

整个流程的规模统一性要求所有员工对流程有一定的了解,所以在财务共享服务中心建立初期应大规模对各地员工进行培训。同时,在财务共享服务中心模式下,远程交流使得其对员工的沟通技术及能力提出了较高的要求。

六、财务共享服务的未来

财务共享服务从 21 世纪初在我国逐步发展起来之后,就一直是国内财务管理领域转型、创新的核心动力。随着大数据、云计算、人工智能等新的技术和管理热点的涌现,财务共享服务的未来发展充满想象空间。同时,越来越多的企业也在这一领域展开了管理实践的尝试。从目前的观察来看,财务共享服务在未来的 3~5 年中,将围绕云计算、大数据和智能财务、"互联网+"、管理会计和数字经济全球化等多个方面,实现面向未来的突破。

(一)财务共享服务的自动化

在新一代 IT 技术的推动下,财务共享自动化势不可挡。ERP 各模块间互联;银企互联、商旅系统、报账系统的互通;余额查询机器人、付款机器人、入账机器人、对账机器人的应用,都是财务共享服务自动化的体现。尤其是在财务机器人的应用上,共享服务中心处理大量标准化的财务流程,为财务机器人的应用提供了良好的环境和天然的场景。调研显示,近一半的财务共享服务中心应用了财务机器人,财务机器人可以应用在发票认证、账务处理、费用审核等 19 个财务领域中,其中在账务处理流程中使用财务机器人的比例高达 52.7%。在可预计的未来,财务共享服务中心最终会演变成财务自动化工厂,所有的常规工作都将由财务机器人完成。

(二)财务共享服务的智能化

智能技术的出现,使得财务共享服务更加智能化。智能 OCR 票据识别系统可以自动识别、提取票据关键要素自动录入系统,为信息的记录、保存、分析、交流提供可靠的途径;智能审核不但能够提高人工效率,还可以做到审核工作全程可溯源追踪;在风险管控方面,智能技术也大显身手。基于大数据和人工智能,一些复杂的算法和模型可以使用。通过对风险特征的定义,可以基于数据在风险发生前进行预测示警。

(三)财务共享服务的数字化

财务共享服务中心通过搭载人工智能、大数据等技术,在提高生产效率的同时,业务单元和企业集团财务也在迅速转型,通过信息系统搭建和业务数据挖掘,为管理决策提供支持,助力企业数字化转型。

信息技术是共享服务中心数字化转型的动力,现代财务信息系统架构中,通常包括会计核算系统、电子报账系统、银企互联、电子影像系统、资金管理系统和电子档案系统等。在此基础上,可以建立财务数据集市,并最终进行报表展示。

财务共享服务中心在大数据的环境下,其职能将逐步分化出一部分,转而形成数据中心,进行数据采集、数据分析、数据可视化应用。目前,很多企业开始建设数字看板或公司综合运营驾驶舱,为管理层决策提供数据支持。

(四)财务共享服务的一体化

信息技术的革命首先改变的是财务共享服务各类业务的源头,进而加速推动业财一体化的进程,并带来财务共享服务流程的深刻改变。以采购管理为例,传统的非大宗物资采购流程是业务部门通过招标完成采购选型,供应商履约后获取财务凭证进行报销。在这种模式下,业务采购、履约和财务流程是割裂开的。随着智能技术的发展,采购方式也在发生改变,企业希望在供应商产品的选择上,能够增加更多的人机交互场景,将多家供应商的同质产品放在一个平台上来进行比价,由用户来主动选择最终的选购产品,形成类似电商的交易模式。

财务转型更多的是业务端的财务转型,不仅仅是共享中心,实现业务与财务一体化对财务的要求非常高。调研发现,46.2%的受调研企业目前尚未完成战略财务和业务财务的体系化建设,但46.7%的受调研企业的财务共享服务中心与战略财务和业务财务有固定的沟通机制。很多受访企业表示虽然共享服务中心的运营日渐成熟,但尚未完成业务财务转型。

业财一体化的财务共享服务中心让原本分散的风险处于集中、可控的状态。业财融合,流程再造,管控前移,使得财务人员更懂业务,进而能够更好地支持业务分析与决策。随着财务共享模式的成熟度不断提高,业务和财务将进一步融合,未来将逐渐明确业务财务的工作定位和职责范围,加速业财一体化的进程。

工作任务一　期初建账

☆技能目标☆

1. 能够根据移交清册进行会计资料交接,收集企业期初建账数据,并对后期的会计资料交付进行必要的指导和培训。

2. 能够在财务共享服务中心平台上完成新建账套,新增会计科目及期初数据录入等期初建账工作。

3. 遵守保密原则,对客户资料做好管理,除法律法规要求的情形,不得对外提供。

一、工作情境

冲盈财务共享服务中心(以下简称"冲盈共享中心")是一家为代理记账公司、中小企业提供基础财税核算服务的社会财务共享服务中心。南京公创数码科技有限公司(以下简称"公创数码")是一家以商品销售为主的商品流通企业。"公创数码"与"冲盈共享中心"签订委托代理记账协议。协议签订后,"公创数码"提供了相关的资料,"冲盈共享中心"对该公司的资料进行整理与确认。

首先,由行政中心的人员对该公司资料进行建档,将期初建账所需的资料交给核算中心,小林应该先熟悉共享中心的平台操作,然后根据业务资料,在财务共享服务中心建立账套、设置会计科目和录入期初数据。图1-1所示是"冲盈共享中心"的组织架构,图1-2所示则是核算中心的岗位及流转程序。

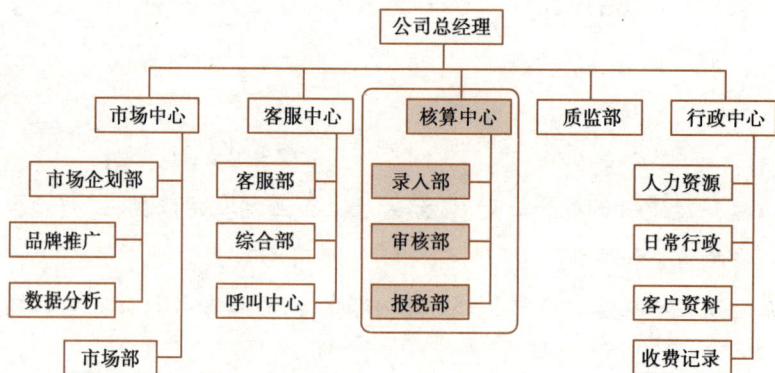

图1-1 共享中心组织架构图

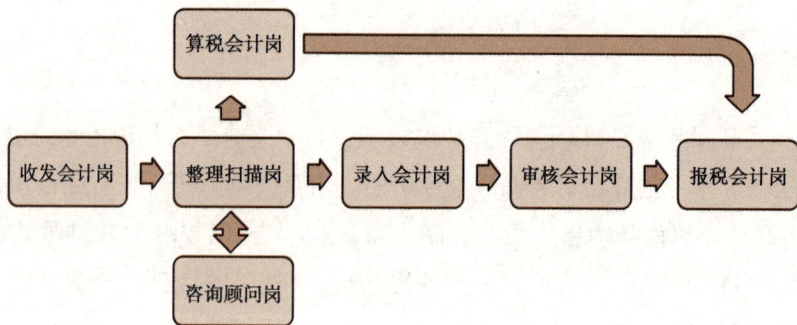

图1-2 核算中心的岗位及流转程序

二、业务流程

财务共享服务中心的行政专员需要先对客户的资料进行建档,收集所需的全部资料后,交给会计人员建立企业账套,会计人员根据企业的业务经营范围设置相关的会计科目,录入期初数据。期初建账的业务流程包括企业信息建档、建账资料收集、企业账套建立、会计科目设置、期初数据录入,如图1-3所示。

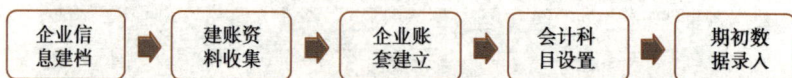

图1-3 期初建账的业务流程

三、业务操作

(一)企业信息建档

企业信息建档,即通过收集企业基本资料,如企业名称、地址、联系人、联系方式等信息,并对收集的资料的真实性、合法性进行审查,审查无误后,录入财务共享服务中心系统。在建档操作时,应确保录入的企业档案信息全面、详细、真实。

在进行企业信息建档前,会计需要收集企业基本资料,包括企业营业执照、法人身份证、财务制度、公司章程复印件等,如图1-4所示。

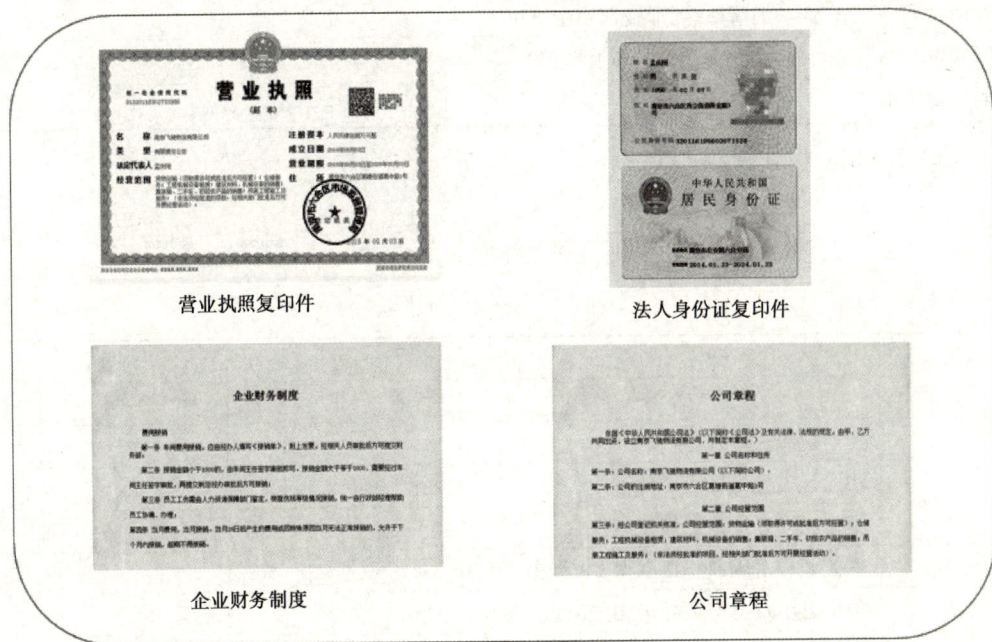

营业执照复印件　　　　　　　　　　　　法人身份证复印件

企业财务制度　　　　　　　　　　　　　公司章程

图 1-4　企业基本资料

(二)建账资料收集

无论是新设企业建账,还是持续经营期间的企业建账,都应提供健全的财务资料,包括企业的银行账户开户信息、税务账户密码等,以便开展建账工作。根据企业不同情况,所需建档资料有所不同,见表1-1。

实务工作中,财务共享服务中心的行政专员应对收集到的企业信息资料进行审查,确保合法、真实、完整、有效。在接受客户相关资料时,应当填写资料交接清单(表1-2),如果发现企业提供的资料不全,应及时做好沟通工作,补全所需资料。

表 1-1　建账资料清单

相关财务资料	新设企业	持续经营期企业
银行账户开户信息复印件	√	√
税务账号密码或直接取得 CA 证书	√	√
公司员工名单及身份证号码相关信息	√	√
社保、工资表相关信息	—	√
财务报表	—	√
当年各税种纳税申报表	—	√
上年度所得税汇算申报表	—	√
记账凭证、总账、日记账、明细账	—	√
累计发生额及余额表、往来科目明细表、长期待摊费用明细表、递延资产明细表、固定资产明细清单、无形资产明细清单	—	√
银行存款余额调节表（包括企业开立的所有账户）	—	√
资料交接清单	√	√

备注：需要提供资料打"√"，不需要提供资料"—"

表 1-2　资料交接清单

公司名称：　　　　　　　　　　　　　　　　时间：

移交人：			接收人：
序号	摘要	数量（张/本）	备注
1	营业执照复件复印件		
2	法人代表身份证复印件		
3	银行账户开户信息表复印件		
4	税务账号密码或直接取得 CA 证书		
5	员工名单及身份证号码相关信息		
6	社保、工资表相关信息		
7	财务报表		
8	当年各税种纳税申报表		
9	上年度所得税汇算申报表		
10	记账凭证、总账、日记账、明细账		
11	累积发生额及余额表、各明细表		
12	固定资产、无形资产清单		
13	银行存款余额调节表		
14			
15			

(三)企业账套建立

建立账套时,应当在财务共享服务中心系统录入企业名称、所属行业、纳税人税务资格、会计制度、建账期间等信息。在财务共享服务中心教学实训平台中,管理员负责建立账套,学员只需登录"正保云课堂"选择已有账套,进行建账即可。建账流程如图 1-5 所示。

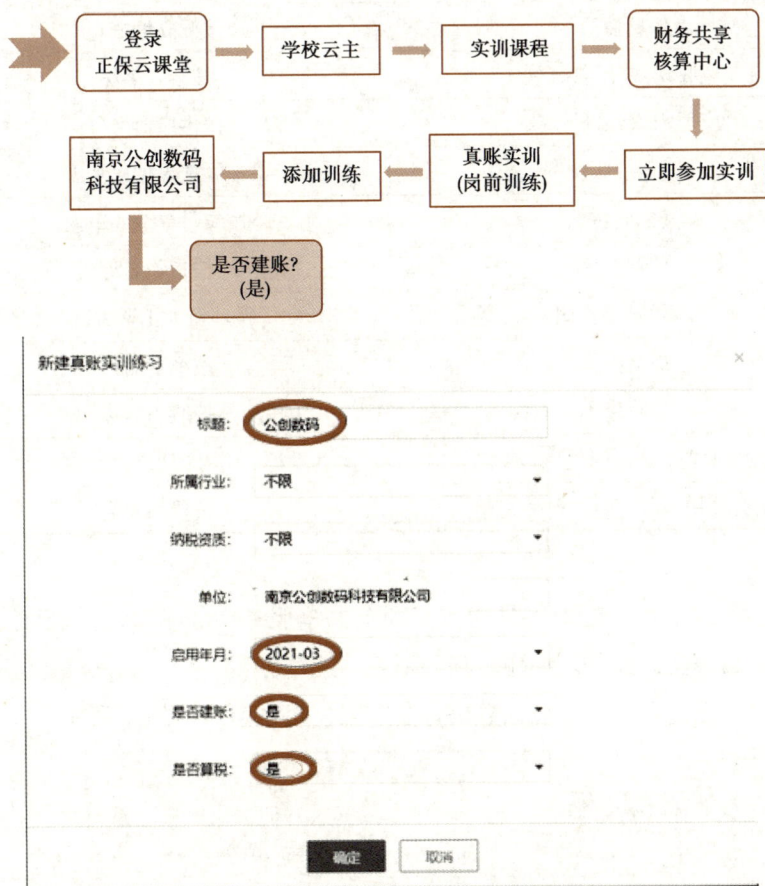

图 1-5　建账流程

(四)会计科目设置

企业建立账套后,应进行会计科目的设置。会计科目的设置是期初建账工作的关键环节,关系到之后的会计核算。在设置过程中,应遵循合法性原则、相关性原则、实用性原则;由于经济业务活动的具体内容、规模大小与业务繁简程度等情况不尽相同,在具体设置会计科目时,应考虑其自身特点和具体情况。

根据建账时选择的会计制度,财务共享服务中心平台内置了相应的常见会计科目,需检查内置的会计科目是否符合企业的经营需要。检查确认后,根据企业的实际情况可自行增设、分拆、合并会计科目;企业不存在的交易或者事项,可不设置相关会计科目。再根据企业的具体情况和经济管理的需要设置明细科目(二级科目),明细科目的常见设置方式如表1-3所示。

表1-3 明细科目的常见设置方式

会计科目	设置明细方式
银行存款	按开立的账户
应收账款/预收账款	按客户名称
应付账款/预付账款	按供应商名称
其他应收款	按收款单位或个人
其他应付款	按应付单位或个人
库存商品	按货物名称
应付职工薪酬	按项目如工资、社保
应交税费	按税费名称
实收资本	按股东名称
主营业务收入/主营业务成本	按产品或服务
销售费用/管理费用/财务费用	按费用大类

掌握会计科目的设置原则后,即可登录财务共享服务中心平台,进入已建立的企业账套,进行会计科目设置的操作。操作步骤如下:

步骤一:进入已建立的南京公创数码科技有限公司账套,如图1-6所示。

图1-6 进入账套

步骤二:下载建账数据,如图1-7所示。

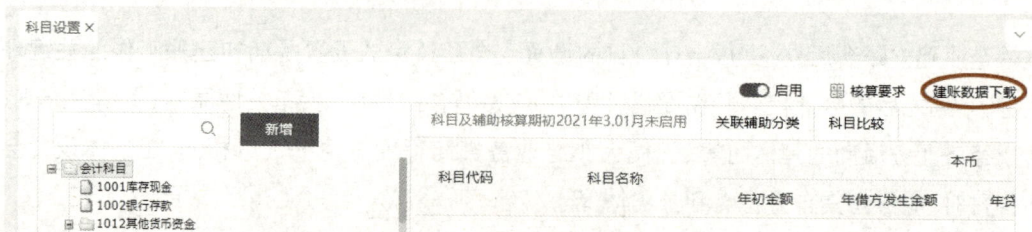

图1-7 建账数据下载

打开已下载的建账数据表格,部分建账数据如图1-8所示。

科目余额表

单位：南京公创数码科技有限公司
会计期间：202103

科目代码	科目名称	借/贷	年初余额	年借方发生额	年贷方发生额	借/贷	月初余额
1001	库存现金	借	172575.55	126000	36372.92	借	262202.63
1002	银行存款	借	276779.3	166481.16	274825.94	借	168434.52
1002:28.1000642723	南京银行2203	借	276779.3	166481.16	274825.94	借	168434.52
1122	应收账款	借	86641.85	154104.48	114581.16	借	126165.17
1122:3.4451229789	南京浦坤商贸有限公司	借	1053	0	0	借	1053
1122:3.4451229800	南京沧田科技有限公司	借	1630	0	0	借	1630
1122:3.4451232073	南京尼康江南光学仪器有限公司	平	0	26129	26129	平	0
1122:3.4451232223	南京阿基米电子科技有限公司	借	8700	0	0	借	8700
1122:3.4451232225	江苏省电化教育馆	借	48350	-48350	0	平	0
1122:3.4451232263	一线达通电子商务南京有限公司	借	61963.85	166035.48	80502.16	借	147497.17
1122:3.4451232300	浙江惠松制药有限公司	借	4945	0	0	借	4945
1122:3.4451232337	南京市职业技术培训指导中心	贷	1500	0	0	贷	1500
1122:3.4451232338	南京东义鹏信息科技有限公司	平	0	7950	7950	平	0
1405	库存商品	借	1978448.44	79556.64	159225.95	借	1898779.13
1405901	国内采购商品	借	1978448.44	79556.64	159225.95	借	1898779.13
1601	固定资产	借	66918.3	0	0	借	66918.3
1601001	其他	借	66918.3	0	0	借	66918.3

图 1-8　部分建账数据

步骤三：根据已下载的建账数据，按需求增加会计科目。

在实务中，通常对明细科目比较多的上一级科目设置辅助核算，如应收账款、应付账款、其他应收款——往来、其他应付款——往来、管理费用、销售费用等。因此，在财务共享服务中心平台中，会计科目的增加也分为有辅助核算和无辅助核算两类。

①增加、修改、删除无辅助核算的明细科目，如固定资产等，如图1-9、图1-10所示。

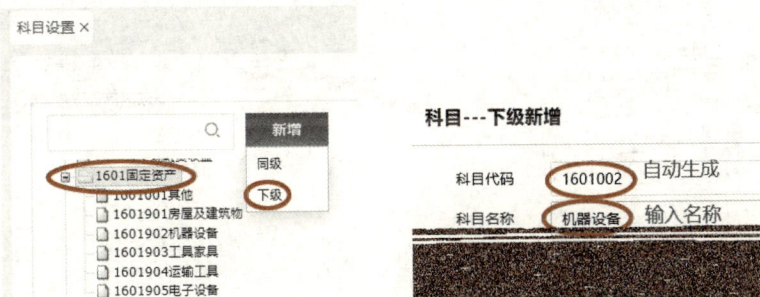

图 1-9　增加无辅助核算的明细科目

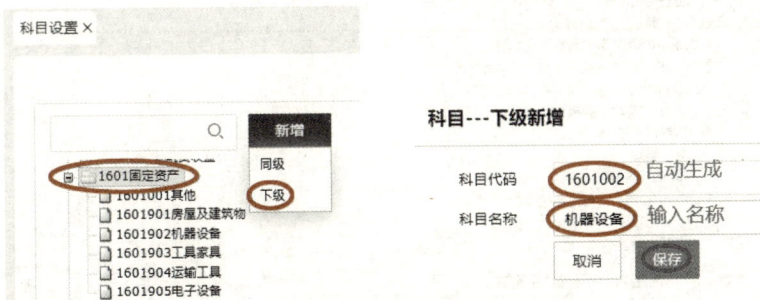

图 1-10　修改、删除无辅助核算的明细科目

②增加、删除有辅助核算的明细科目，如应收账款等，如图1-11、图1-12所示。

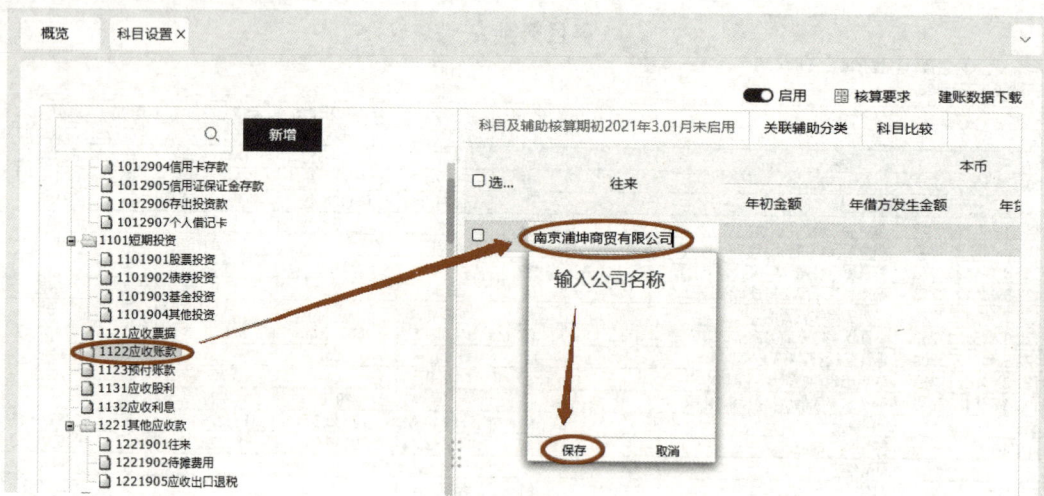

图 1-11　增加有辅助核算的明细科目

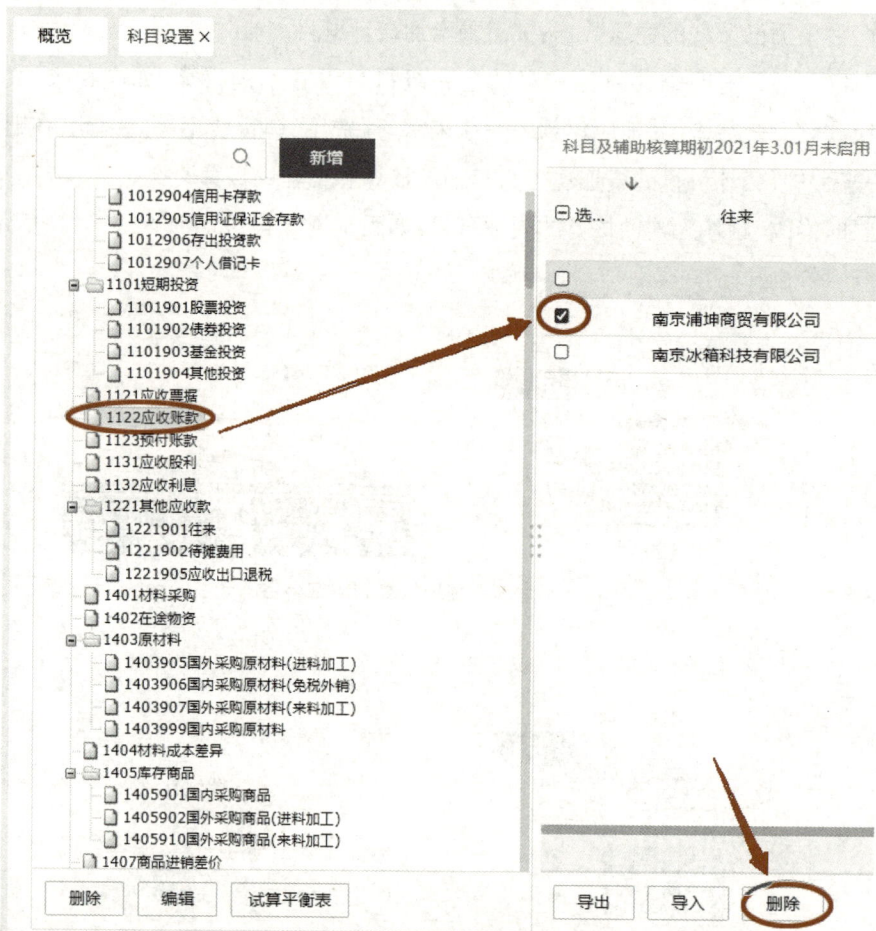

图 1-12　删除有辅助核算的明细科目

(五) 期初数据录入

新设企业无期初数据,完成上一步的会计科目设置,即完成了期初建账完整的操作流程。

持续经营期的企业,需根据已下载的建账数据,录入期初余额。如果是年中建账,应输入年初金额和本年各科目的累计借方发生额、累计贷方发生额。其目的是在出具资产负债表和利润表时,自动提取年初数据和累计数据。例如:6 月份建账,就要输入年初各科目的余额和1—5 月各科目的累计发生额。

步骤一:录入期初余额数据。

财务共享服务中心平台录入期初余额有两种方式:手工录入方式和 Excel 导入方式。其中,Excel 导入方式适用于有辅助核算的科目余额录入。

①手工录入方式下,直接手工输入末级科目的年初金额、借方发生金额和贷方发生额,上级科目会自动累加金额,红字金额应以负数表示。以库存现金为例,如图 1-13 所示。

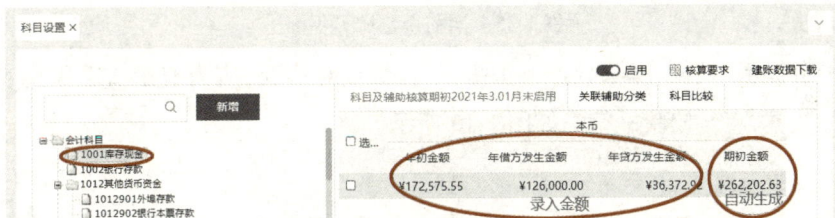

图 1-13 录入库存现金的期初余额

②实务工作中,以 Excel 导入期初余额,更加方便、准确。采用 Excel 导入方式,需下载平台中的导入模板,完善需要导入的数据后,再导入系统。以应收账款为例,如图 1-14 所示。

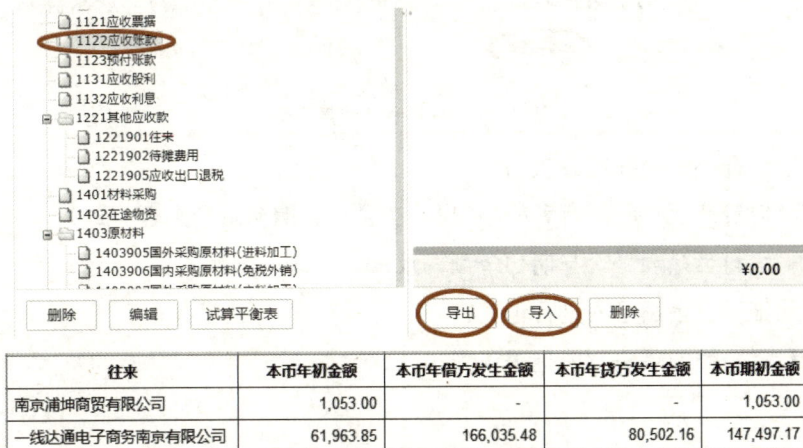

往来	本币年初金额	本币年借方发生金额	本币年贷方发生金额	本币期初金额
南京浦坤商贸有限公司	1,053.00	-	-	1,053.00
一线达通电子商务南京有限公司	61,963.85	166,035.48	80,502.16	147,497.17

图 1-14 导入应收账款的期初余额

步驟二：錄入所有期初餘額數據後，進行試算平衡。

①數據全部錄入後，點擊"啟用"，查看試算平衡結果，如圖1-15所示。

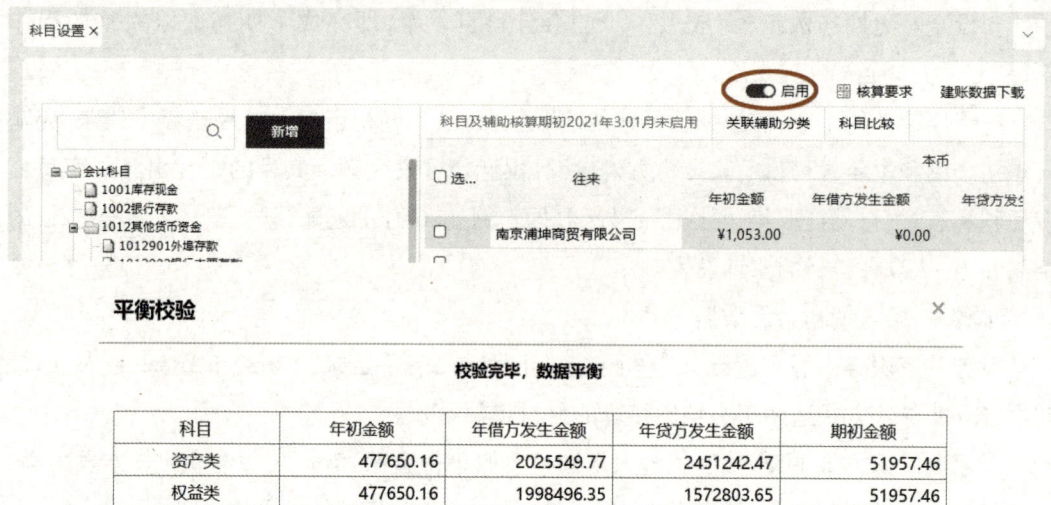

平衡校驗　　　　　　　　　　　　　　　　　　　　　　　　　×

校驗完畢，數據平衡

科目	年初金額	年借方發生金額	年貸方發生金額	期初金額
資產類	477650.16	2025549.77	2451242.47	51957.46
權益類	477650.16	1998496.35	1572803.65	51957.46

图 1-15　期初余额试算平衡

②當平台提示"校驗完畢，數據不平衡，請仔細核對！"時，應當查看試算平衡表，檢查並修改錯誤的數據，直至校驗平衡。如圖1-16所示。

平衡校驗　　　　　　　　　　　　　　　　　　　　　　　　　×

校驗完畢，數據不平衡，請仔細核對！

科目	年初金額	年借方發生金額	年貸方發生金額	期初金額
資產類	521570.66	2003589.52	2473202.72	51957.46
權益類	1070753.25	2159273.94	1397696.41	309175.72

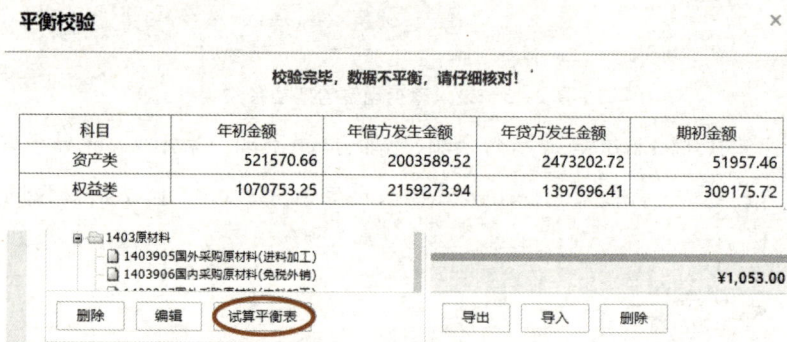

图 1-16　期初余额试算平衡

期初餘額試算不平衡如何查找錯誤：

①分別核對資產、負債、所有者權益、損益類合計與期初餘額是否一致；

②查看一級科目餘額是否與期初餘額一致；

③查看明細科目餘額錄入是否正確；

④查看科目餘額的錄入方向是否正確。

四、业务训练

登录财务共享服务中心平台,完成南京公创数码科技有限公司的期初建账流程操作,包括建账、设置会计科目、录入期初数据、启用账套。

期初建账
(操作视频)

工作任务二　票据录入

☆**技能目标**☆

1. 能够按照票据录入工作规范要求,将扫描后的电子票据按照单据类型进行整理分类并录入信息,完成自动记账工作。

2. 能够按照复核工作规范要求,对录入比对不通过、有错误、未生成凭证或账簿的电子票据进行录入复核,确保所有单据均已记账。

3. 能够按照会计准则、财务制度等规定,审核原始单据的正确性、合法性和合理性,对不符合要求的内容退回修改。

4. 能够立足基础,爱岗敬业,仔细、认真、及时、准确地进行上述基础数据的处理,为客户提供精细化服务打好基础。

一、工作情境

每月初,"公创数码"都会将财务资料邮寄过来,"冲盈共享中心"的收发会计应对该公司的资料进行核对,核对无误后,转交给整理扫描会计进行分拣、编号、扫描上传至云端。录入会计再将云端的电子票据按照票据类型逐类录入票据核算信息,系统便会自动生成记账凭证、账簿登记、财务报表。图 2-1 所示是"冲盈共享中心"的业务核算流程,图 2-2 所示

是财务共享平台的票据划分类型。

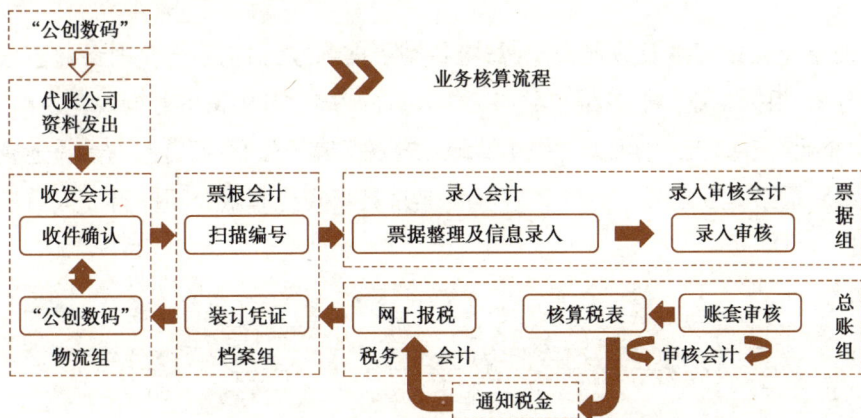

图 2-1　业务核算流程

图 2-2　票据类型

二、业务流程

在收到客户邮寄过来的核算资料后,经财务共享服务中心的收发会计核对无误,转给整理扫描会计进行整理、编号、扫描成图片并上传到系统中;录入会计再根据系统中的电子票据进行票据信息的录入,如图 2-3 所示。

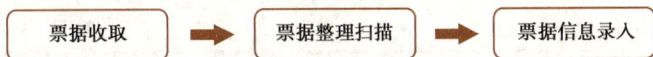

图 2-3　票据录入的业务流程

(一) 票据收取

票据即原始凭证,是会计记账最基础的资料,是证明企业经济业务发生最有效的证据。收发会计收取客户邮寄的销售、采购和费用发票、费用报销单、银行回单等财务资料,经沟通确认无误后转交给整理扫描会计。

(二) 票据整理与扫描

1. 票据整理

整理扫描会计根据票据信息读懂业务内容,对重点内容做票据审核。例如,销售类业务,需将整理好的销售类票据与抄税清单进行核对,统计无票收入;采购类业务,需将已认证的进项发票相关数据与认证清单进行核对;往来款项业务,需将各银行回单与银行对账单逐笔核对。

为了便于业务处理以及方便查找,需将各类票据编号,扫描上传至财务共享服务中心平台。实务中,根据企业的业务量和财务工作人员的习惯,对票据编号的规范也略有不同。例如:一个企业有多家工厂,可以按"工厂编码"对票据编号分类;而有些商品流通企业是按照业务类型对票据编号分类。如图2-4所示,北京君豪实业有限公司的财务人员按照业务类型对票据进行编号。

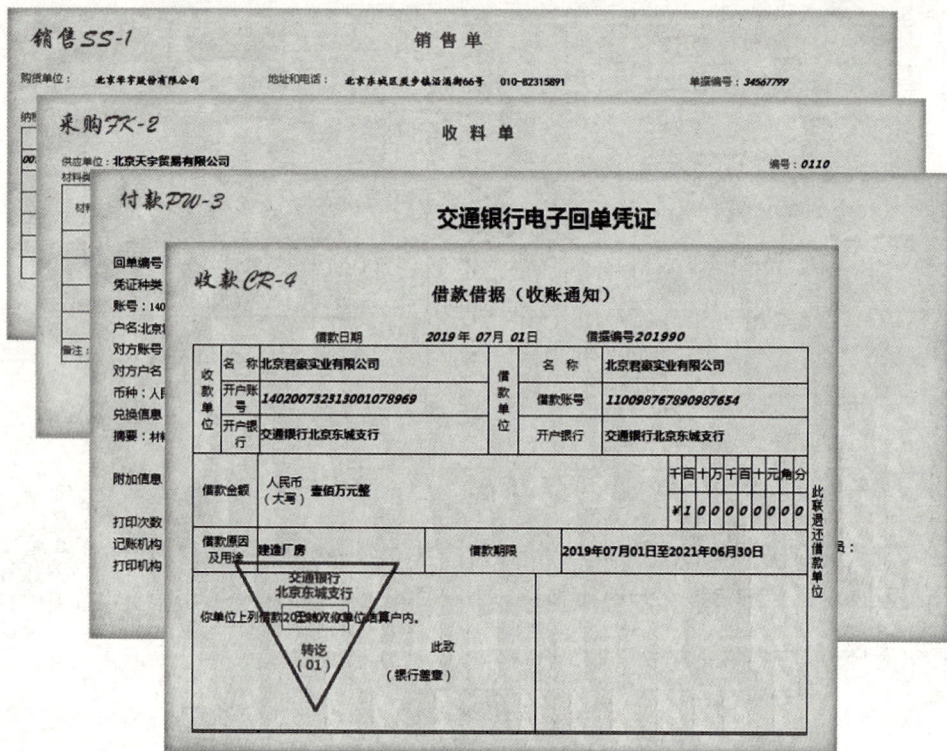

图2-4 票据编号

2.票据扫描

整理扫描会计按照票据编号规则进行票据编号后,即可进行票据扫描上传的工作。票据扫描前,需先在电脑里建立图片的存放路径。将与扫描驱动相符的扫描仪连接电脑,进行票据扫描。

3.票据上传

整理扫描会计在保证票据扫描的信息清晰的前提下,将票据导入财务共享服务中心平台。

(三) 票据录入

整理扫描会计完成票据整理、扫描、上传平台后,录入会计根据不同类型的经济业务将票据分为销售类、采购类、费用类、收款类、付款类、转款类、工资类、成本类、报税资料类、银行对账单类、手工录入类,再根据票据信息录入关键数据信息,然后自动生成记账凭证。常见的业务类型及票据见表 2-1。

表 2-1　常见的业务类型及票据

业务类型	业务内容	票据名称
销售类	销售商品、销售原材料等	发票(记账联)等
采购类	采购商品、采购原材料等	发票(发票联)等
费用类	房屋租赁费、物业管理费、快递费、汽车费、差旅费、业务招待费等	报销单、差旅费用报销单、发票(发票联)等
收款类	销售收款、提供应税服务等	银行业务回单(收款)凭证等
付款类	付货款、银行手续费、缴纳税费等	银行业务回单(付款)凭证、银行电子缴税付款凭证等
转款类	本企业银行间转款,存/取现等	银行业务回单(付款)凭证、国内支付业务收/付款回单等
工资类	计提工资、发放工资等	工资汇总表、工资明细表等
成本类	结转销售商品成本等	出库单、库存相关单据等
手工录入	盘亏/盘盈业务、结转未交增值税、计提附加税、计提企业所得税等	盘亏/盘盈计算表、增值税计算表等
报税资料	税收数据的统计	抄税清单、认证清单等
银行对账单	银行对账数据的统计	银行对账单

三、业务操作

小林已经建立并启用了"公创数码"的账套,王玲已将收到的票据扫描并上传到财务共享服务中心平台,接下来,我们将开始录入各类票据的信息。具体操作步骤如下:

步骤一:进入已建立的南京公创数码科技有限公司账套,如图 2-5 所示。

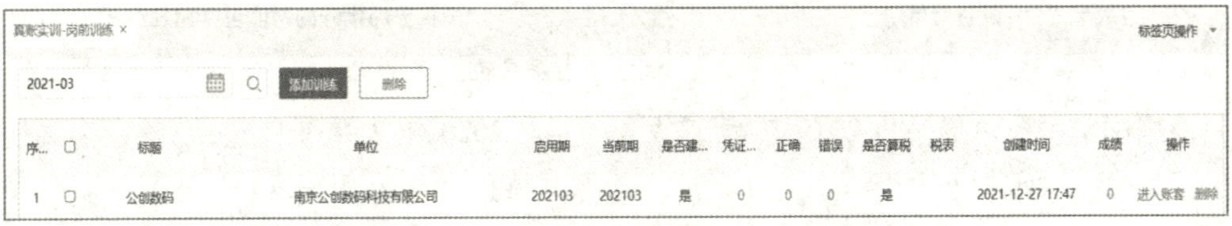

图 2-5　进入账套

步骤二:单击系统左侧的【票据处理】—【票据录入】,如图 2-6 所示。

图 2-6　票据录入

(一)销售类票据录入

企业发生销售业务,需向客户开具发票,确认销售收入。发票是指一切单位和个人在购销商品、提供或接受服务以及从事其他经营活动中,所开具和收取的业务凭证,是会计核算的原始依据,也是审计机关、税务机关执法检查的重要依据。常见的销售类业务票据包括增值税专用发票、增值税普通发票、增值税电子普通发票、税务局代开的增值税专用发票、发货清单(无票收入统计表)等,如图 2-7 所示。

销售票据录入
(操作视频)

增值税专用发票

增值税普通发票

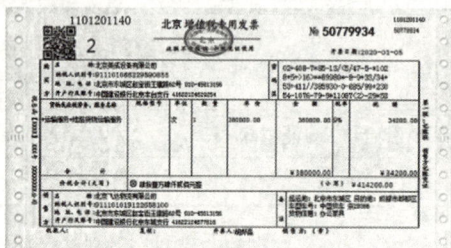

发货清单

税务局代开的增值税专用发票

图 2-7　销售类业务票据

根据国家税务总局公告 2019 年第 33 号规定,自 2020 年 2 月 1 日起,增值税小规模纳税人(其他个人除外)发生增值税应税行为,需要开具增值税专用发票的,可以自愿使用增值税发票管理系统自行开具。选择自行开具增值税专用发票的小规模纳税人,税务机关不再为其代开增值税专用发票。

[**温馨提示**]增值税一般纳税人和小规模纳税人虽然可以自行开具增值税专用发票,但并不是发生的所有增值税应税行为都能开具增值税专用发票。不得使用增值税专用发票的应税行为主要有以下情形:

①向消费者个人销售服务、无形资产或者不动产。

②适用免征、不征增值税规定的应税行为以及实行增值税退(免)税办法的增值税零税率的应税服务。

③销售旧货以及适用简易办法依3%征收率减按2%征收增值税政策销售已使用过的固定资产等,国家税收政策规定不得开具增值税专用发票的特定货物。

④商业企业零售的烟、酒、食品、服装、鞋帽(不包括劳保专用部分)、化妆品等消费品。

⑤国家规定的适用于差额征税,不得开具增值税专用发票的应税服务。

发票上有"代开"字样,"销售方"尽管是税务机关,但是也是销售类单据。这是因为企业销售业务发生后,采购方需要增值税专用发票,而纳税人若无资格开具,只能申请税务机关代为其开具专票。

财务共享服务中心平台要求在录入销售类票据时,应准确判断业务内容,解读票据信息,关注:票据编号、业务大类、业务类型、现金结算、往来单位、发票类型、销售特征、业务特征、价税合计等信息。

1. 业务大类

在判别销售类票据时,需要抓住两个关键点:发票联次、销货方企业信息。企业发生销售业务时,发票联和抵扣联提交给购货方,公司财务部留下来做账的是记账联。通过查看发票购销企业信息,本企业在销货方为销售业务,客户应为购货方。

单击系统右侧的【业务大类】,在下拉菜单中选择"销售",系统会自动跳转出【业务类型】【现金结算】【往来单位】【发票类型】等其他项目,如图2-8所示。

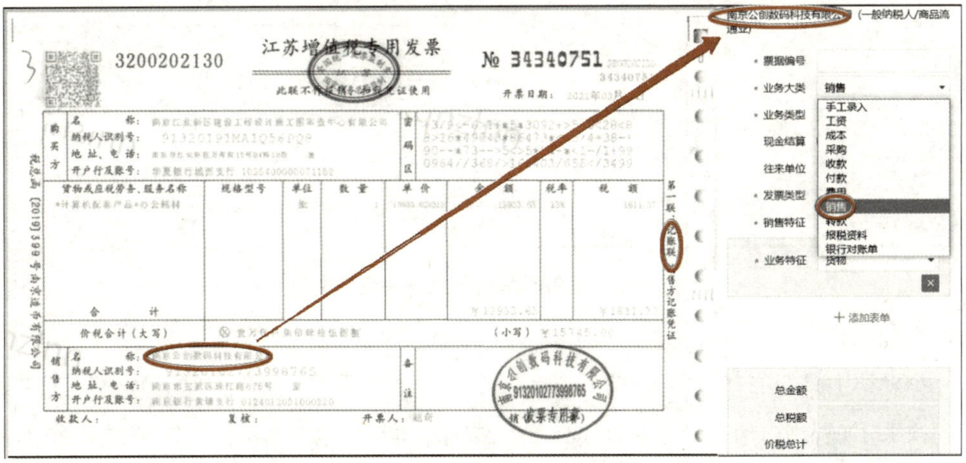

图2-8 销售类票据录入——业务大类

2. 票据编号

票据编号是票据整理会计赋予票据的有一定规则的编号。在"公创数码"的账务处理中,按照票面单据"左上角或右上角"标注的编号来录入,如图2-9所示。

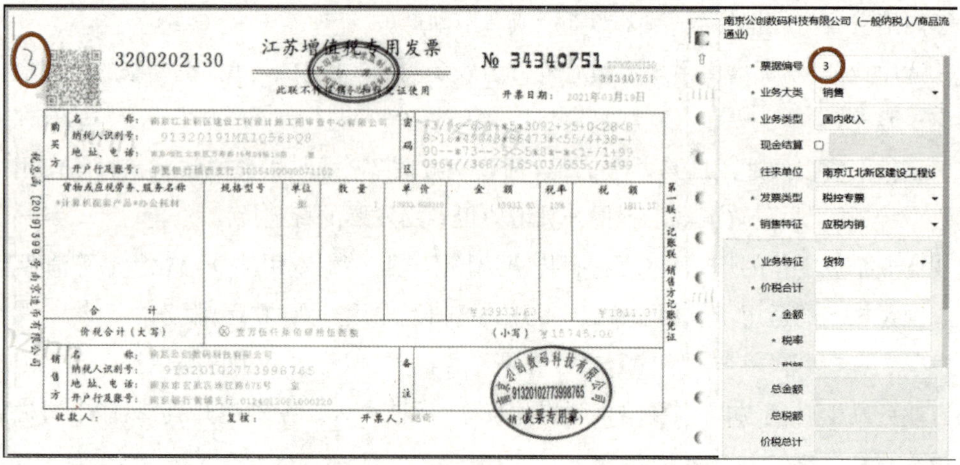

图2-9 销售类票据录入——票据编号

3. 业务类型

内销面对的客户是国内消费群体(国内收入),外销面对的客户是国外消费群体(出口收入),通常可以根据客户名称来判断。单击系统右侧【业务类型】下拉菜单,选择对应的业务类型,如图2-10所示。

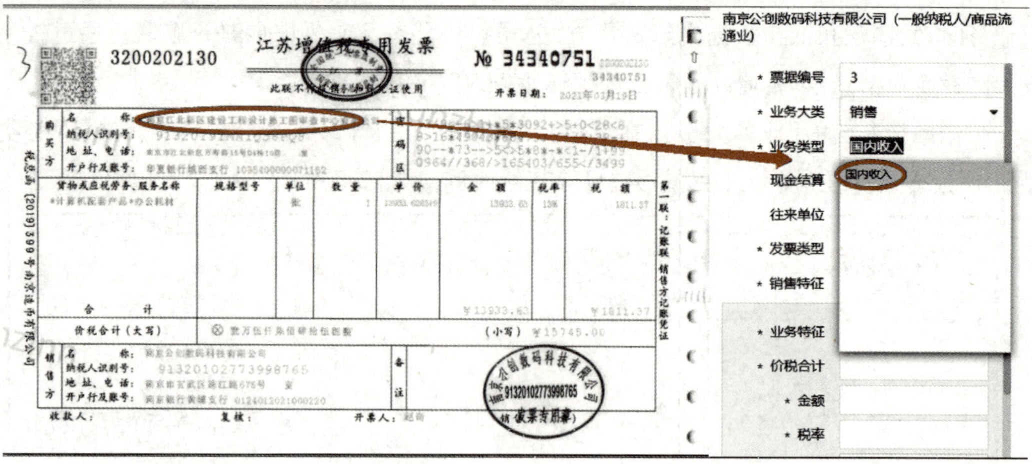

图2-10 销售类票据录入——业务类型

4. 现金结算

查看发票上是否有"现金""现""C"字样备注。如果发票上出现"现金"字样,说明该笔销售业务采用现金方式收款,需要勾选【现金结算】项目。通常情况下,销售类业务都是非现金结算,【现金结算】项目默认为不勾选状态,如图2-11所示。

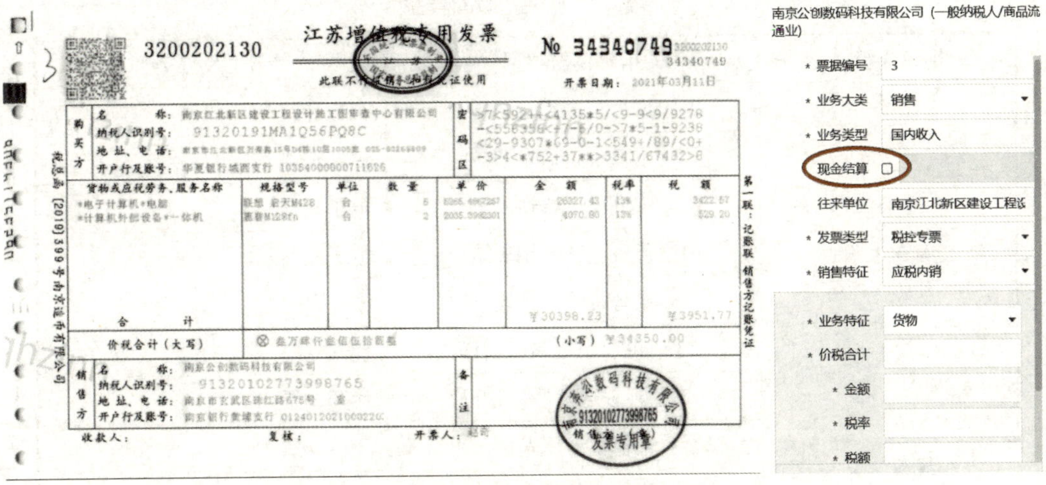

图 2-11　销售类票据录入——现金结算

5. 往来单位

当勾选【现金结算】项目时,无须填写【往来单位】项目。反之,需要在【往来单位】项目输入客户名称。在系统右侧【往来单位】的文本框中输入客户名称关键字,在下拉菜单中选择对应的客户。如果是新客户,则输入客户名称全称,点击保存,如图 2-12 所示。

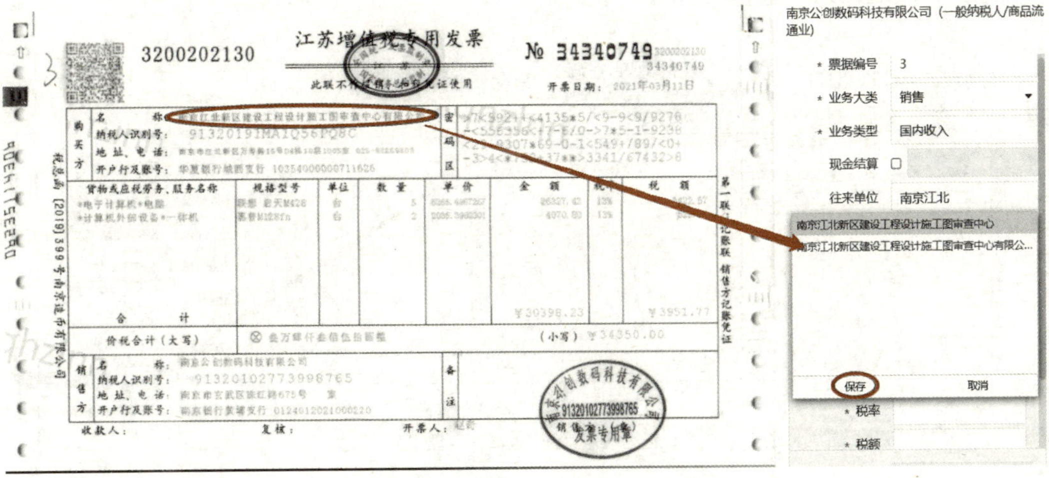

图 2-12　销售类票据录入——往来单位

6. 发票类型

由于企业纳税人资格不同,经营业务也有所差异,企业开具发票的类型也不尽相同。常见的发票类型见表 2-2。

表2-2 常见的发票类型

纳税人资格	销售单据类型	平台的发票类型
一般纳税人	增值税专用发票	税控专票
	增值税普通发票	税控普票
	增值税电子普通发票	电子发票
	增值税电子专用发票	电子发票
	销售货物统计表	未开票
小规模纳税人	增值税专用发票(代开)	代开专票
	增值税普通发票(代开)	代开普票
	增值税专用发票	税控专票
	增值税普通发票	税控普票
	通用机打发票	通用发票
	销售货物统计表	未开票

单击系统右侧【发票类型】的下拉菜单,根据企业的纳税人资格及发票信息,在下拉菜单中选择对应的发票类型,如图2-13所示。

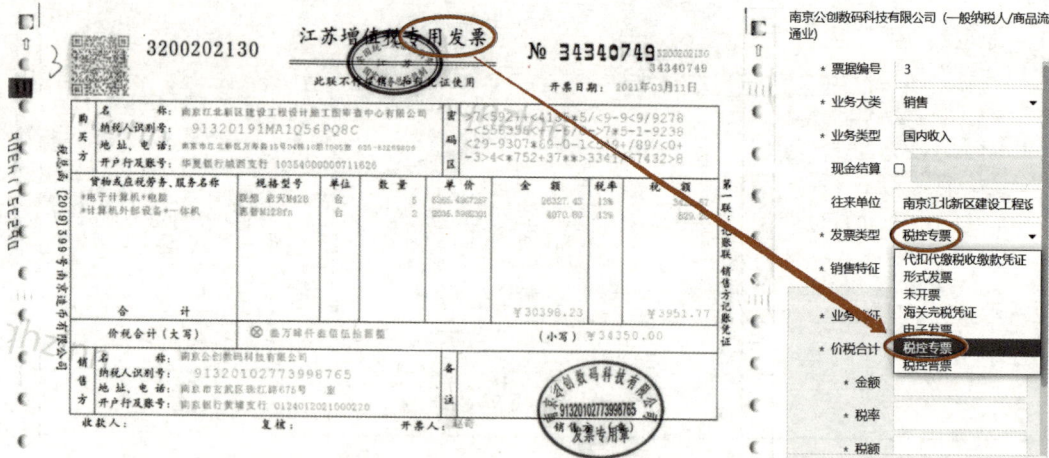

图2-13 销售类票据录入——发票类型

7. 销售特征

销售特征主要区分为"应税内销"与"免税内销"。当发票的"税率"栏是"1%""3%""5%""6%""9%""13%"等字样时,属于"应税内销"。当发票的"税率"栏是"免税""＊""0%"字样时,属于"免税内销"。单击系统右侧【销售特征】的下拉菜单,在下拉菜单中选择对应的销售特征,如图2-14所示。

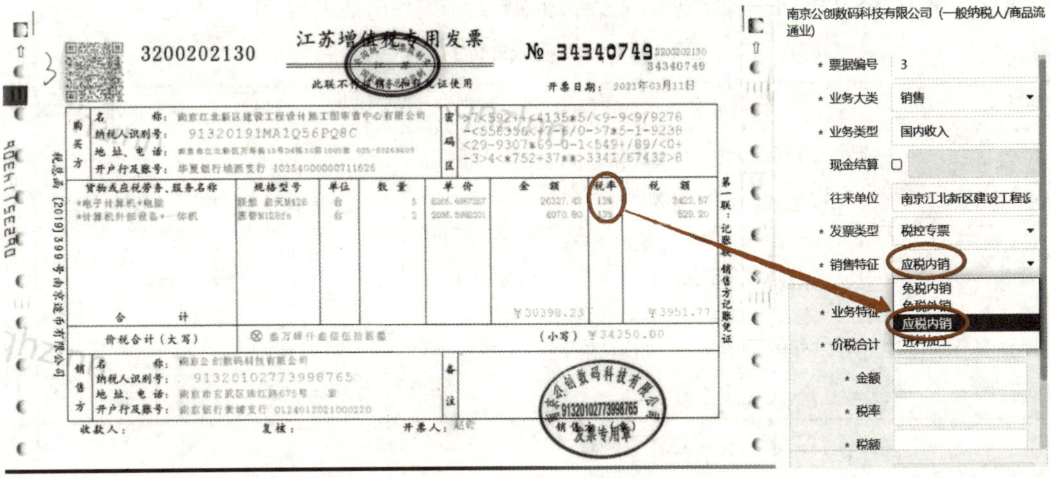

图 2-14　销售类票据录入——销售特征

在实际操作过程中,经济业务是各式各样的,录入会计应掌握各项经济业务对应的税率,以及归属的业务类型。表 2-3 是常见的增值税税率及征收率。

表 2-3　常见增值税税率及征收率

税率及征收率		货物、应税劳务、应税服务项目
基本税率	13%	销售或者进口货物、提供加工修理修配劳务,有形动产租赁
低税率	9%	农产品;粮食、食用植物油;自来水、暖气、热水;食用盐
		冷气、煤气、石油、液化气、天然气、沼气、居民用煤炭制品
		图书、报纸、杂志;音像制品和电子出版物
		饲料、化肥、农药、农机、农膜,二甲醚
		交通运输业、邮政、基础电信、建筑、不动产租赁服务
		销售不动产,转让土地使用权
	6%	现代服务业,金融服务,生活服务,增值电信服务
		销售无形资产(转让土地使用权除外)
零税率	0%	出口货物、劳务或者境内单位和个人发生的跨境应税行为
征收率	5%	一般纳税人简易计税销售不动产、小规模纳税人销售不动产
	3%	小规模、一般纳税人采用简易计税
	1.5%	个人出租住房,按照 5% 的征收率减按 1.5% 计算纳税

8. 业务特征

实务中,企业经营的业务可能是销售商品,可能提供运输、住宿餐饮等各种服务,也可能提供修理业务。在收入确认时,企业根据自身的经营管理要求,可能按照各明细类别对收入进行分类,也可能不区分收入的类别。在财务共享中心平台中,根据不同的业务、不同的纳税人资格,通常将销售类票据的业务特征划分为以下几个类型,见表2-4。

表 2-4 销售类票据常见的业务特征

经营业务	纳税人资格	平台的业务特征
销售货物。税率通常为13%、9%、3%的货物,如钢材、水泥、汽车、电脑等,也包括天然气、电力、热力等	一般纳税人	货物
	小规模纳税人	货物及劳务
提供劳务。对有形货物的修理修配业务,如维修汽车等	一般纳税人	劳务
	小规模纳税人	货物及劳务
销售服务。上述业务之外的服务业务,如运输服务、租赁服务、餐饮服务、管理咨询服务、代理服务等	一般纳税人	服务
	小规模纳税人	服务

在判断业务特征时,通常观察发票的"货物或应税劳务、服务名称"栏(电子发票为"项目名称")。当显示有"＊＊服务"字样时,属于销售服务;当显示有"＊＊劳务"字样时,属于提供劳务;除此之外为销售货物。单击系统右侧【业务特征】的下拉菜单,在下拉菜单中选择对应的业务特征(选择业务特征时选择大类即可,不需要选择具体明细,特殊情况在发票上备注了,以备注为准),如图2-15所示。

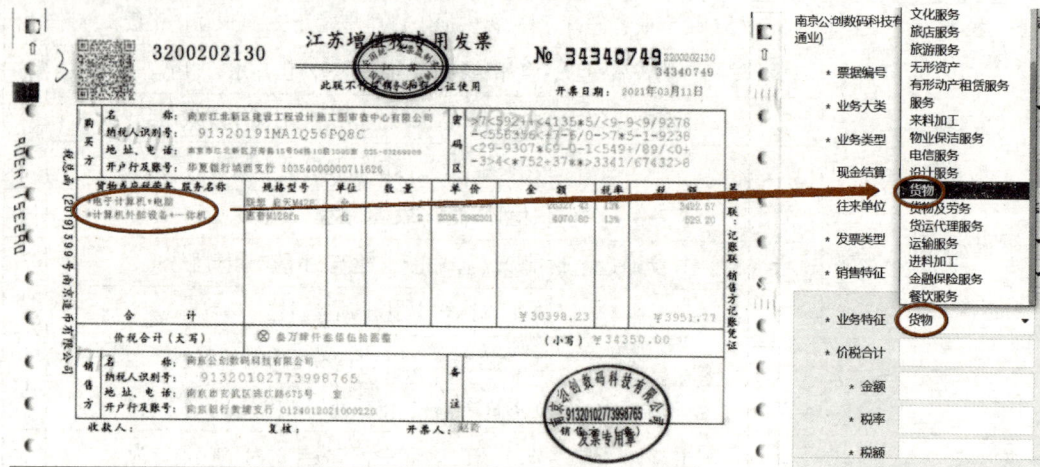

图 2-15 销售类票据录入——业务特征

9. 价税合计、金额与税率

在系统右侧【价税合计】项目中录入发票上面价税合计的金额(票据上有备注金额的,录入备注的金额),在【税率】项目中录入发票上面的税率,【金额】及【税额】项目会自动填充。仔细检查【税额】项目是否与发票票面一致,如若不一致,手动修改【税额】项目,如图2-16所示。

完成以上项目后,单击页面右下角"确定"按钮,即完成本张单据的录入。

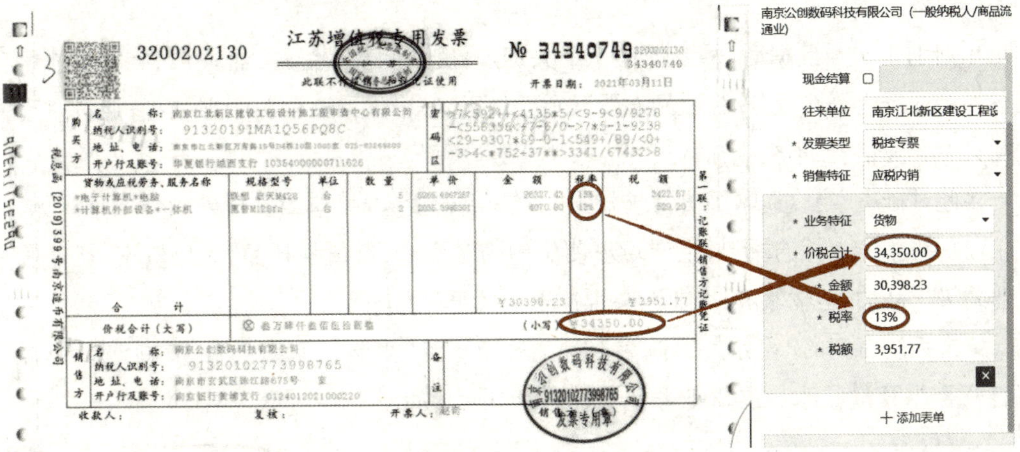

图 2-16　销售类票据录入——价税合计、金额、税率

(二) 采购类票据录入

　　企业发生采购业务,需要向客户索取发票,确认采购支出。常见的采购类业务票据包括增值税专用发票、增值税普通发票、增值税电子发票、采购合同、入库单等,如图 2-17 所示。

　　财务共享中心平台要求在录入采购类票据时,应准确判断业务内容,解读票据信息,关注:票据编号、业务大类、业务类型、现金结算、往来单位、销售特征、业务子项、抵扣类别、价税合计等信息。

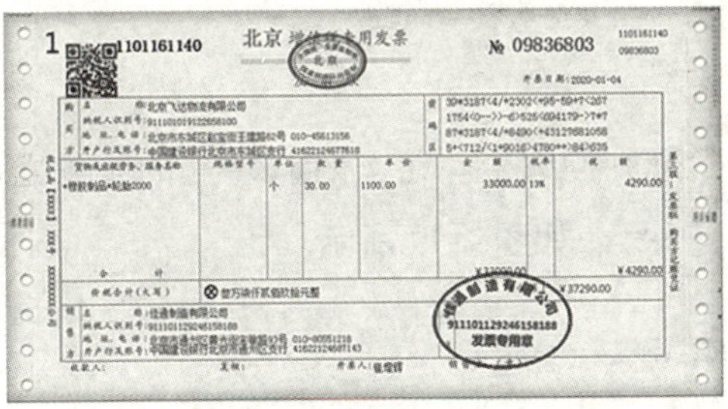

采购票据录入
(操作视频)

增值税专用发票

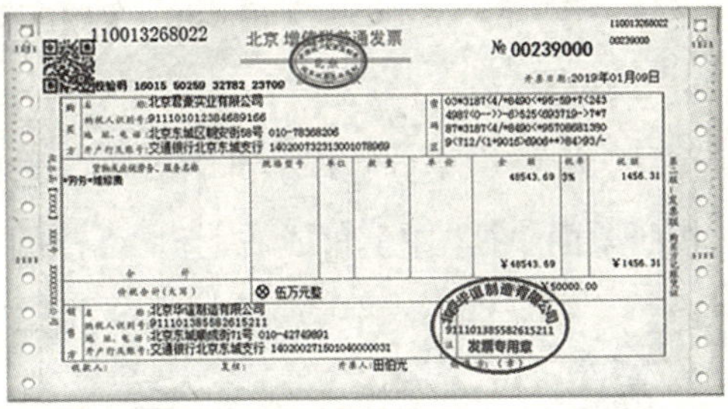

增值税普通发票

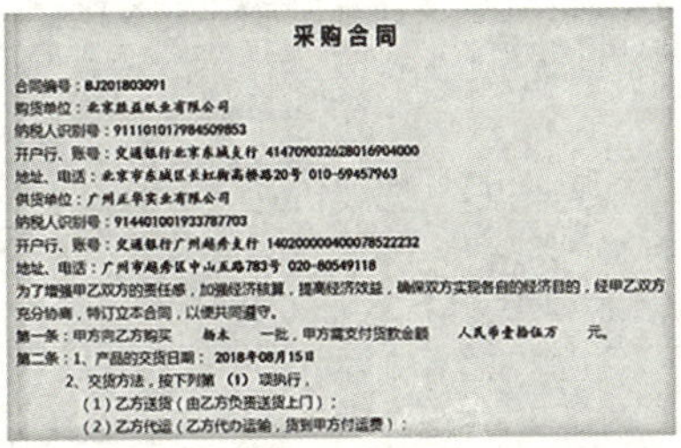

采购合同

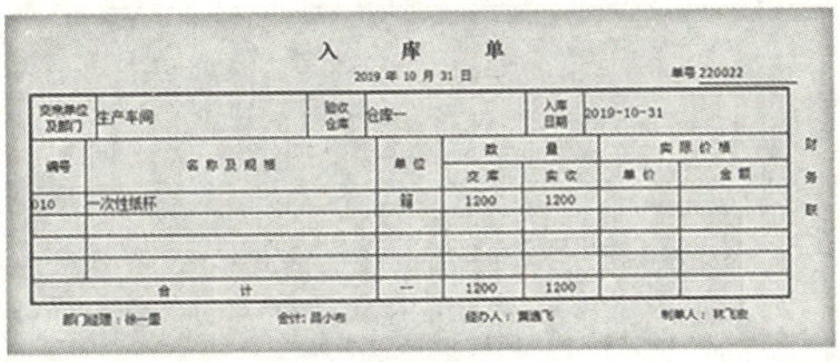

入库单

图 2-17　采购类业务票据

1. 业务大类

在判别采购类票据时,需要抓住三个关键点:发票联次、购买方企业信息、货物或服务名称。企业发生采购业务时,收到发票联和抵扣联,其中发票联作为记账依据;通过查看发票购买方企业信息,本企业在购买方为采购业务。

在此基础上,当企业购买货物或服务符合其主营业务时,应当属于采购类票据。如,生产企业购买生产消耗的材料,生产管理使用的固定资产、低值易耗品、无形资产;运输服务企业购买成品油、运输服务;企业购买税控设备及服务费等。

单击系统右侧的【业务大类】,在下拉菜单中选择"采购",系统会自动跳转出【业务类型】【现金结算】【往来单位】【业务子项】等其他项目,如图 2-18 所示。

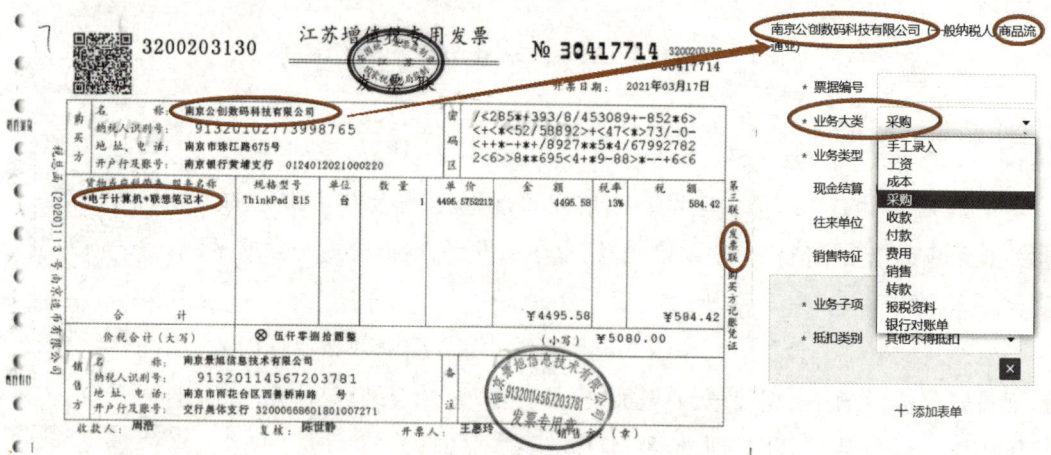

图 2-18 采购类票据录入——业务大类

2. 票据编号

票据编号,是票据整理会计赋予票据的有一定规则的编号。在"公创数码"的账务处理中,按照票面单据"左上角或右上角"标注的编号来录入,如图 2-19 所示。

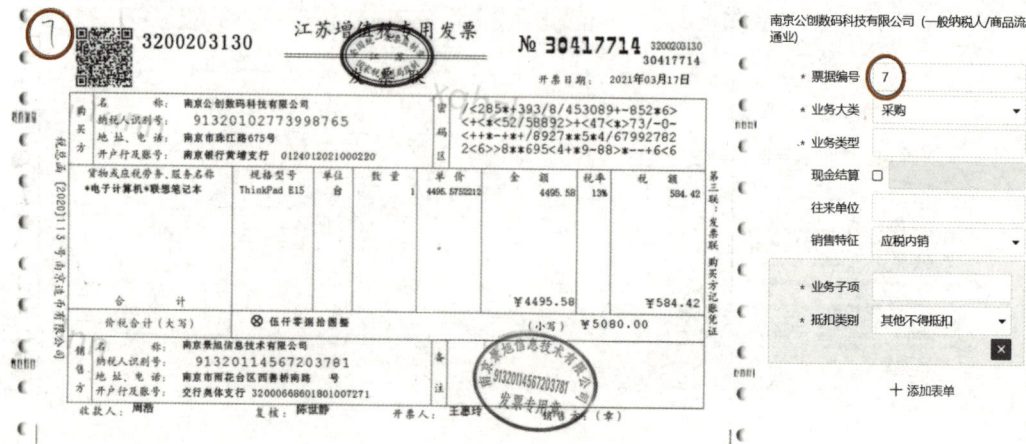

图 2-19 采购类票据录入——票据编号

3.业务类型

国内采购面对的供应商是国内企业,国外采购面对的供应商是国外企业,通常可以根据供应商名称来判断。单击系统右侧【业务类型】下拉菜单,选择对应的业务类型,如图2-20 所示。

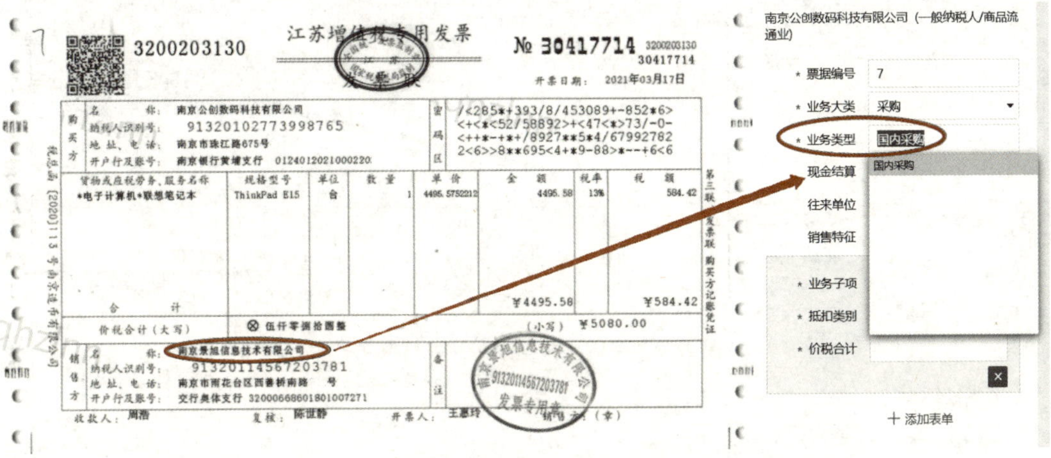

图 2-20　采购类票据录入——业务类型

4.现金结算

查看发票上是否有"现金""现""C"字样备注。如果发票上出现"现金"字样,说明该笔采购业务采用现金方式付款,需要勾选【现金结算】项目。通常情况下,采购类业务都是非现金结算,【现金结算】项目默认为不勾选状态,如图2-21 所示。

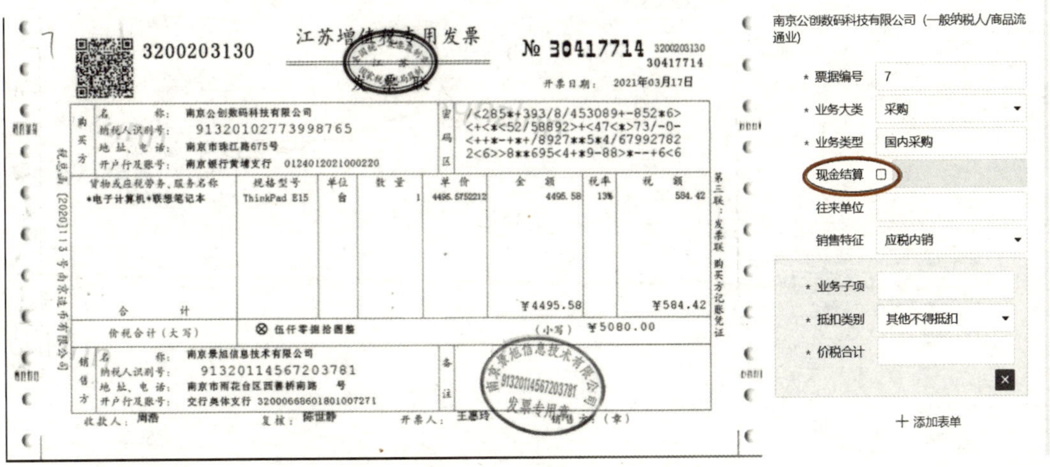

图 2-21　采购类票据录入——现金结算

5.往来单位

当勾选【现金结算】项目时,无须填写【往来单位】项目。反之,需要在【往来单位】项目输入供应商名称。在系统右侧【往来单位】的文本框中输入供应商名称关键字,在下拉菜单中选择对应的供应商。如果是新供应商,则输入供应商名称全称,点击保存,如图 2-22

所示。

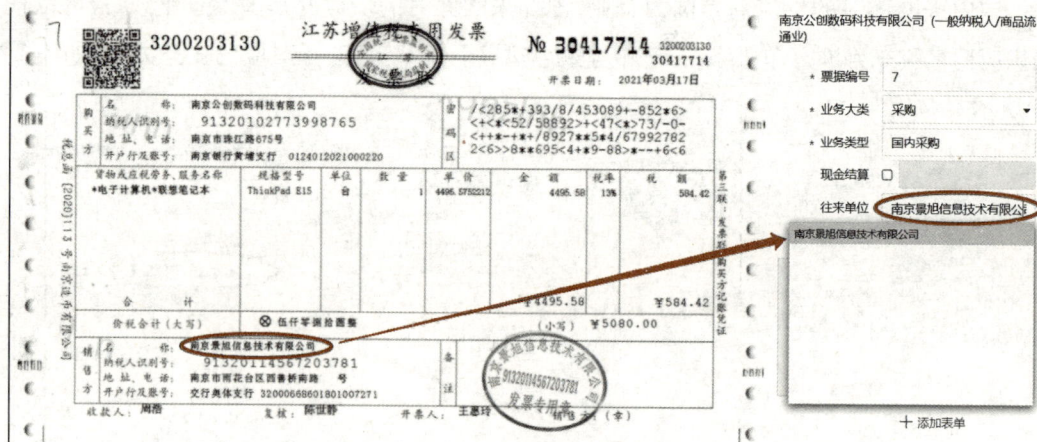

图 2-22　采购类票据录入——往来单位

6. 销售特征

销售特征主要区分为"应税内销"与"免税内销"。当发票的"税率"栏是"1%""3%""5%""6%""9%""13%"等字样时,属于"应税内销"。当发票的"税率"栏是"免税""*""0%"字样时,属于"免税内销"。单击系统右侧【销售特征】的下拉菜单,在下拉菜单中选择对应的销售特征,如图 2-23 所示。

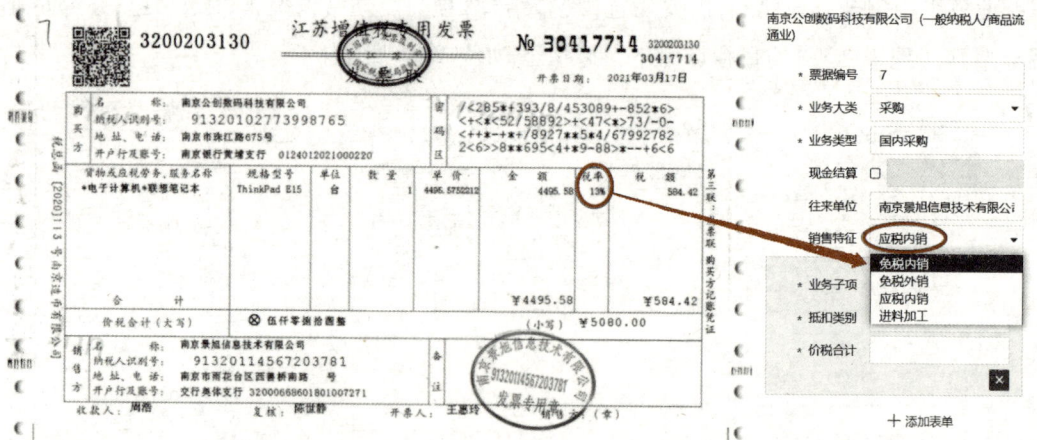

图 2-23　采购类票据录入——销售特征

7. 业务子项

由于企业的主营业务不同,企业购买的各种货物或服务的核算方式也不同。通常情况下,根据发票上的"货物或应税劳务、服务名称"栏,判断选择商品、原材料、固定资产、低值易耗品、税控设备(及维护费)、无形资产、服务成本,见表 2-5。

表 2-5 采购类票据常见的业务子项

业务类型	行 业
原材料	工业
	餐饮业
库存商品	商品流通业、服务业、一般餐饮业(烟酒饮料)
服务成本	物流、网络服务、科技等服务业
固定资产	发票上会用铅笔备注
无形资产	
低值易耗品	
税控设备(及维护费)	发票上"货物、应税劳务及服务"栏会清楚说明

单击系统右侧【业务子项】的下拉菜单,根据判断的结果,在下拉菜单中选择对应的业务子项,如图 2-24 所示。

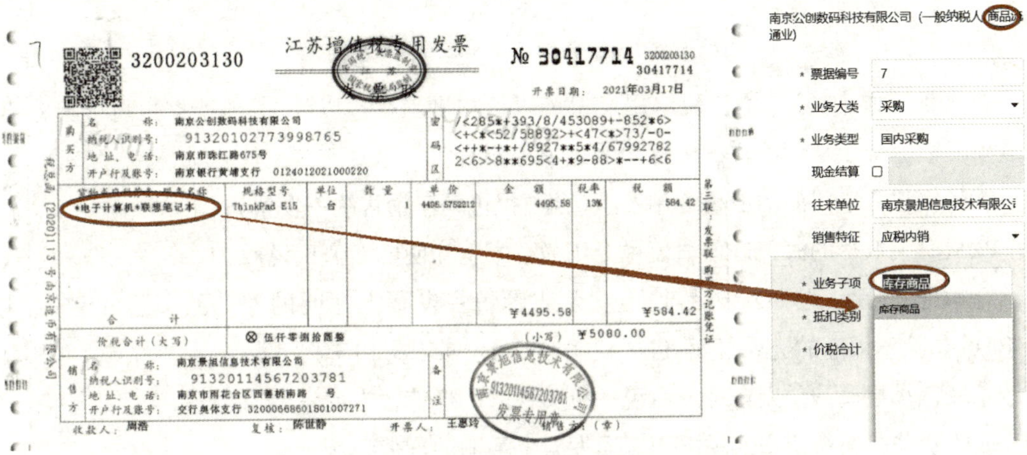

图 2-24 采购类票据录入——业务子项

8.抵扣类别

采购类发票抵扣通常分为"专用发票抵扣""待认证税金"和"其他不得抵扣"。一般纳税人收到专用发票时选择"专用发票抵扣";收到专用发票上面备注"待认证"时,选择"待认证税金";遇到增值税普通发票,通用机打发票及发票名称为"税控设备及维护费"的发票,均选择"其他不得抵扣"。小规模纳税人不论收何种形式的发票,均选择"其他不得抵扣"。

当企业购买增值税税控系统专用设备时,根据财税〔2012〕15 号文件规定:增值税纳税人 2011 年 12 月 1 日以后初次购买增值税税控系统专用设备(包括分开票机)支付的费用,可凭购买增值税税控系统专用设备取得的增值税专用发票,在增值税应纳税额中全额抵减

（抵减额为价税合计额），不足抵减的可结转下期继续抵减。增值税纳税人非初次购买增值税税控系统专用设备支付的费用，由其自行负担，不得在增值税应纳税额中抵减。

单击系统右侧【抵扣类别】的下拉菜单，在下拉菜单中选择对应的抵扣类别，如图 2-25 所示。

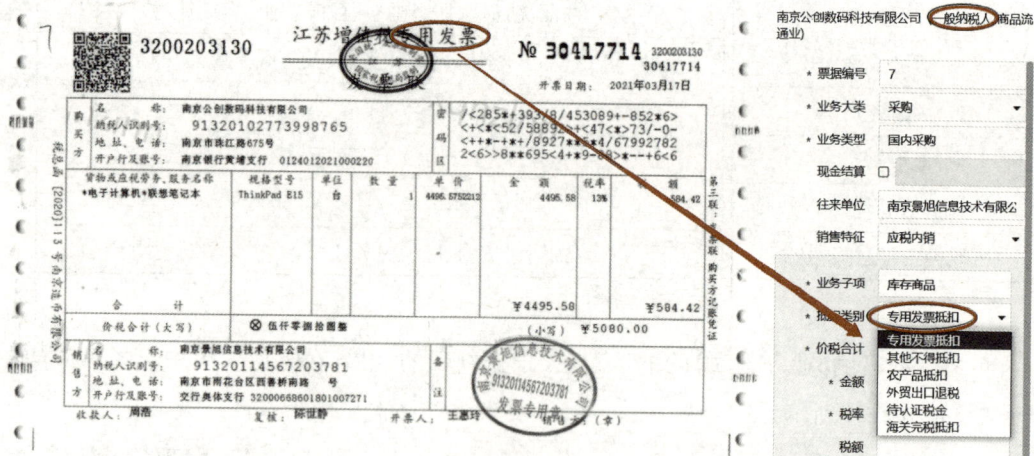

图 2-25　采购类票据录入——抵扣类别

在实务工作中，除了增值税专用发票可以抵扣进项税额以外，其他票据也可能允许抵扣进项税额。准予从销项税额中抵扣的进项税额有：

①从销售方取得的增值税专用发票（含税控机动车销售统一发票）；

②从海关取得的海关进口增值税专用缴款书上注明的增值税税额；

③购进农产品，按照农产品收购发票或者销售发票上注明的农产品买价和 9%（或10%）的扣除率计算的进项税额：进项税额＝买价×9%（或 10%）；

④取得小规模纳税人自开或由税务机关代开的增值税专用发票；

⑤收费公路通行费增值税电子普通发票上注明的增值税额；

⑥从境外单位或者个人购进服务、无形资产或者不动产，自税务机关或者扣缴义务人取得的解缴税款的完税凭证。

9. 价税合计、金额与税率

在系统右侧【价税合计】项目中录入发票上面价税合计的金额（或发票上备注的金额），在【税率】项目中录入发票上面的税率，【金额】及【税额】项目会自动填充。仔细检查【税额】项目是否与发票票面一致，如若不一致，手动修改【税额】项目，如图 2-26 所示。

注：当【抵扣类别】项目选择"其他不得抵扣"时，只需要录入"价税合计"的金额。

完成以上项目后，单击页面右下角"确定"按钮，即完成本张单据的录入。

图 2-26　采购类票据录入——价税合计、金额、税率

（三）费用类票据录入

费用报销过程中，常见的原始凭证有费用报销单、差旅费报销单、增值税专用发票、增值税普通发票、增值税电子发票、定额发票等，如图 2-27 所示。

根据国家税务总局关于增值税发票开具有关问题的公告（2017 年 16 号）的文件，从 2017 年 7 月 1 日起，对开具汇总办公用品、宣传品、印刷品等发票进行了严格的规定：必须附上由税控系统开出的《销售货物或者提供应税劳务清单》，并加盖发票专用章。否则，为不合规票据，不得在企业所得税前扣除。

另外，发票管理办法及实施细则中有明确规定，发票的要素包括：商品名称、数量、单价、金额等内容。

财务共享中心平台要求在录入费用类票据时，应准确判断业务内容，解读票据信息，关注：业务大类、现金结算、往来单位、费用详情、部门、抵扣类别、价税合计等信息。

1. 业务大类

费用类票据的归属分以下几种情况：费用报销单和差旅费报销单，凭票据内容或费用用途可以清楚判断出具体属于哪一类费用。除了内部票据代表企业发生了费用，还可以通过发票联的开票内容判断费用明细。

例如，企业收到一张柴油费发票，此发票"货物或应税劳务、服务名称"栏的内容为" * 石油制品 * 柴油费"，一般企业都计入"汽车费"，而物流企业计入采购类别的"服务成本"，如图 2-28 所示。

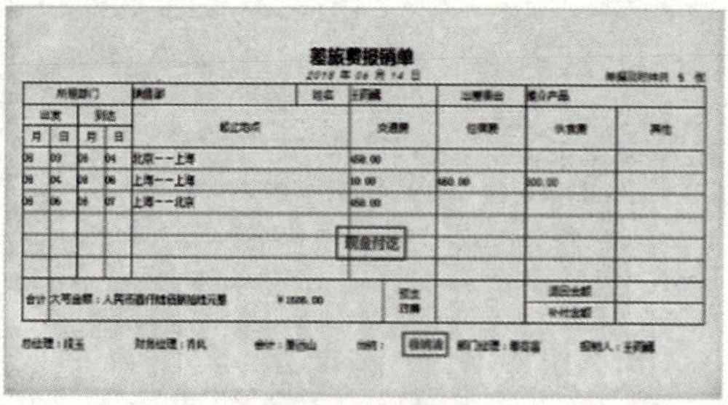

差旅费报销单

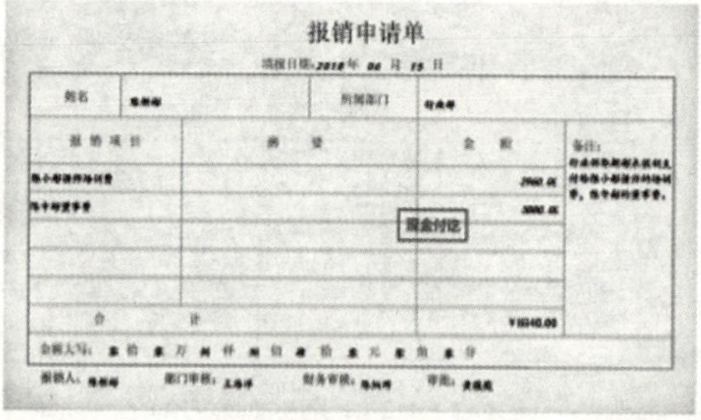

费用报销单

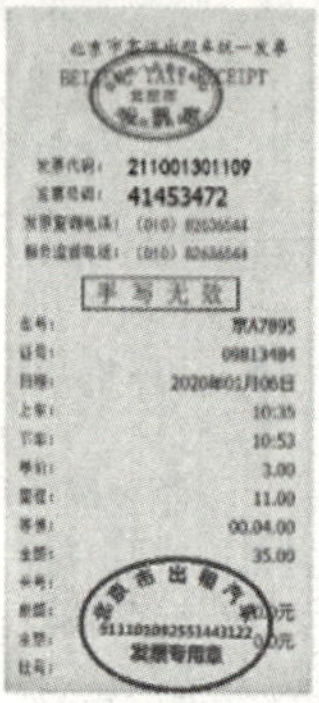

增值税普通发票(发票联)

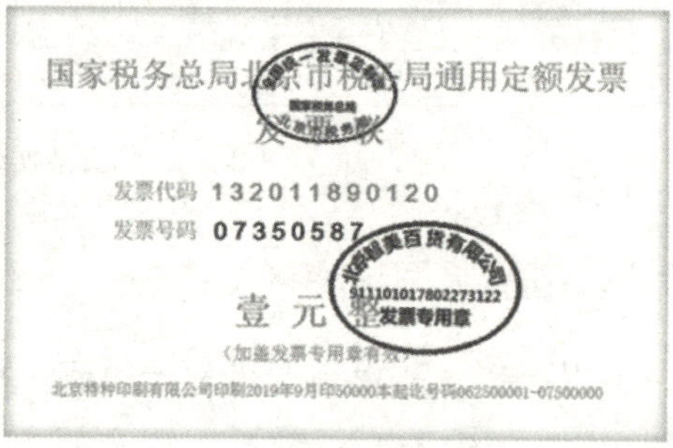

定额发票

图 2-27　费用类业务票据

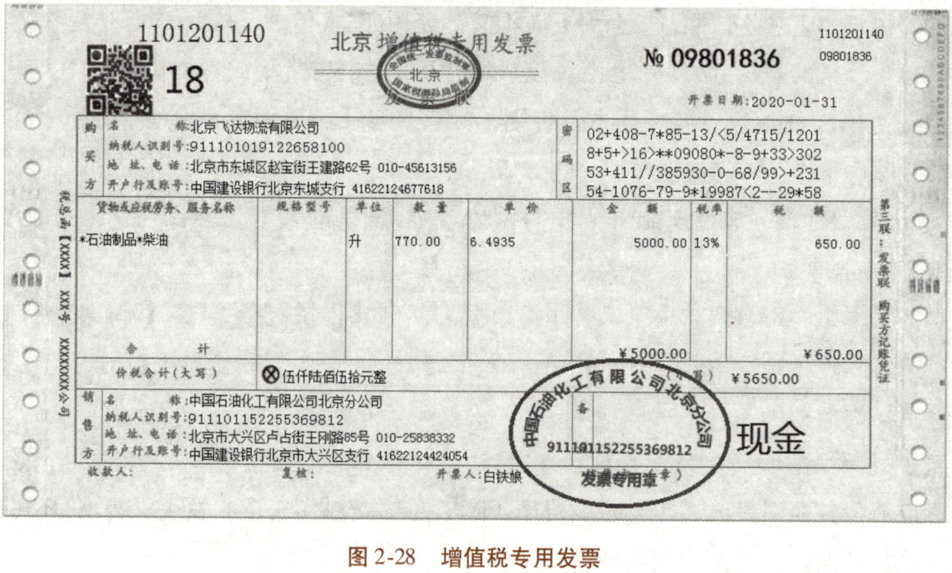

1101201140

北京增值税专用发票

18

№ 09801836

1101201140
09801836

开票日期:2020-01-31

购买方	名　　称:北京飞达物流有限公司 纳税人识别号:911101019122658100 地址、电话:北京市东城区赵宝街王建路62号 010-45613156 开户行及账号:中国建设银行北京东城支行 41622124677618				密码区	02+408-7*85-13/<5/4715/1201 8+5+>16>**09080*-8-9+33>302 53+411//385930-0-68/99>+231 54-1076-79-9*19987<2--29*58	
货物或应税劳务、服务名称	规格型号	单位	数量	单价	金额	税率	税额
*石油制品*柴油		升	770.00	6.4935	5000.00	13%	650.00
合　　计					¥5000.00		¥650.00
价税合计(大写)	⊗伍仟陆佰伍拾元整				(小写) ¥5650.00		
销售方	名　　称:中国石油化工有限公司北京分公司 纳税人识别号:911101152255369812 地址、电话:北京市大兴区卢占街王刚路85号 010-25838332 开户行及账号:中国建设银行北京市大兴区支行 41622124424054				备注	现金	

收款人:　　复核:　　开票人:白铁娘　　销售方:(章)

第三联:发票联 购买方记账凭证

图 2-28　增值税专用发票

又如,企业收到一张餐费的普通发票,此发票“货物或应税劳务、服务名称”,此处开具内容为“＊餐饮服务＊餐饮费”。本张发票,一般企业都计入“业务招待费”,如图 2-29 所示。

单击系统右侧的【业务大类】,在下拉菜单中选择“费用”,系统会自动跳转出【现金结算】【往来单位】【费用】【部门】【抵扣类别】【价税合计】等其他项目,如图 2-30 所示。

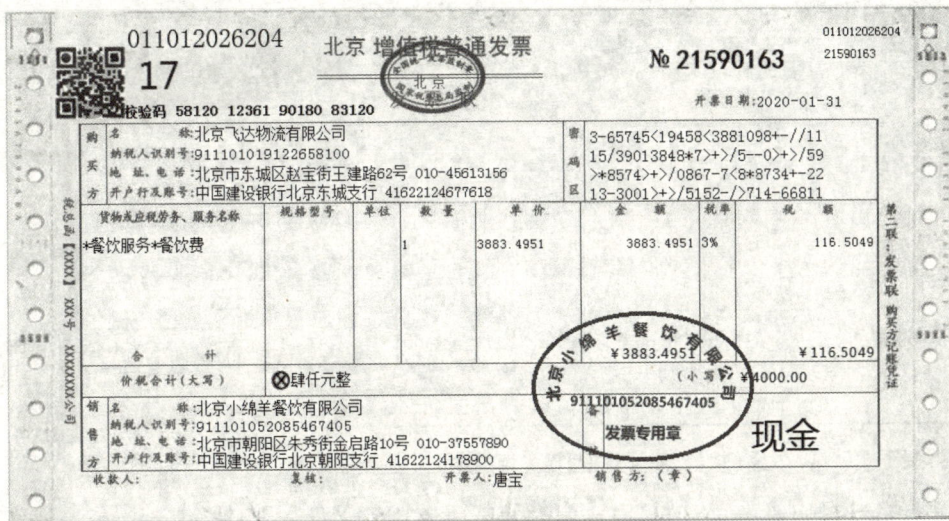

图 2-29　增值税专业发票

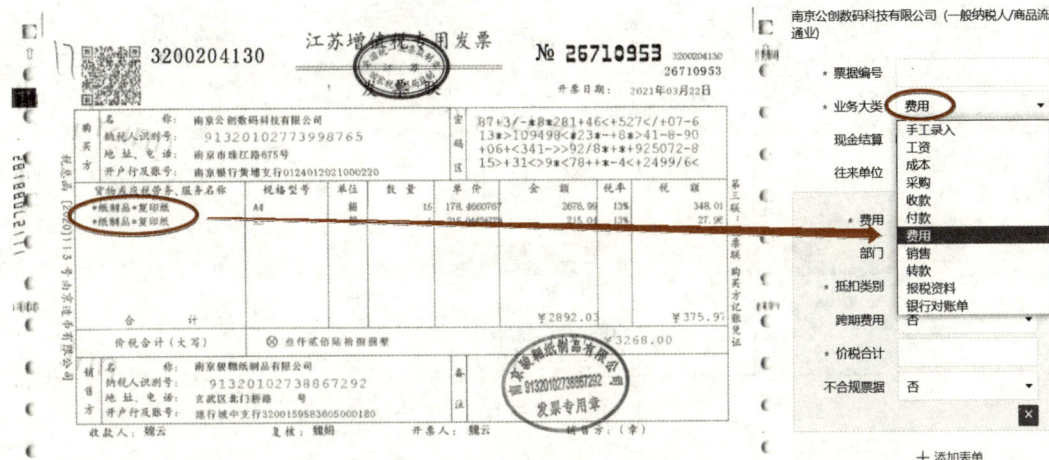

图 2-30　费用类票据录入——业务大类

2. 票据编号

票据编号,是票据整理会计赋予票据的有一定规则的编号。在"公创数码"的账务处理中,按照票面单据"左上角或右上角"标注的编号来录入,如图 2-31 所示。

3. 现金结算

查看发票上是否有"挂往来""往来"字样备注。如果发票上出现"挂往来""往来"字样,说明该笔费用业务采用赊购方式结算,不勾选【现金结算】项目。通常情况下,费用类业务都是现金结算,【现金结算】项目默认勾选状态,如图 2-32 所示。

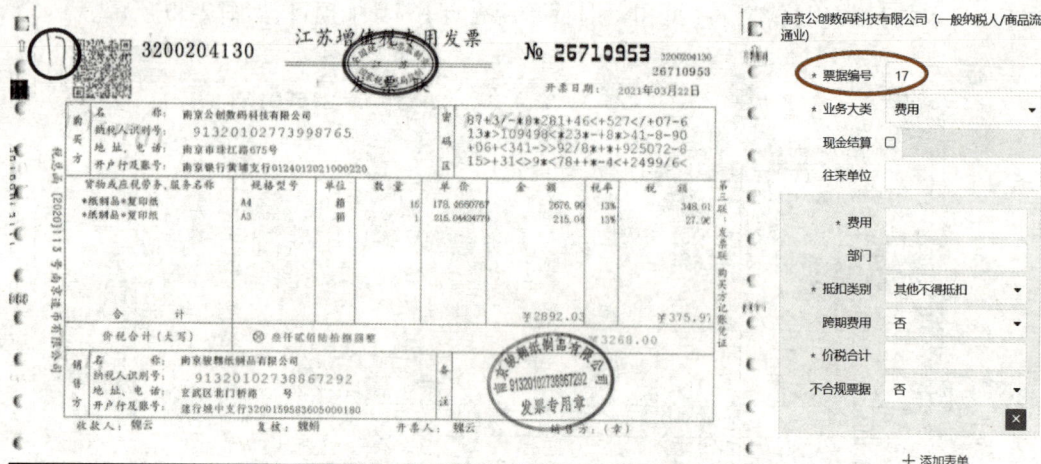

图 2-31　费用类票据录入——票据编号

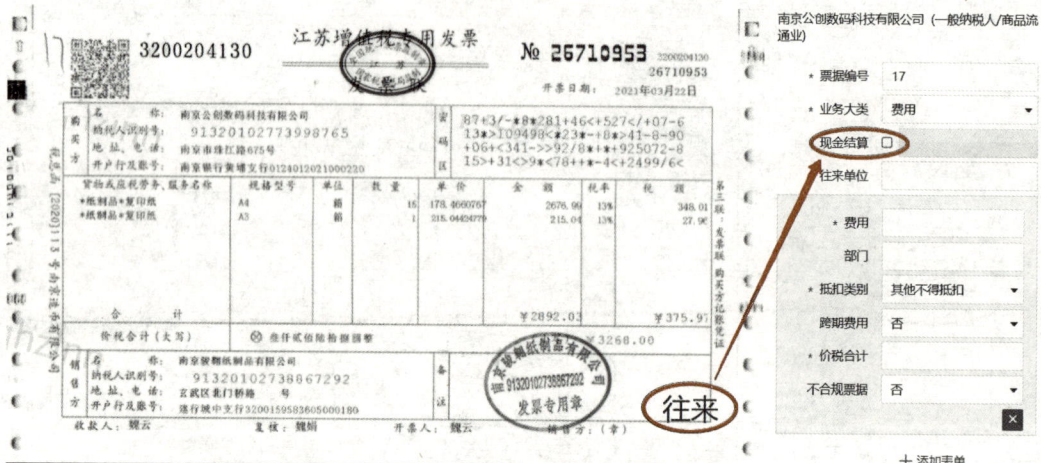

图 2-32　费用类票据录入——现金结算

4. 往来单位

当勾选【现金结算】项目时,无须填写【往来单位】项目。反之,需要在【往来单位】项目输入供应商名称。在系统右侧【往来单位】的文本框中输入供应商名称关键字,在下拉菜单中选择对应的供应商。如果是新供应商,则输入供应商名称全称,点击保存,如图 2-33 所示。

5. 费用详情

在实务中,各企业按照经营情况设置费用明细项目。在财务共享中心平台中,通常按照表 2-6 所示的费用详情确定。

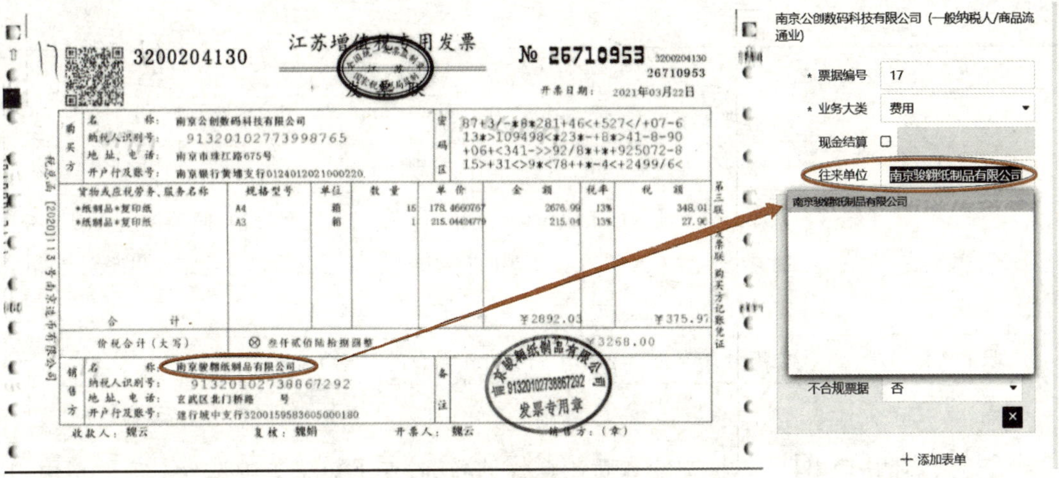

图2-33 费用类票据录入——往来单位

表2-6 费用类票据常见的费用详情

费用详情	核算内容
劳务费	修理修配劳务
咨询顾问费	咨询费、顾问费
差旅费	外地的打车费、出差的火车票、汽车票、机票、外地的住宿费等
交通费	交通费、市内通勤费、公交费、本地的打车票、IC卡充值票及市民卡,机场的大巴发票
电话费	公司名称抬头的电话费发票,可能是固定电话,也可能是手机费
通信费	个人姓名的电话费发票、充值的定额发票
快递费	邮寄费、快递费、收派服务费
水电气费	水、电、气发票,也可能是发票复印件附收据
汽车费	过路过桥费、汽车油费、停车费、汽车保险费、汽车维修费等
物管费	物业公共服务费、物业费、公摊能耗费、物管费等,往来单位是物业公司
办公费	办公用品、会计服务费、CA证书等,玻璃擦、白板笔、夹条、计算器、日用品、路由器插线板、硒鼓、打印机、图书、标书、打印彩页、刻章等
房租费	房屋租赁费用
劳保费	劳动保护用品
业务招待费	餐饮发票,在超市购买食品、购买大额日用品,招待客户购买的烟酒、茶叶、箱包、化妆品、礼品,安排客户住宿、旅游、娱乐产生的费用等
广告费和业务宣传费	广告公司开具的广告费发票(制作费、宣传费等)
其他租赁费	用车服务费、汽车租赁费等
所得税调整	备注无票的支出

续表

费用详情	核算内容
运杂费	运输费、装卸费、包装费、上力费、配送公司开具的服务费等费用
修理费	维修服务发生的费用，但不包括汽车维修
福利费	发放给职工或为职工支付的各项福利：职工医药费报销；职工的生活困难补助；年会、集体聚餐；集体福利的补贴；符合国家有关财务规定的供暖费补贴、防暑降温费；过节发放的食物，如油、水果、鱼虾等
职工教育经费	职工教育培训管理费用、有关职工教育的其他开支

在系统右侧【费用】文本框中输入费用详情的名称，在下拉菜单中选择对应的费用项目。依次有办公费、工资、奖金/补贴、单位医社保、单位公积金、低值易耗品、汽车费、所得税纳税调整等，如图 2-34 所示。

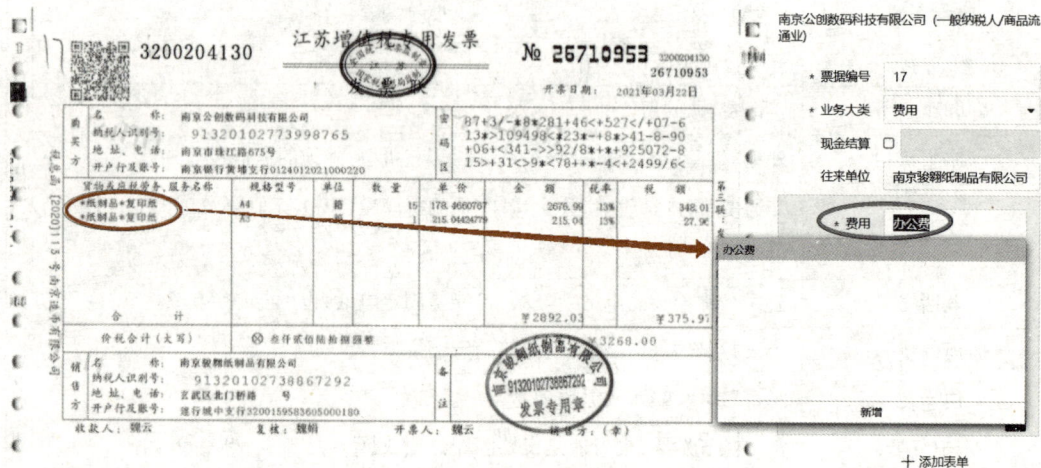

图 2-34　费用类票据录入——费用详情

6. 部门

根据企业经营的需求，为区分销售费用与管理费用，应当确定费用的归属部门。在财务共享中心平台中，除了仓储、运杂费，餐饮行业的水电气费、房租费计入"销售部"，其余默认为"管理部"。单击系统右侧【部门】的下拉菜单，在下拉菜单中选择对应的部门，如图 2-35 所示。

7. 抵扣类别

发票抵扣通常分为"专用发票抵扣"和"待认证税金""其他不得抵扣"。

一般纳税人收到专用发票时选择"专用发票抵扣"；收到专用发票上面备注"待认证"时，选择"待认证税金"；遇到增值税普通发票、通用机打发票均选择"其他不得抵扣"。小规模纳税人不论收何种形式的发票，均选择"其他不得抵扣"。

单击系统右侧【抵扣类别】的下拉菜单,在下拉菜单中选择对应的抵扣类别,如图2-36所示。

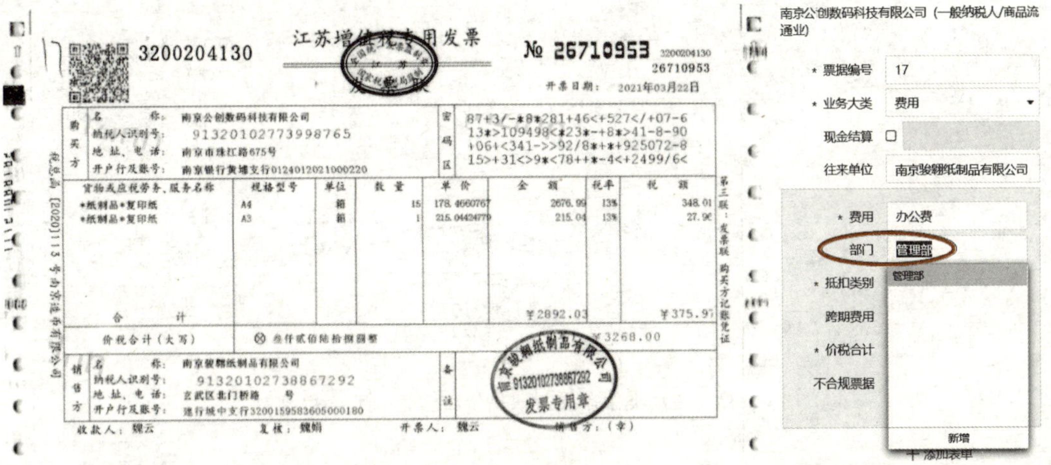

图2-35 费用类票据录入——部门

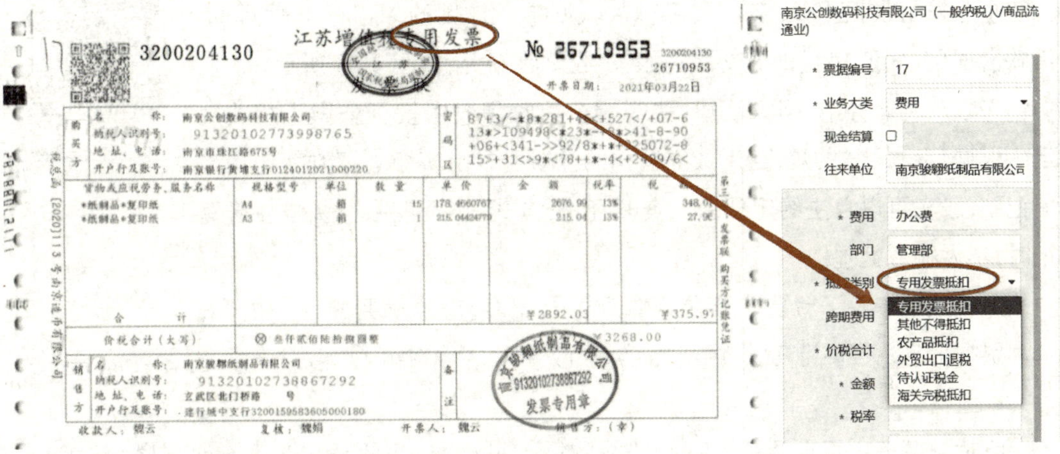

图2-36 费用类票据录入——抵扣类别

8. 价税合计、金额与税率

在系统右侧【价税合计】项目中录入发票上面价税合计的金额(或备注的金额),在【税率】项目中录入发票上面的税率,【金额】及【税额】项目会自动填充。仔细检查【税额】项目是否与发票票面一致,如若不一致,手动修改【税额】项目,如图2-37所示。

注:当【抵扣类别】项目选择"其他不得抵扣"时,只需要录入"价税合计"的金额。

完成以上项目后,单击页面右下角"确定"按钮,即完成本张单据的录入。

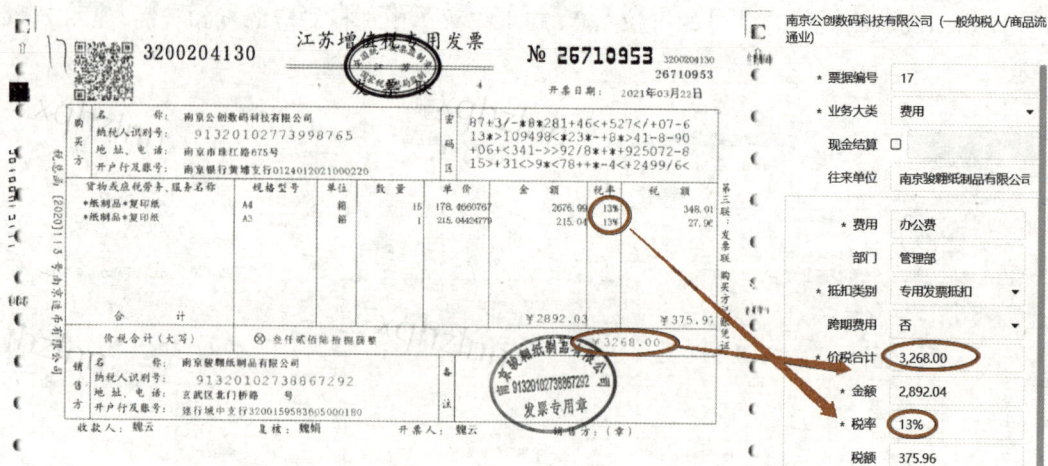

图 2-37 费用类票据录入——价税合计、金额、税率

（四）收款类票据录入

企业发生收款业务，会收到银行收款回单。常见的如银行电子回单、借款借据（收账通知）、证券交易对账单、收款收据等，如图 2-38 所示。

在收款类业务中，国家法律、法规对企业收到股东投资款做了相关规定。根据《公司法》的规定，新成立公司的注册资本由实缴登记制变为认缴登记制，股东可以自主约定认缴出资额、出资方式、出资期限。认缴注册登记时，不做账务处理。

收款业务录入
(操作视频)

财务共享中心平台要求在录入收款类票据时，应准确判断业务内容，解读票据信息，关注：业务大类、业务类型、收款账户、往来单位、收款日期、金额等信息。

1. 业务大类

收款类票据应重点关注"收款人""付款人"的信息，当收款人是本企业，付款人是本企业以外的其他企业或个人时，通常为收款类票据。有时在银行回单中无法准确区分付款人与收款人，可查看银行回单中有"贷记""贷项通知"等字样，此类票据属于收款回单。

单击系统右侧的【业务大类】，在下拉菜单中选择"收款"，系统会自动跳转出【业务类型】【收款账户】【往来单位】【收款日期】【金额】等其他项目，如图 2-39 所示。

2. 票据编号

票据编号，是票据整理会计赋予票据的有一定规则的编号。在"公创数码"的账务处理中，按照票面单据"左上角或右上角"标注的编号来录入，如图 2-40 所示。

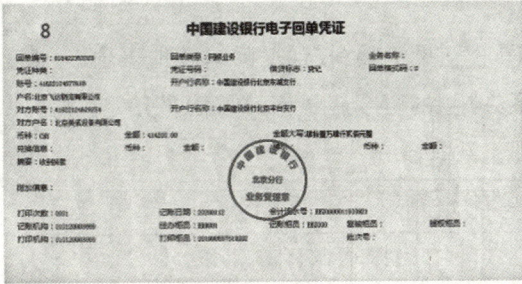

银行电子回单

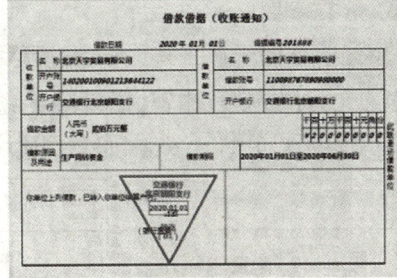

借款借据(收账通知)

证券交易对账单

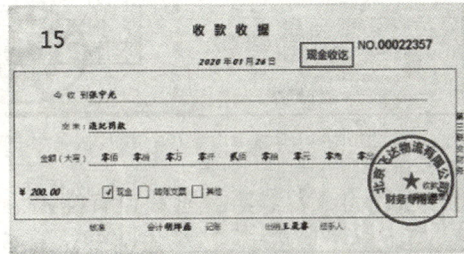

收款收据

图 2-38 收款类业务票据

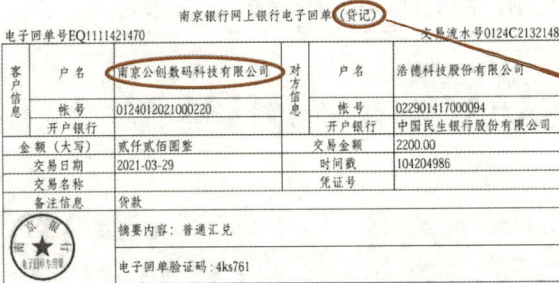
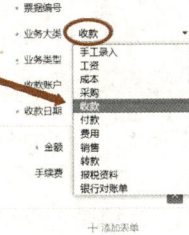

图 2-39 收款类票据收入——业务大类

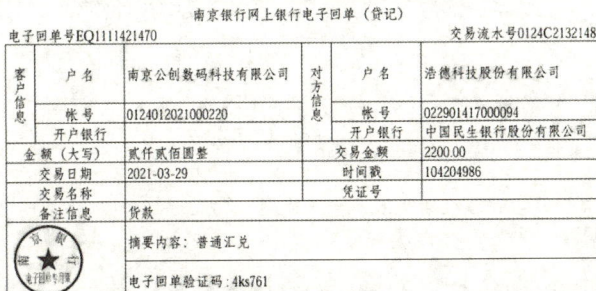

图 2-40 收款类票据收入——票据编号

3. 业务类型

企业收款的来源主要为销售收款,也可能是收到投资款、收到退款等其他事项,一般通过银行回单中"摘要、附言、用途"的信息,判断该来源的资金属于何种收款业务。在财务共享中心平台中,主要的收款业务类型见表2-7。

表2-7 收款类票据的业务类型

业务类型	核算内容
收到退款	收到之前付给供应商等的款项
利息收入	收到银行的利息
借入款	从单位外部借入款项
收回借款	收回之前借出的款项
收到出口退税	收到税务部门的出口退税款
应税政府补助	收到政府给予的各种补贴。如稳岗补贴、研究开发费补助等
销售收款	收到销售货款,通常是公司对公司的收款
收到股东投资款	收到股东投资款
收到各类保证金、押金	收到其他企业支付的保证金及押金
收回各类保证金	收回之前支付的各类保证金及押金
收款—个人往来	收到的各种往来款项,通常是公司对个人的收款

在确定了业务类型之后,在系统右侧【业务类型】的下拉菜单中选择对应的类型,如图2-41所示。

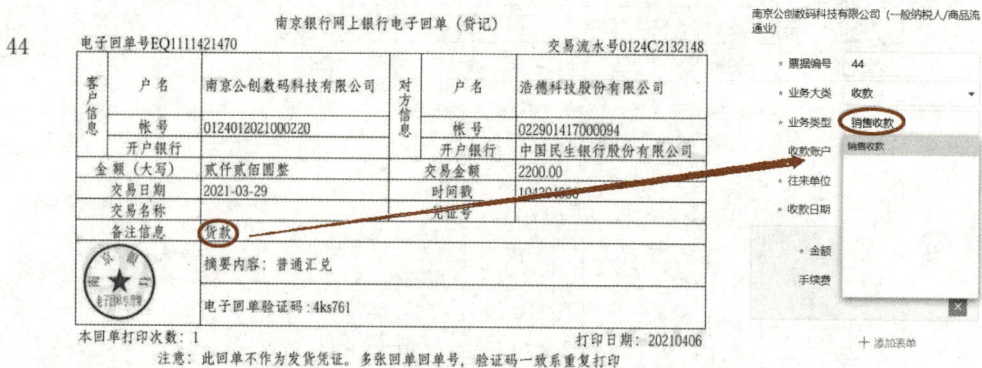

图2-41 收款类票据收入——业务类型

4. 收款账户

单击系统右侧【收款账户】项目,根据银行回单中收款银行的账号在下拉菜单中选择对应的银行账户,如图2-42所示。

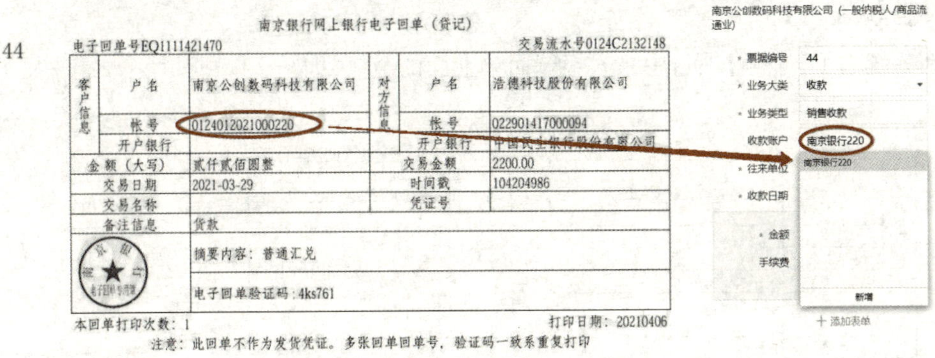

图 2-42 收款类票据收入——收款账户

5. 往来单位

当选择了收到退款、销售收款、收回借款、借入款等项目时,需要在系统右侧【往来单位】的文本框中输入付款单位名称,在下拉菜单中选择对应的单位名称。如果是新的单位,则输入单位名称,点击保存,如图 2-43 所示。

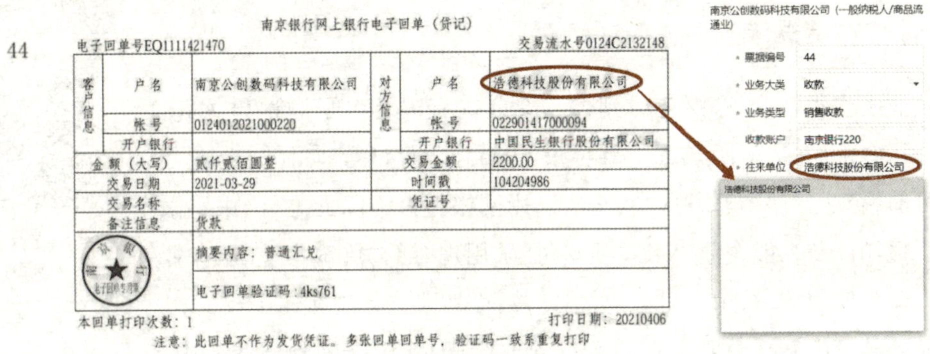

图 2-43 收款类票据收入——往来单位

6. 收款日期

在系统右侧【收款日期】的文本框中输入银行回单中的"交易日期"(注意不是"打印日期"),录入格式如"20210330",如图 2-44 所示。

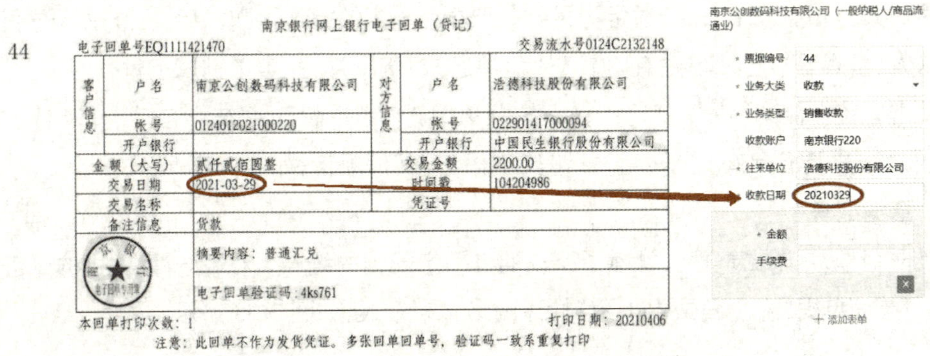

图 2-44 收款类票据收入——收款日期

7. 金额

在系统右侧【金额】项目中录入银行回单上面的金额，如图 2-45 所示。

图 2-45　收款类票据收入——金额

完成以上项目后，单击页面右下角"确定"按钮，即完成本张单据的录入。

(五)付款类票据录入

企业发生付款业务，财务收到付款类票据有银行电子缴税付款凭证、住房公积金汇(补)缴书、转账支票存根、银行还款凭证等，如图 2-46 所示。

目前，企业款项结算方式中，普遍采用网银转账。除此之外，中小微企业费用报销以及一般企业小额款项支付，采用现金结算；零售业、服务业针对个人业务使用的，采用支付宝、微信结算；而转账支票现在使用较少。

财务共享中心平台要求在录入付款类票据时，应准确判断业务内容，解读票据信息，关注：业务大类、业务类型、付款账户、往来单位、付款日期、金额等信息。

1. 业务大类

付款类票据应重点关注"收款人""付款人"的信息，当付款人是本企业，收款人是本企业以外的其他企业或个人时，通常为付款类票据。有时在银行回单中无法准确区分付款人与收款人，可查看银行回单中有"借记""借项通知"等字样，此类票据属于付款回单。

单击系统右侧的【业务大类】，在下拉菜单中选择"付款"，系统会自动跳转出【业务类型】【付款账户】【往来单位】【付款日期】【金额】等其他项目，如图 2-47 所示。

2. 票据编号

票据编号，是票据整理会计赋予票据的有一定规则的编号。在"公创数码"的账务处理中，按照票面单据"左上角或右上角"标注的编号来录入，如图 2-48 所示。

付款单据的录入(操作视频)

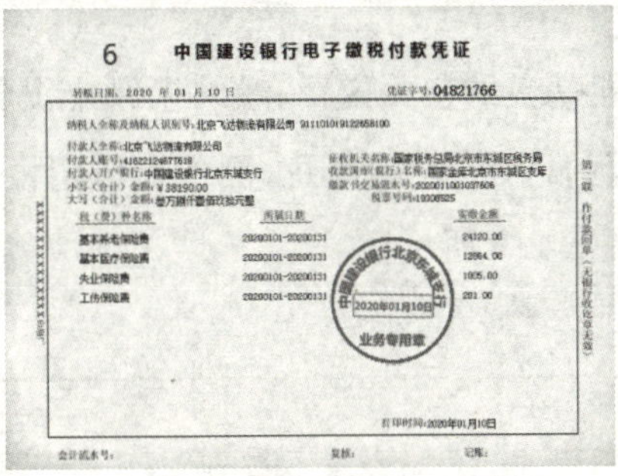

银行电子缴税付款凭证

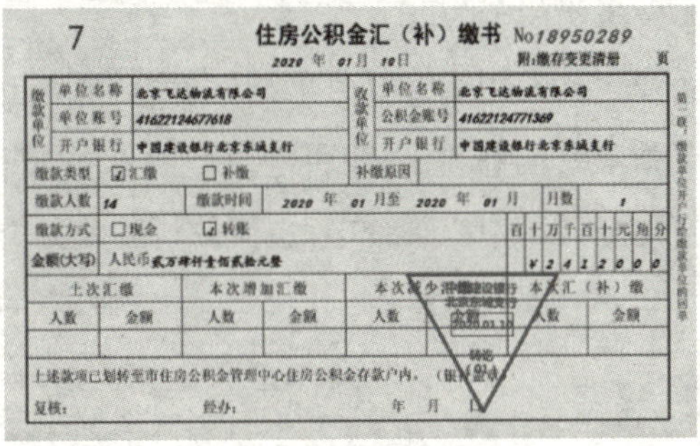

住房公积金汇(补)缴书

转账支票存根

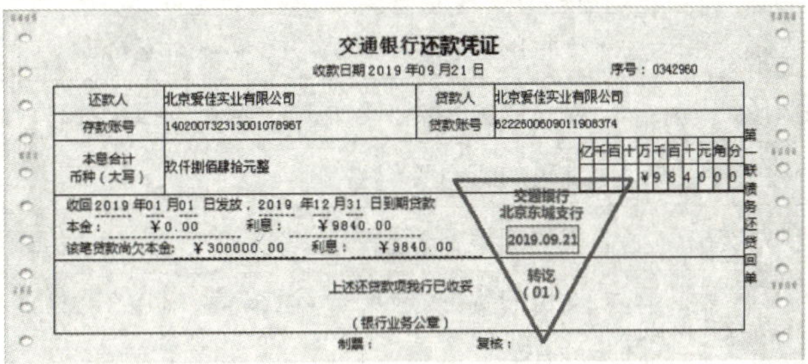

银行还款凭证

图 2-46　付款类业务票据

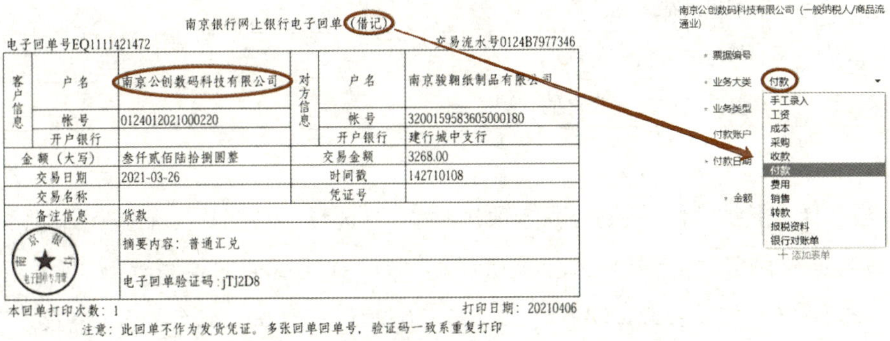

图 2-47　付款类票据录入——业务大类

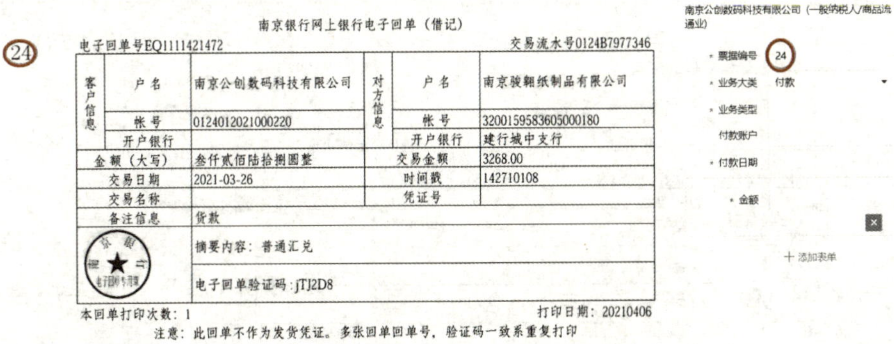

图 2-48　付款类票据录入——票据编号

3. 业务类型

企业付款的用途主要为采购（费用）付款，也可能是缴纳相关税费、缴纳社保公积金、对外投资款等其他事项，一般通过银行回单中"摘要、附言、用途"的信息，判断支付资金的用途。在财务共享中心平台中，主要的付款业务类型见表2-8所示。

表2-8 付款类票据的业务类型

业务类型	核算内容
各类税费	支付的各项税费，如印花税、企业所得税、增值税、附加税、个人所得税、房产税等。收款方、征收方（＊＊税务局＊＊）
缴纳社会保险	支付的社保费。收款方（＊＊国家金库＊＊）
缴纳公积金	支付的公积金。收款方（＊＊公积金管理＊＊）
支付银行手续费	支付的银行手续费
利息支出	支付的银行利息
采购（费用）付款	支付的货款、服务费、运输费、水电费、物业费等各种款项，通常为公司对公司的付款
付款—个人往来	支付的材料款、转款、往来款等，通常为公司对个人的付款
支付各类保证金	支付给其他企业的保证金
借出款	借出给他人的款项
归还借款	归还之前借入的款项
退款	退回其他企业支付的款项

注：当选择了缴纳社保、缴纳公积金项目时，需要选择"部门"，默认选择"管理部"。当选择了缴纳各项税费时，需要输入税款所属期间，税款所属期的填写示例：按月：202106、2021-06、2021.06。按季：2021.04-06，202104-06；2021-04-06。按年：2021年度。

在确定了业务类型之后，在系统右侧【业务类型】的下拉菜单中选择对应的类型。如图2-49所示：

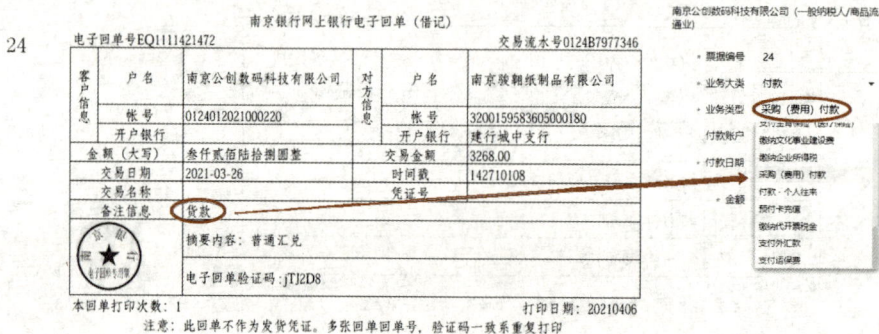

图2-49 付款类票据录入——业务类型

4. 付款账户

单击系统右侧【付款账户】项目,根据银行回单中付款银行的账号在下拉菜单中选择对应的银行账户,如图2-50所示。

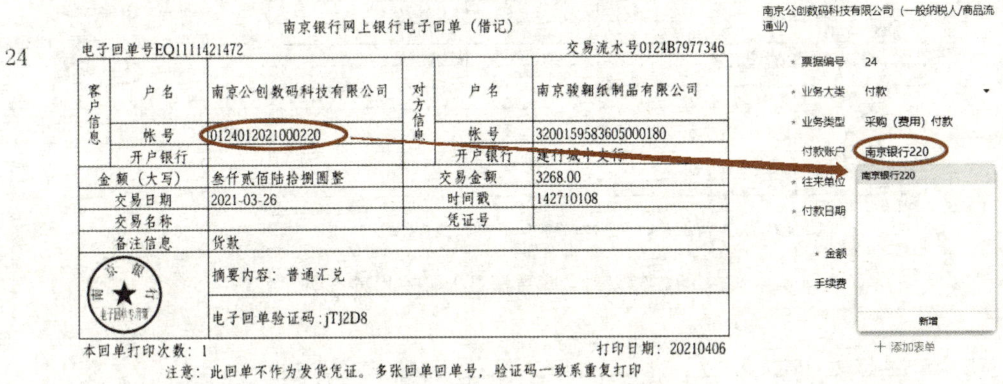

图2-50　付款类票据录入——付款账户

5. 往来单位

当选择了采购(费用)付款、借出款、退款、支付各类保证金等项目时,需要在系统右侧【往来单位】的文本框中输入收款单位名称,在下拉菜单中选择对应的单位名称。如果是新的单位,则输入单位名称,点击保存,如图2-51所示。

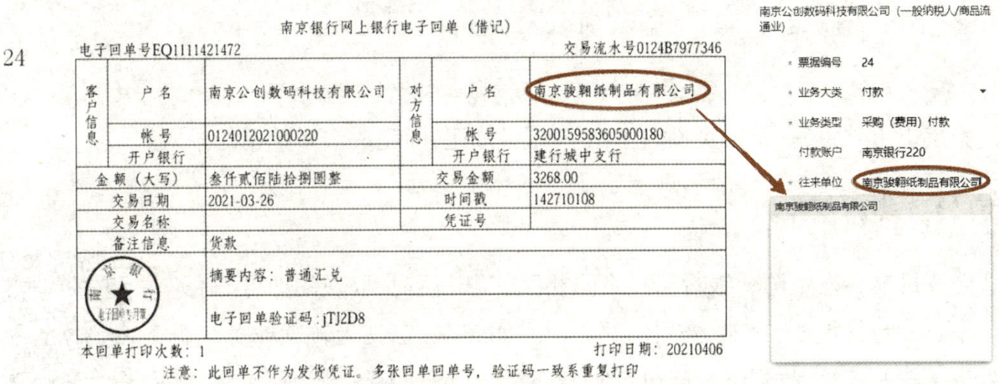

图2-51　付款类票据录入——往来单位

6. 付款日期

在系统右侧【付款日期】的文本框中输入银行回单中的"交易日期"(注意不是"打印日期"),录入格式如"20210330",见图2-52所示。

7. 金额

在系统右侧【金额】项目中录入银行回单上面的金额,如图2-53所示。

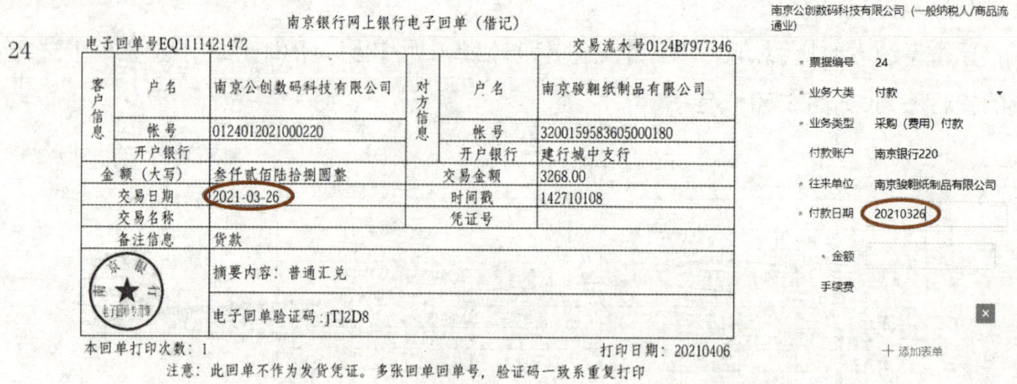

图 2-52　付款类票据录入——付款日期

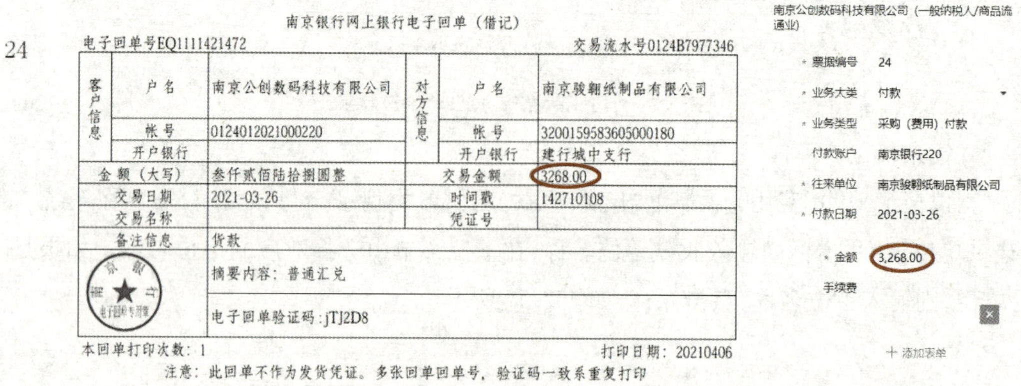

图 2-53　付款类票据录入——金额

完成以上项目后,单击页面右下角"确定"按钮,即完成本张单据的录入。

(六) 转款类票据录入

转款业务录入
(操作视频)

企业可能会发生两个银行账户之间相互转账、存现、取现的业务,财务共享中心平台将提现、存现、公司内部账户之间转账,定义为转款业务。企业发生转款业务,会收到银行回单、现金支票存根等,如图 2-54 所示。

企业提取备用金时,一般按照单位 3～5 天日常零星开支所需确定。边远地区和交通不便地区的开户单位的库存现金限额,可按多于 5 天,但不得超过 15 天的日常零星开支的需要确定。

企业取得现金后,对其使用范围的相关规定见表 2-9。

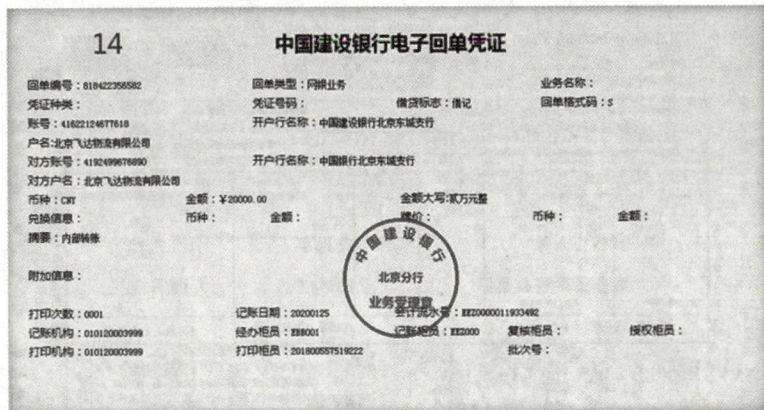

银行回单

现金支票存根

图 2-54　转款类业务票据

表 2-9　现金的使用范围

现金的使用范围	职工工资、津贴业务内容
	个人劳务报酬
	根据国家规定颁发给个人的科学技术、文化艺术、体育比赛等各种奖金
	各种劳保、福利费用以及国家规定的对个人的其他支出
	向个人收购农副产品和其他物资的价款
	出差人员必须随身携带的差旅费
	结算起点(1 000 元)以下的零星支出
	中国人民银行确定需要支付现金的其他支出

　　财务共享中心平台要求在录入转款类票据时,应准确判断业务内容,解读票据信息,关注:业务类型、收款账户、付款账户、收款日期、金额等信息。

1. 业务大类

　　当企业收到的单据是"现金支票存根",或者收到的银行回单中收款方和付款方都是做账主体,或者收款方是个人且票面备注、摘要、用途标明"提现""备用金""日常报销"等字样,则属于转款类单据。

　　单击系统右侧的【业务大类】,在下拉菜单中选择"转款",系统会自动跳转出【业务类型】【收款账户】【付款账户】【收款日期】【付款日期】【金额】等其他项目,如图 2-55 所示。

2. 票据编号

　　票据编号,是票据整理会计赋予票据的有一定规则的编号。在"公创数码"的账务处理中,按照票面单据"左上角或右上角"标注的编号来录入,如图 2-56 所示。

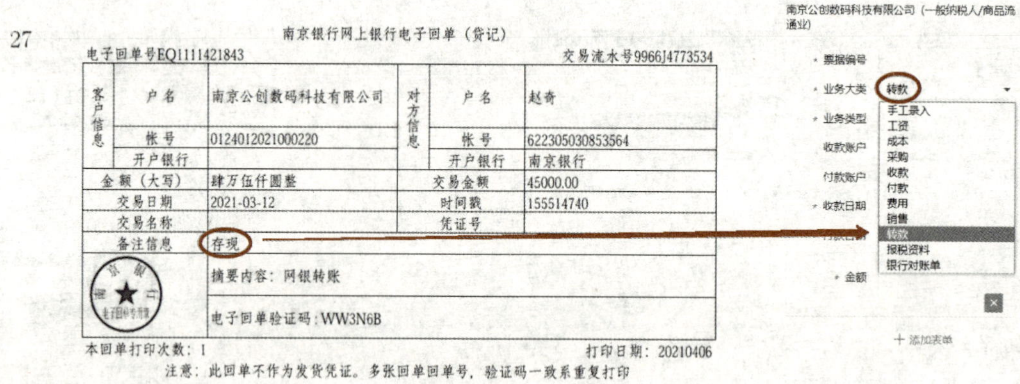

图 2-55　转款类票据收入——业务大类

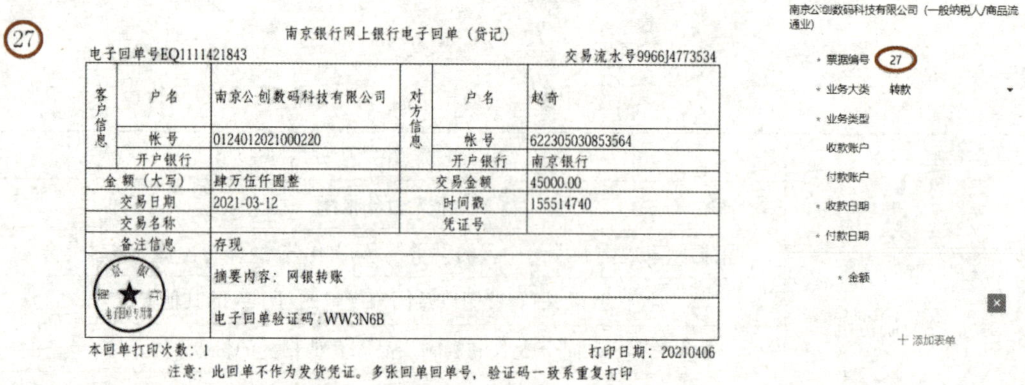

图 2-56　转款类票据收入——票据编号

3. 业务类型

如果单据是"现金支票存根",则属于转款类单据(取现业务)。

如果收款方为个人(或者收款人为空),且票面备注、摘要、用途标明"提现""备用金""日常报销"等,则属于转款类单据(取现业务)。

如果付款方为个人,且票面备注、摘要、用途标明"存现",则属于转款类单据(存现业务)。

如果是属于公司内部账户之间的转账,则取得的银行回单,收款方和付款方都是做账主体,或者收款方(付款方)一方为空,则属于转款类单据(银行-银行转款)。

在确定了业务类型之后,在系统右侧【业务类型】的下拉菜单中选择对应的类型,如图 2-57 所示。

4. 收款账户

当【业务类型】为"取现"时,收款账户为"现金账户"。当【业务类型】为"存现""银行-银行转款"时,收款账户为银行回单上的收款银行账号。单击系统右侧的【收款账户】项目,在下拉菜单中选择对应的收款账户,如图 2-58 所示。

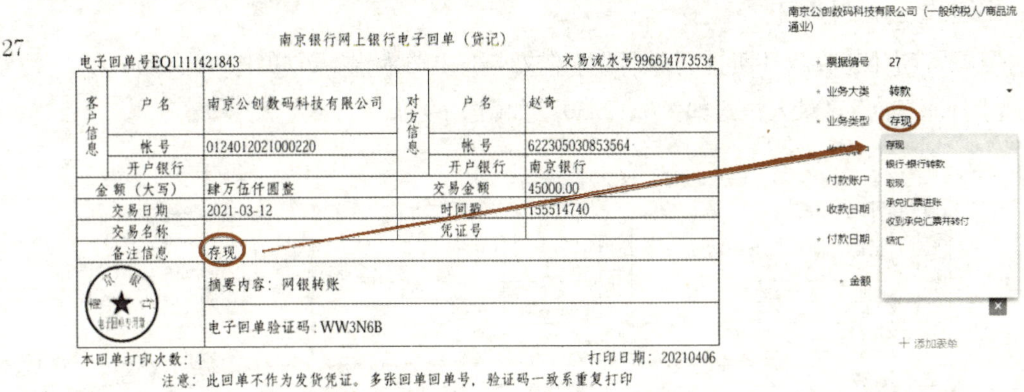

图 2-57　转款类票据收入——业务类型

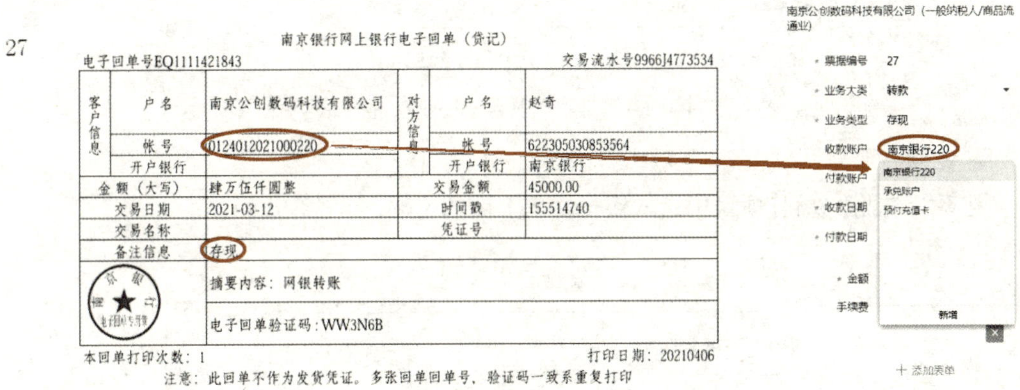

图 2-58　转款类票据收入——收款账户

5. 付款账户

当【业务类型】为"存现"时,付款账户为"现金账户"。当【业务类型】为"取现""银行-银行转款"时,付款账户为银行回单上的付款银行账号。单击系统右侧的【付款账户】项目,在下拉菜单中选择对应的付款账户,如图 2-59 所示。

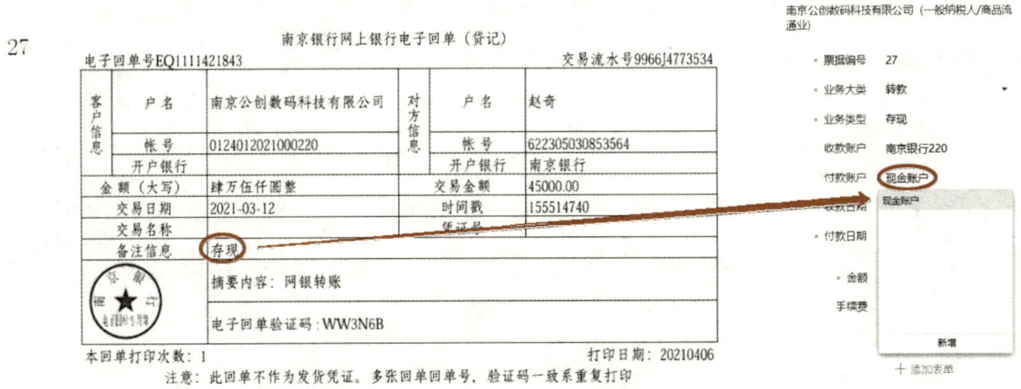

图 2-59　转款类票据收入——付款账户

6. 收款日期、付款日期

在系统右侧【收款日期】【付款日期】的文本框中输入银行回单中的"交易日期"（注意不是"打印日期"），录入格式如"20210330"，如图 2-60 所示。

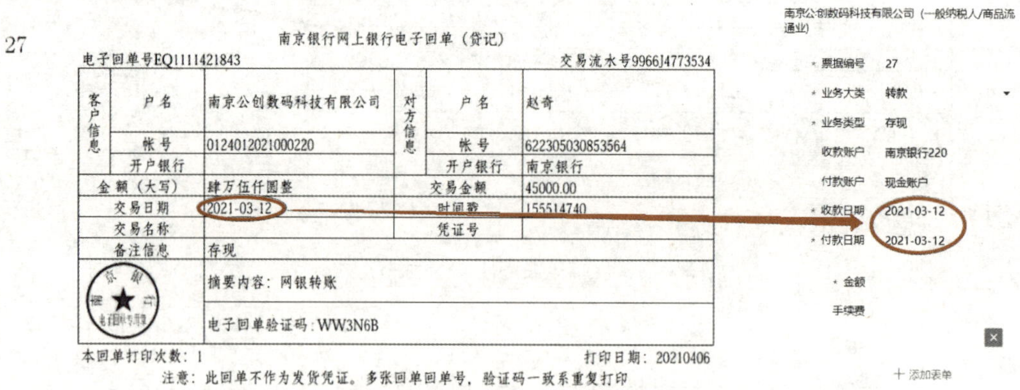

图 2-60　转款类票据收入——收款、付款日期

7. 金额

在系统右侧【金额】项目中录入银行回单上面的金额，如图 2-61 所示。

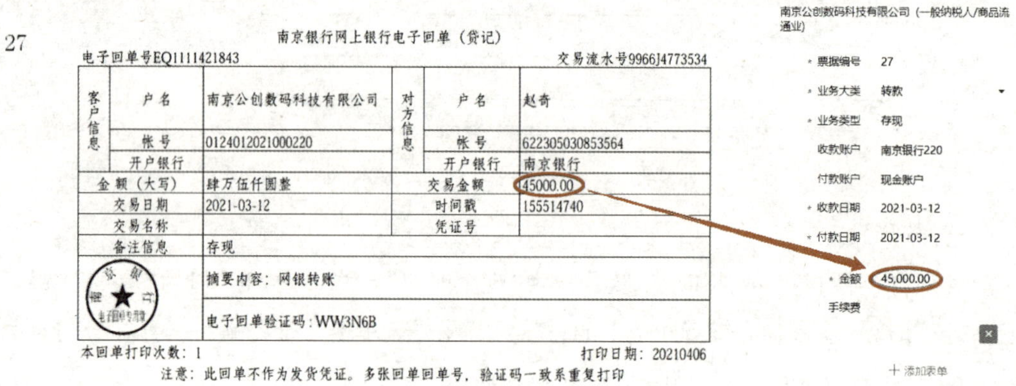

图 2-61　转款类票据收入——金额

完成以上项目后，单击页面右下角"确定"按钮，即完成本张单据的录入。

（七）工资类票据录入

通常情况下，企业支付员工工资，需由人力资源部根据员工的考勤记录、工时记录、产量记录、工资标准等，提供工资明细表，再由财务进行工资汇总、结算等。实务中，工资类票据有工资汇总表、工资明细表等，如图 2-62 所示。

企业员工工资的组成部分包括：工资、加班费奖金、职工福利费、社会保险费、住房公积金、职工教育经费、工会经费等。其中，社会保险费指养

工资业务录入
（操作视频）

老保险、医疗保险、失业保险、工伤保险、生育保险,养老保险、医疗保险和失业保险是由企业和个人共同缴纳的,工伤保险和生育保险完全是由企业承担的。社会保险的月缴费基数一般是按照职工上年度全年工资的月平均值来确定的,每年确定一次,且一旦确定以后,一年内不再变动。

北京金星实业有限公司职工薪酬汇总表

2019年8月

单位：元

一级部门	项目	应发工资	工会经费	公司承担社保费	公司承担住房公积金	总薪酬
管理部门	管理费用	140370.00	2807.40	21183.60	9144.00	173505.00
销售部门	销售费用	58200.00	1164.00	8473.44	3657.60	71495.04
仓管部门	制造费用	26800.00	536.00	5648.96	2438.40	35423.36
渔具生产车间（管理人员）	制造费用	20000.00	400.00	2824.48	1219.20	24443.68
水泵生产车间（管理人员）	制造费用	9500.00	190.00	1412.24	609.60	11711.84
渔具生产车间（生产人员）	生产成本	110300.00	2206.00	32481.52	14020.80	159008.32
水泵生产车间（生产人员）	生产成本	85500.00	1710.00	21183.60	9144.00	117537.60
合计		450670.00	9013.40	93207.84	40233.60	593124.84

审核：黄欣　　制表：张保全

工资汇总表

2019年8月工资明细表

编制单位：北京金星实业有限公司　　单位：元

部门	姓名	基本工资	奖金	满勤奖	应发工资	养老保险		医疗保险		失业保险		工伤保险		生育保险		社保合计		住房公积金		累计情况								实发工资
						个人（8%）	公司（16%）	个人（2%+3）	公司（10%）	个人（0.2%）	公司（0.8%）	个人（0%）	公司（0.2%）	个人（0%）	公司（0.8%）	个人	公司	个人（12%）	公司（12%）	累计收入 ①	累计减除费用 ②	累计专项扣除 ③	累计专项附加扣除 ④	累计应纳税所得额 ⑤	累计应纳税额 ⑥	累计已缴税额 ⑦	本月应补(退)税额 ⑧	
总经理	陈子阳	25000.00	1300.00	0.00	26300.00	406.40	812.80	104.60	508.00	10.16	40.64	0.00	10.16	0.00	40.64	521.16	1412.24	609.60	609.60	210400.00	40000.00	9046.08	16000.00	145353.92	12150.78	10198.47	1952.31	23216.93
	赵敏	5000.00	420.00	0.00	5420.00	406.40	812.80	104.60	508.00	10.16	40.64	0.00	10.16	0.00	40.64	521.16	1412.24	609.60	609.60	43560.00	40000.00	9046.08	8000.00	0.00	0.00	0.00	0.00	4289.24
人力行政部小计					23060.00	1219.20	2438.40	313.80	1524.00	30.48	121.92	0.00	30.48	0.00	121.92	1563.48	4236.72	1828.80	1828.80									19564.24
总账会计	黄欣	7500.00	1500.00	100.00	9100.00	406.40	812.80	104.60	508.00	10.16	40.64	0.00	10.16	0.00	40.64	521.16	1412.24	609.60	609.60	72800.00	40000.00	9046.08	8000.00	15753.92	472.62	413.54	59.08	7910.16
核算会计	卢丽婷	6500.00	1300.00	100.00	7900.00	406.40	812.80	104.60	508.00	10.16	40.64	0.00	10.16	0.00	40.64	521.16	1412.24	609.60	609.60	63200.00	40000.00	9046.08	16000.00	0.00	0.00	0.00	0.00	6769.24
存货会计	江燕	6000.00	1200.00	100.00	7300.00	406.40	812.80	104.60	508.00	10.16	40.64	0.00	10.16	0.00	40.64	521.16	1412.24	609.60	609.60	58400.00	40000.00	9046.08	12000.00	0.00	0.00	0.00	0.00	6169.24
往来会计	张楠	6000.00	1200.00	100.00	7300.00	406.40	812.80	104.60	508.00	10.16	40.64	0.00	10.16	0.00	40.64	521.16	1412.24	609.60	609.60	58400.00	40000.00	9046.08	12000.00	0.00	0.00	0.00	0.00	6169.24
税务会计	王爽	6500.00	1300.00	100.00	7900.00	406.40	812.80	104.60	508.00	10.16	40.64	0.00	10.16	0.00	40.64	521.16	1412.24	609.60	609.60	63200.00	40000.00	9046.08	16000.00	0.00	0.00	0.00	0.00	6769.24
固定资产会计	何小宝	5500.00	1100.00	100.00	6700.00	406.40	812.80	104.60	508.00	10.16	40.64	0.00	10.16	0.00	40.64	521.16	1412.24	609.60	609.60	53600.00	40000.00	9046.08	9000.00	0.00	0.00	0.00	0.00	5569.24
投资核算会计	李军	7000.00	1400.00	100.00	8500.00	406.40	812.80	104.60	508.00	10.16	40.64	0.00	10.16	0.00	40.64	521.16	1412.24	609.60	609.60	68000.00	40000.00	9046.08	27200.00	0.00	0.00	0.00	0.00	7369.24
薪酬会计	张保全	5000.00	1000.00	100.00	6100.00	406.40	812.80	104.60	508.00	10.16	40.64	0.00	10.16	0.00	40.64	521.16	1412.24	609.60	609.60	48800.00	40000.00	9046.08	0.00	0.00	0.00	0.00	0.00	4969.24
资金会计	李立华	5000.00	450.00	100.00	5550.00	406.40	812.80	104.60	508.00	10.16	40.64	0.00	10.16	0.00	40.64	521.16	1412.24	609.60	609.60	44400.00	40000.00	9046.08	4000.00	0.00	0.00	0.00	0.00	4419.24
出纳	李茂	5000.00	300.00	100.00	5400.00	406.40	812.80	104.60	508.00	10.16	40.64	0.00	10.16	0.00	40.64	521.16	1412.24	609.60	609.60	43200.00	40000.00	9046.08	4000.00	0.00	0.00	0.00	0.00	4269.24
财务部小计					71750.00	4064.00	8128.00	1046.00	5080.00	101.60	406.40	0.00	101.60	0.00	406.40	5211.60	14122.40	6096.00	6096.00									60383.32

工资明细表

图 2-62　工资类业务票据

根据《中华人民共和国企业所得税法实施条例》第四十条规定,企业发生的职工福利费支出,不超过工资薪金总额 14% 的部分,准予扣除。大中型企、事业单位,为了均衡费用,职工福利费应当在实际发生时根据实际发生额计入当期损益或相关资产成本。

对于一些中小企业来说,公司本身就没有几个人,大部分职员不需要缴纳个人所得税,与一些大公司比起来薪资表就比较简单。财务共享中心平台要求在录入工资类票据时,应准确判断业务内容,解读票据信息,关注:工资类别、现金结算、部门、应发工资、代扣社保、代扣公积金、代扣个税等信息。

1. 业务大类

当企业收到的单据是“工资计算表”“工资结算单”等文件,属于工资类单据。单击系统右侧的【业务大类】,在下拉菜单中选择“工资”,系统会自动跳转出【工资类别】【部门】【应发工资】【代扣社保】【代扣公积金】【代扣个税】等其他项目,如图 2-63 所示。

2. 票据编号

票据编号,是票据整理会计赋予票据的有一定规则的编号。在“公创数码”的账务处理中,按照票面单据“左上角或右上角”标注的编号来录入,如图 2-64 所示。

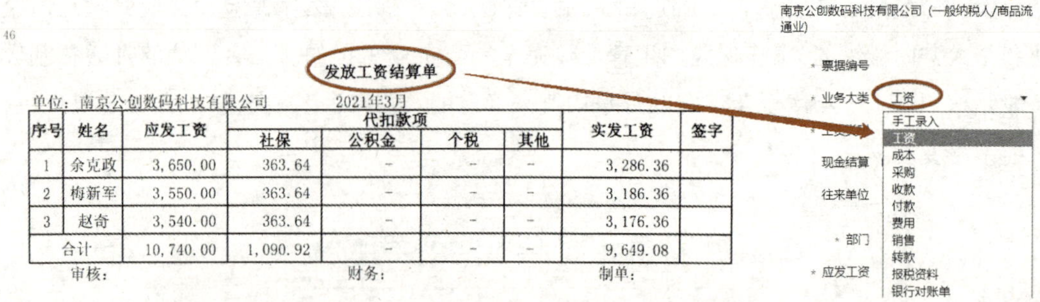

图 2-63　工资类票据录入——业务大类

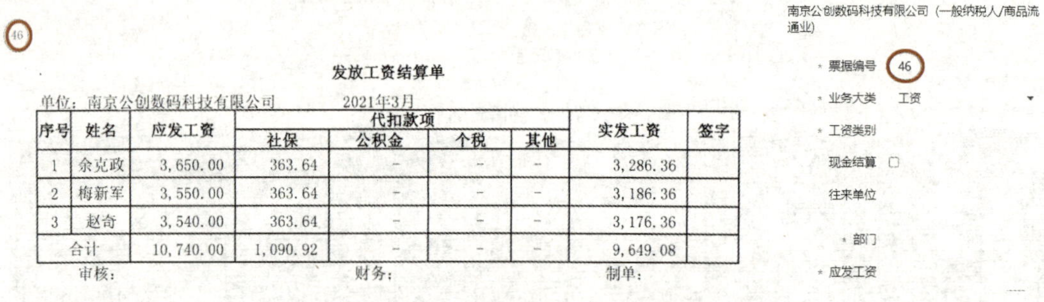

图 2-64　工资类票据录入——票据编号

3. 工资类别

财务共享中心平台将工资类单据区分为"基本工资""补贴"两类。通常情况下多数单据属于"基本工资"类别，当单据上明确备注"补贴"字样时才属于"补贴"类别。单击系统右侧【工资类别】项目，在下拉菜单中选择对应的类型，如图 2-65 所示。

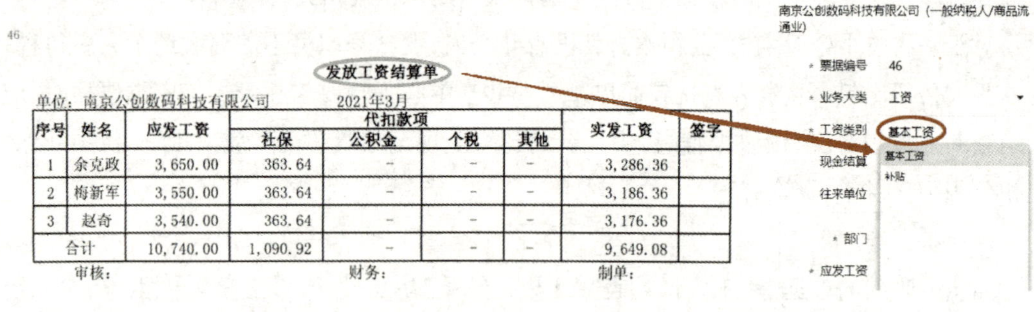

图 2-65　工资类票据录入——工资类别

4. 现金结算

在财务共享中心平台中，工资类单据默认勾选"现金结算"项目。当单据上备注"挂＊＊往来"等字样时，不勾选"现金结算"项目，此时需要输入往来单位名称，如图 2-66 所示。

5. 部门

在财务共享中心平台中，工资类单据默认部门为"管理部"。单击系统右侧的【部门】项目，在下拉菜单中选择"管理部"，如图 2-67 所示。

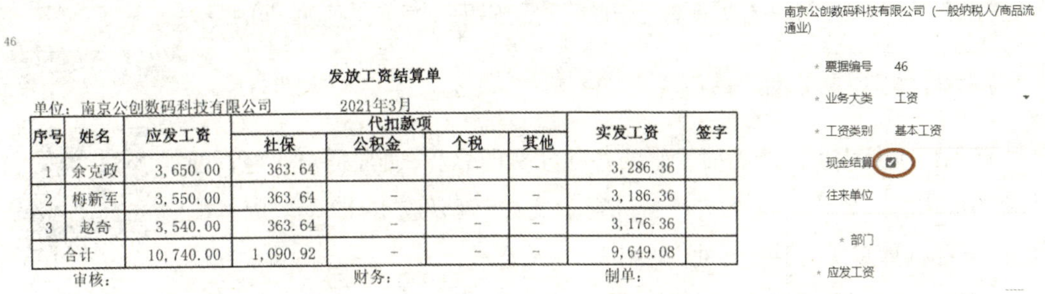

南京公创数码科技有限公司 （一般纳税人/商品流通业）

46

发放工资结算单

单位：南京公创数码科技有限公司　　　2021年3月

序号	姓名	应发工资	代扣款项				实发工资	签字
			社保	公积金	个税	其他		
1	余克政	3,650.00	363.64	—	—	—	3,286.36	
2	梅新军	3,550.00	363.64	—	—	—	3,186.36	
3	赵奇	3,540.00	363.64	—	—	—	3,176.36	
合计		10,740.00	1,090.92				9,649.08	

审核：　　　　　　　　　财务：　　　　　　　　　制单：

图 2-66　工资类票据录入——现金结算

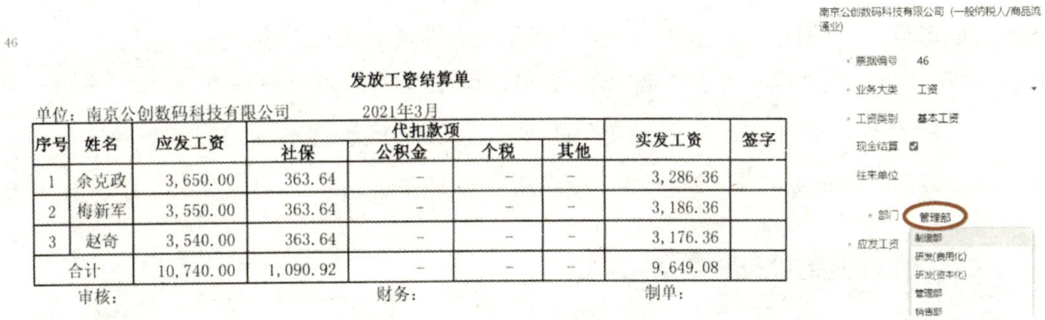

* 票据编号　46
* 业务大类　工资
* 工资类别　基本工资
　现金结算　☑
　往来单位
* 部门
* 应发工资

46

发放工资结算单

单位：南京公创数码科技有限公司　　　2021年3月

序号	姓名	应发工资	代扣款项				实发工资	签字
			社保	公积金	个税	其他		
1	余克政	3,650.00	363.64	—	—	—	3,286.36	
2	梅新军	3,550.00	363.64	—	—	—	3,186.36	
3	赵奇	3,540.00	363.64	—	—	—	3,176.36	
合计		10,740.00	1,090.92				9,649.08	

审核：　　　　　　　　　财务：　　　　　　　　　制单：

南京公创数码科技有限公司 （一般纳税人/商品流通业）

* 票据编号　46
* 业务大类　工资
* 工资类别　基本工资
　现金结算　☑
　往来单位
* 部门　管理部
　制造部
　研发(费用化)
　研发(资本化)
　管理部
　销售部
* 应发工资

图 2-67　工资类票据录入——部门

6. 应发工资、代扣社保、公积金、个税

在系统右侧【应发工资】【代扣社保】【代扣公积金】【代扣个税】的文本框中输入对应的金额。根据工资表中的应付工资金额合计，录入【应发工资】；根据表中的代扣养老保险、代扣医疗保险、代扣失业保险、大病医疗保险的金额相加，录入【代扣社保】；根据代扣住房公积金金额合计，录入【代扣公积金】；根据代扣个人所得税金额合计，录入【代扣个税】；完成以上几项录入，系统会自动算出【实发工资】，如图 2-68 所示。

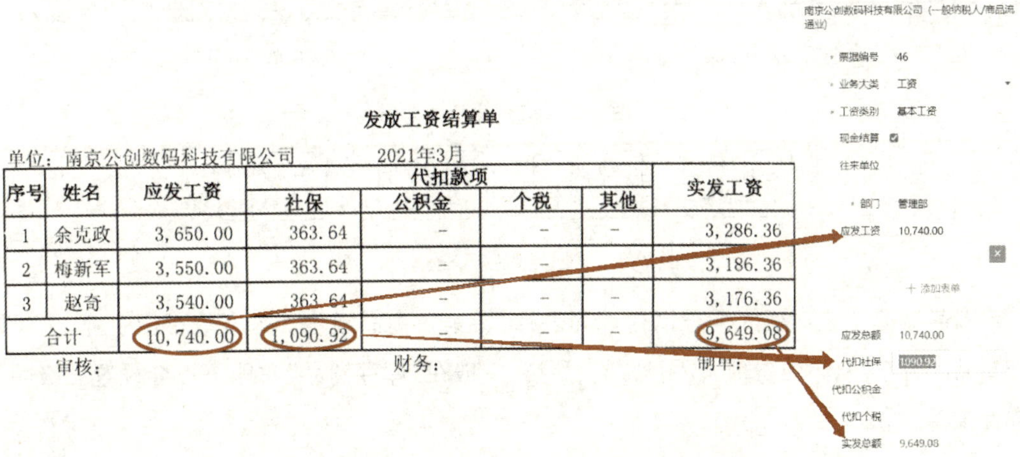

发放工资结算单

单位：南京公创数码科技有限公司　　　2021年3月

序号	姓名	应发工资	代扣款项				实发工资
			社保	公积金	个税	其他	
1	余克政	3,650.00	363.64				3,286.36
2	梅新军	3,550.00	363.64				3,186.36
3	赵奇	3,540.00	363.64				3,176.36
合计		10,740.00	1,090.92				9,649.08

审核：　　　　　　　　　财务：　　　　　　　　　制单：

南京公创数码科技有限公司 （一般纳税人/商品流通业）

* 票据编号　46
* 业务大类　工资
* 工资类别　基本工资
　现金结算　☑
　往来单位
* 部门　管理部
　应发工资　10,740.00
　＋ 添加表单
　应发总额　10,740.00
　代扣社保　1090.92
　代扣公积金
　代扣个税
　实发总额　9,649.08

图 2-68　工资类票据录入——应发工资、代扣社保等

完成以上项目后,单击页面右下角"确定"按钮,即完成本张单据的录入。

(八)成本类票据录入

产品成本是为生产产品而发生的各种耗费的总和,通常是企业存货的主要构成内容。成本着重于按产品进行归集,一般以成本计算单、成本汇总表、产品入库单等为计算依据,如图 2-69 所示。

不同行业,产品的核算内容也不尽相同。加工制造业的产品归集与分配,通过产品成本明细表按照成本项目归集相应的生产费用,将当月发生的生产成本,加上月初在产品成本,在完工产品和月末在产品之间进行分配,以求得本月完工产品成本。分配生产费用时应结合企业的生产特点、在产品数量的多少、各月在产品数量变化的大小,以及定额管理基础的好坏等具体条件选择合适的方法。制造业完工产品成本计算如图 2-70 所示。

成本业务录入
(操作视频)

材料费用分配表

制造费用分配表

产品成本计算表

入库单

图 2-69　成本类业务票据

图 2-70　制造业完工产品成本计算

商品流通企业直接依据进销存计算表,结转销售商品成本。大多数小微企业,由于购进商品品种繁多,单位价值又不是很高,所以,一般在"库存商品"总账下不会设置二级明细进行核算。

部分服务行业不涉及成本结转,而是在发生时直接计入"主营业务成本—服务成本"科目。

录入会计在录入成本类票据前,应先判断企业的行业类型以及业务类型,从票据信息获取成本金额。财务共享中心平台要求在录入成本类票据时,应准确判断业务内容,解读票据信息,关注:业务类型、成本金额等信息。

1.业务大类

当企业收到的单据是"成本结转表""库存结转表"等文件时,这些文件属于成本类单据。单击系统右侧的【业务大类】,在下拉菜单中选择"成本",系统会自动跳转出【业务类型】【成本金额】等项目,如图 2-71 所示。

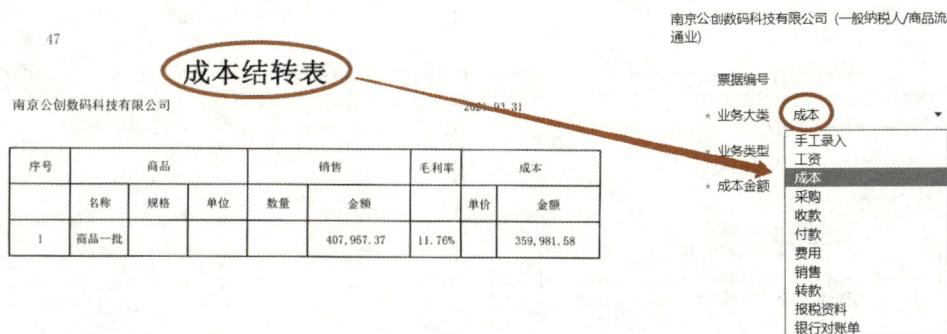

图 2-71　成本类票据录入——业务大类

2.票据编号

票据编号,是票据整理会计赋予票据的有一定规则的编号。在"公创数码"的账务处理中,按照票面单据"左上角或右上角"标注的编号来录入,如图 2-72 所示。

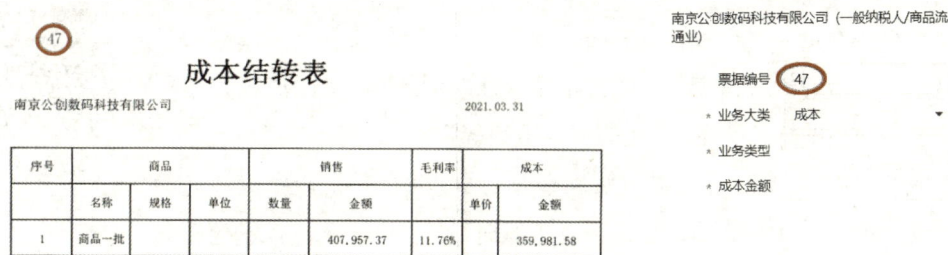

图 2-72　成本类票据录入——票据编号

3.业务类型

财务共享中心平台中的企业大部分都是内销企业,通常选择"内销成本结转"项目。单击系统右侧【业务类型】项目,在下拉菜单中选择"内销成本结转",如图 2-73 所示。

4.成本金额

在系统右侧【成本金额】项目中录入成本结转单中的成本金额,或者库存明细中的本期出库金额,如图 2-74 所示。

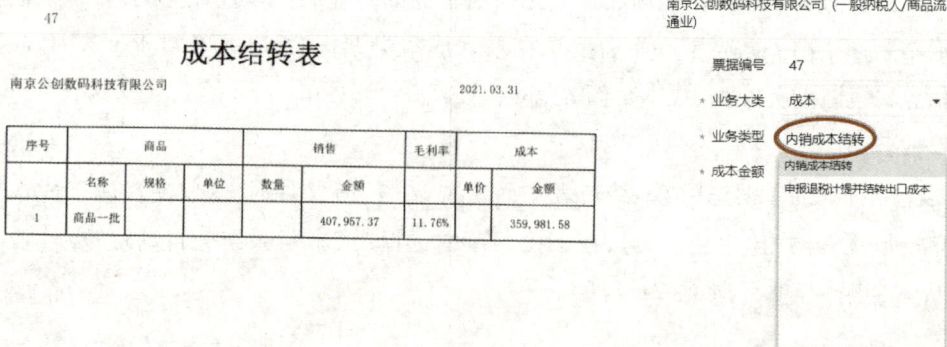

图 2-73　成本类票据录入——业务类型

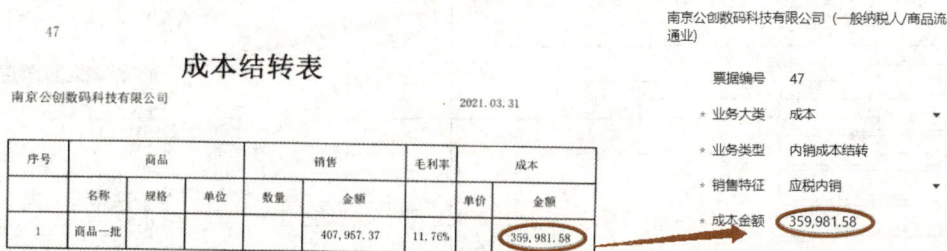

图 2-74　成本类票据录入——成本金额

完成以上项目后,单击页面右下角"确定"按钮,即完成本张单据的录入。

(九)报税资料类票据录入

报税资料是企业申报各种税费时需要准备的资料,通常指从增值税发票开具系统导出的抄税清单、企业统计的未开票明细表、从增值税发票选择确认平台导出的认证清单、企业的财务报表等资料,如图 2-75 所示。

报税资料
(操作视频)

不同的企业,需要准备的报税资料也不相同。例如,企业所得税通常按季度进行预缴,年度汇算清缴;在季度预缴时,通常需要准备企业的利润表、税收优惠计算表、企业职工人员数量等资料。一般纳税人按月度申报缴纳增值税,通常需要准备增值税发票的抄税清单、未开具发票明细表、差额扣除项目计算表,增值税发票认证清单、进项税额转出情况表、进项税额加计抵扣情况表,税收优惠计算表等资料。小规模纳税人通常按照季度申报缴纳增值税,通常需要准备增值税发票的抄税清单、未开具发票明细表、差额扣除项目计算表,税收优惠计算表等资料。

财务共享中心平台要求在录入报税资料类票据时,应准确判断业务内容,关注:业务类型、金额、税额等信息。

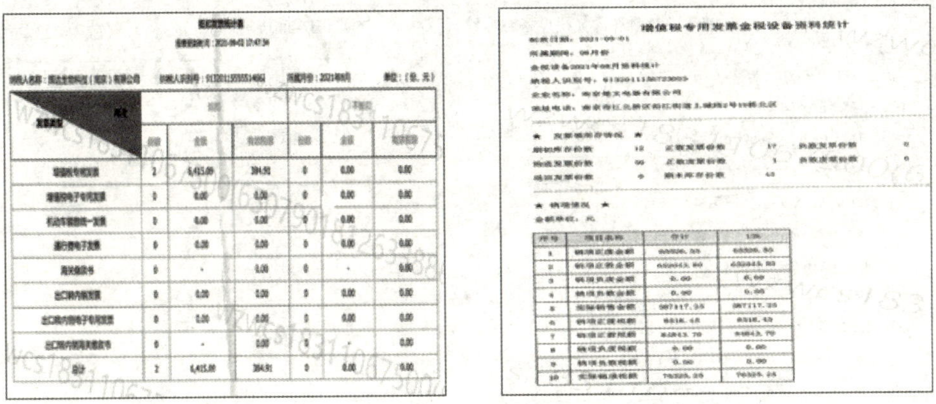

图 2-75　报税资料

1. 业务大类

当企业收到的单据是"金税设备资料统计""普通发票汇总表""抵扣发票统计表"等文件时，这些文件属于报税资料类单据。单击系统右侧的【业务大类】，在下拉菜单中选择"报税资料"，系统会自动跳转出【业务类型】【金额】【税额】等项目，如图 2-76 所示。

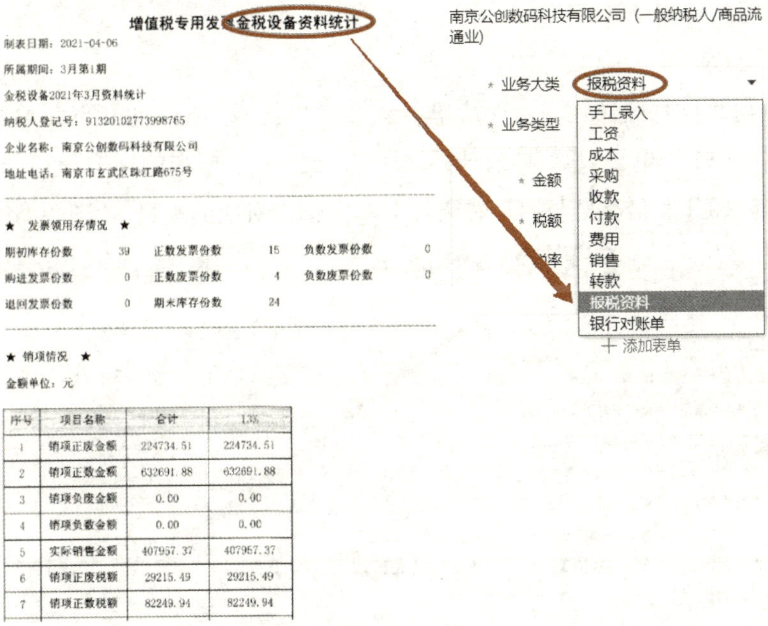

图 2-76　报税资料类票据录入——业务大类

2. 业务类型

财务共享中心平台中报税资料的类型通常有"报税清单"与"认证清单"。当单据是"金税设备资料统计""普通发票汇总表""未开票统计表"时，属于"报税清单"类型。当单据是"抵扣发票统计表"时，属于"认证清单"类型。单击系统右侧【业务类型】项目，在下拉菜单中选择对应的项目，如图 2-77 所示。

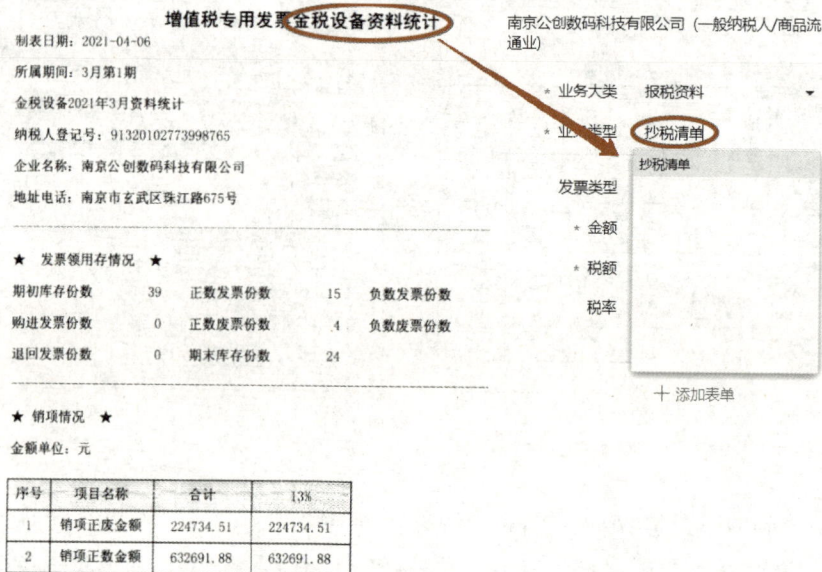

图 2-77　报税资料类票据录入——业务类型

3. 发票类型、认证张数

（1）发票类型

当【业务类型】项目选择了"抄税清单"后，会弹出【发票类型】的项目，主要区分为"税控专票""税控普票""电子发票""未开票"等，应当根据单据中的标题信息选择对应的项目。单击系统右侧【发票类型】项目，在下拉菜单中选择对应的项目，如图 2-78 所示。

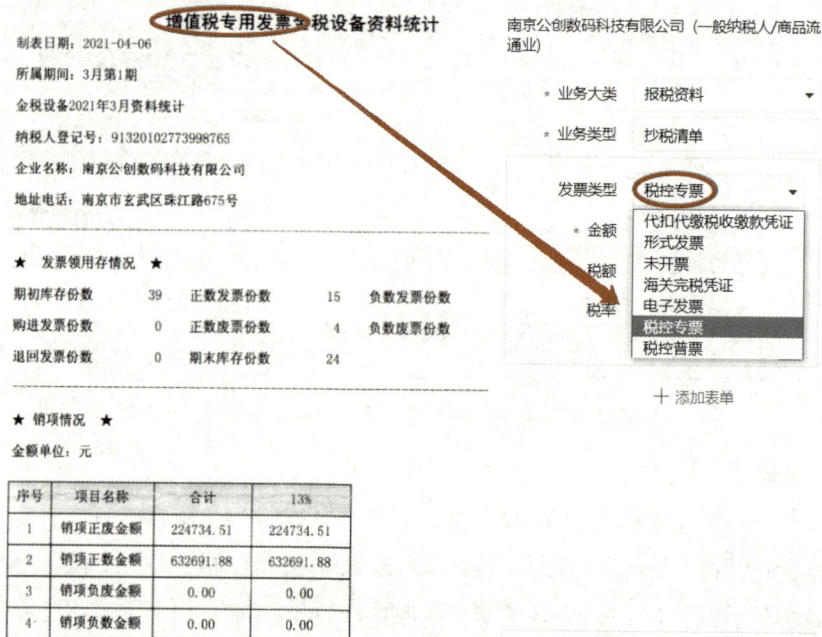

图 2-78　报税资料类票据录入——发票类型

（2）认证张数

当【业务类型】项目选择了"认证清单"后，会弹出【认证张数】的项目，在系统右侧文本框中输入"抵扣列"中"份数"的合计，如图2-79所示。

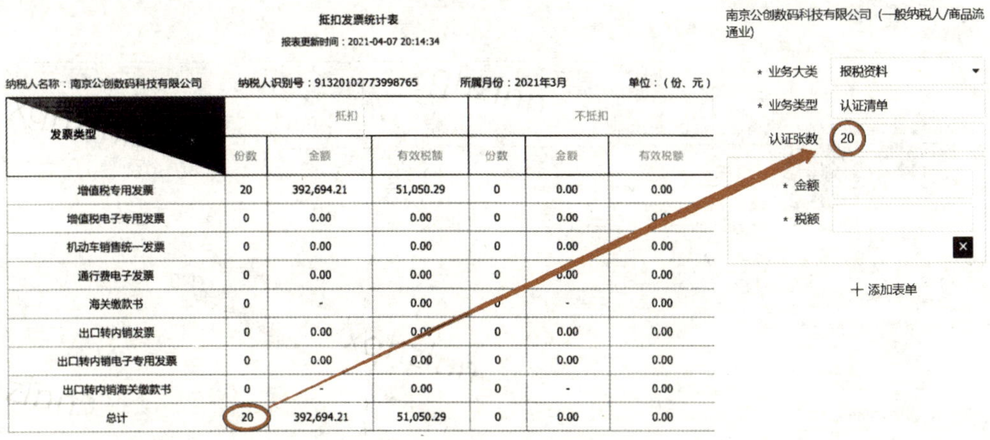

图2-79 报税资料类票据录入——认证张数

4. 金额、税额、税率

（1）抄税清单

在系统右侧【金额】【税额】【税率】项目中输入对应的金额。根据抄税清单中的"实际销售金额"录入【金额】；根据抄税清单中的"实际销项税额"录入【税额】；根据抄税清单中对应的"税率"标题录入【税率】，如图2-80所示。

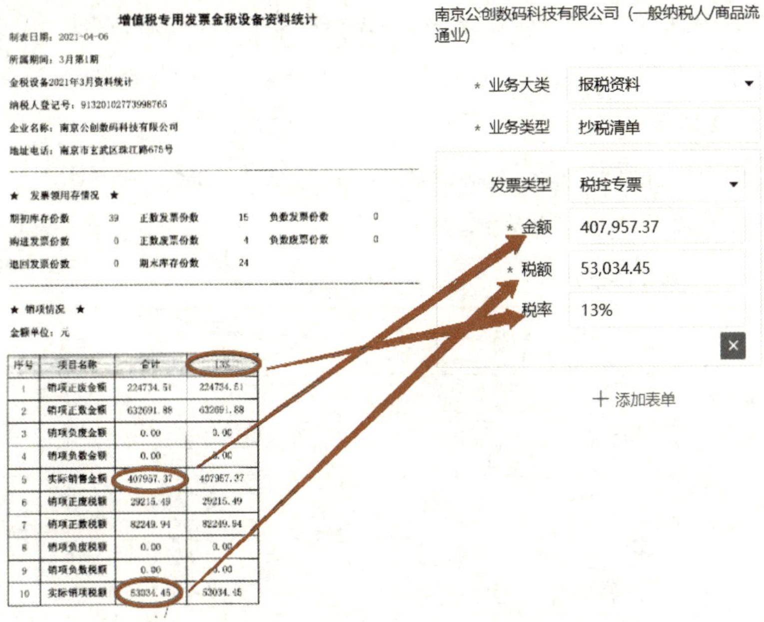

图2-80 报税资料类票据录入——金额、税额、税率

(2)认证清单

在系统右侧【金额】【税额】项目中输入对应的金额。根据认证清单中“抵扣列”中“金额”的合计数录入【金额】;根据认证清单中“抵扣列”中“有效税额”的合计数录入【税额】,如图2-81所示。

抵扣发票统计表

报表更新时间:2021-04-07 20:14:34

纳税人名称:南京公创数码科技有限公司　纳税人识别号:91320102773998765　所属月份:2021年3月　单位:(份、元)

发票类型 / 用途	抵扣			不抵扣		
	份数	金额	有效税额	份数	金额	有效税额
增值税专用发票	20	392,694.21	51,050.29	0	0.00	0.00
增值税电子专用发票	0	0.00	0.00	0	0.00	0.00
机动车销售统一发票	0	0.00	0.00	0	0.00	0.00
通行费电子发票	0	0.00	0.00	0	0.00	0.00
海关缴款书	0	-	0.00	0	-	0.00
出口转内销发票	0	0.00	0.00	0	0.00	0.00
出口转内销电子专用发票	0	0.00	0.00	0	0.00	0.00
出口转内销海关缴款书	0	-	0.00	0	-	0.00
总计	20	392,694.21	51,050.29	0	0.00	0.00

南京公创数码科技有限公司(一般纳税人/商品流通业)

* 业务大类　报税资料

* 业务类型　认证清单

认证张数　20

* 金额　392,694.21

* 税额　51,050.29

十 添加表单

图2-81　报税资料类票据录入——金额、税额

完成以上项目后,单击页面右下角“确定”按钮,即完成本张单据的录入。

(十)银行对账单类票据录入

银行对账单
(操作视频)

银行对账单是企业从开户银行取得的当月某银行账户的交易明细记录,通常用于和企业银行存款日记账的核对,进而编制银行余额调节表。不同银行的对账单格式虽然不同,但都包含了日期、借方、贷方、余额、摘要等信息,如图2-82所示。

财务共享中心平台要求在录入银行对账单时,应准确判断业务内容,关注:对账月度、资金账户、对账单余额等信息。

南京银行 BANK OF NANJING　南京银行　对账单

网点名:和燕路支行　账　号:0172012021000981　户　名:南京鹏宇物流服务有限公司

网点号:0172　打印日期:2021-09-01　币　种:人民币　页　码:1

日期	凭证号	借方	贷方	余额	摘要
承前页,余额:				80,270.03	
20210802	44717562	460.49		79,809.54	普通汇兑
20210802	44717614	48,558.48		31,251.06	普通汇兑
20210802	44717681	809.56		30,441.50	普通汇兑
20210802	44717710	819.73		29,621.77	普通汇兑
20210825		1,105.74		28,516.03	TIPS代缴税
20210825		272.39		28,243.64	TIPS代缴税
20210825		20.00		28,223.64	收费
20210830			134,118.05	162,341.69	普通汇兑
20210830	45299799	32,993.15		129,348.54	普通汇兑
20210830	45299890	819.73		128,528.81	普通汇兑
20210830	45300004	1,100.17		127,428.64	普通汇兑
20210830	45300086	32,993.15		94,435.49	普通汇兑

图2-82　银行对账单

1.业务大类

当企业收到的单据是"＊＊银行对账单"文件,属于银行对账单类票据。单击系统右侧的【业务大类】,在下拉菜单中选择"银行对账单",系统会自动跳转出【对账月度】【资金账户】【对账单余额】等项目,如图2-83所示。

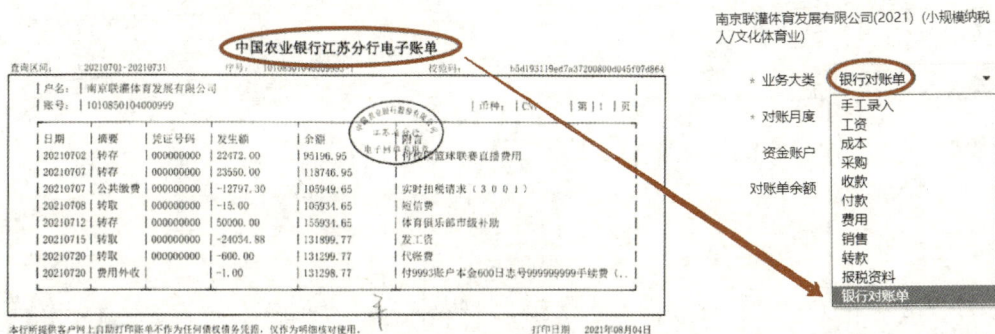

图2-83 银行对账单类票据录入——业务大类

2.对账月度、资金账户、对账单余额

在系统右侧【对账月度】【资金账户】【对账单余额】项目中输入对应的内容。根据银行对账单中的"日期"列录入【对账月度】,如202107;根据银行对账单左上角的银行户名及账号,在【资金账户】的下拉列表中选择对应的账户;根据银行对账单中的"余额"列的最后一行录入【对账单余额】,如图2-84所示。

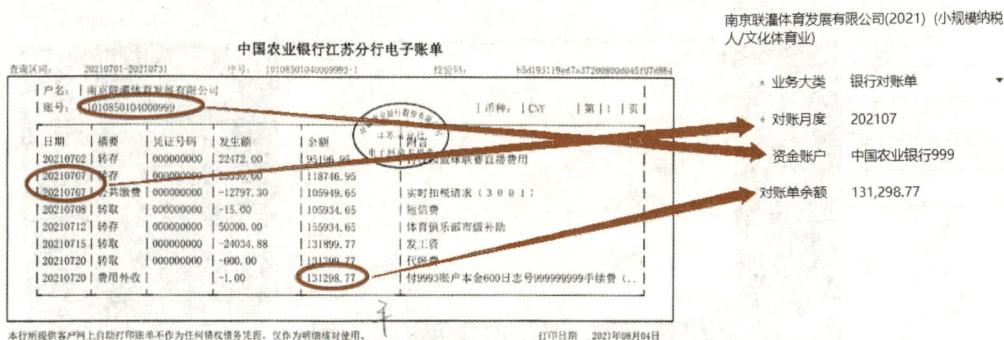

图2-84 银行对账单类票据录入——期间、账户、余额

完成以上项目后,单击页面右下角"确定"按钮,即完成本张单据的录入。

(十一)手工类票据录入

以上十大类业务票据,可以涵盖企业大部分的业务,在录入相关信息要素后,可以自动生成记账凭证。但在实务中,有些业务票据无法明确归类到这十大类业务票据中,或者不符合自动生成凭证的规则,比如盘亏盘盈业务、票据贴现、出售或出租固定资产、捐赠支出、研发支出、结转未交增值税、计提附加税、计提借款利息、计提所得税、账务调整等,需要手工录入记账凭证。

在财务共享中心平台中,常见的手工类票据录入有盘亏盘盈计算表、未交增值税计算表、所得税计算表等。单击系统右侧的【业务大类】项目,在下拉菜单中选择"手工录入",再输入票据编号,如图2-85所示。

图2-85 手工类业务票据录入

完成以上项目后,单击页面右下角"确定"按钮,即完成本张单据的录入。然后点击系统左侧的"记账凭证——凭证审核",进入凭证审核界面。再点击"列表"按钮,进入凭证列表界面,如图2-86所示。

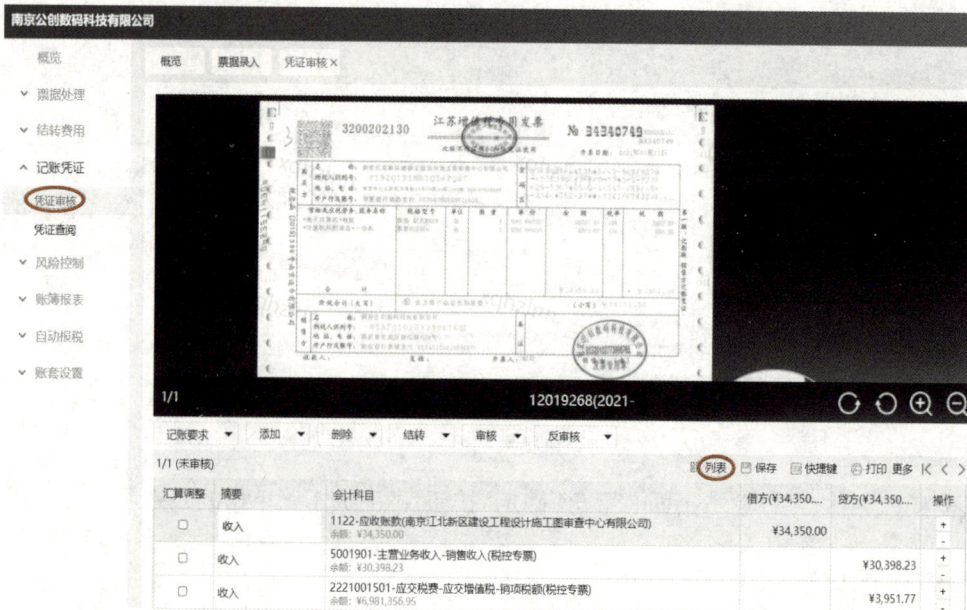

图2-86 凭证审核界面

在凭证列表中,找到需要"手工录入"的凭证,鼠标左键"双击"进入凭证录入界面,录入该手工凭证的会计分录。在录入时,录入摘要、借方科目、贷方科目、金额,点击"保存"即可。点击录入界面右侧的"+"可以增行,点击"-"可以删除行,如图2-87所示。

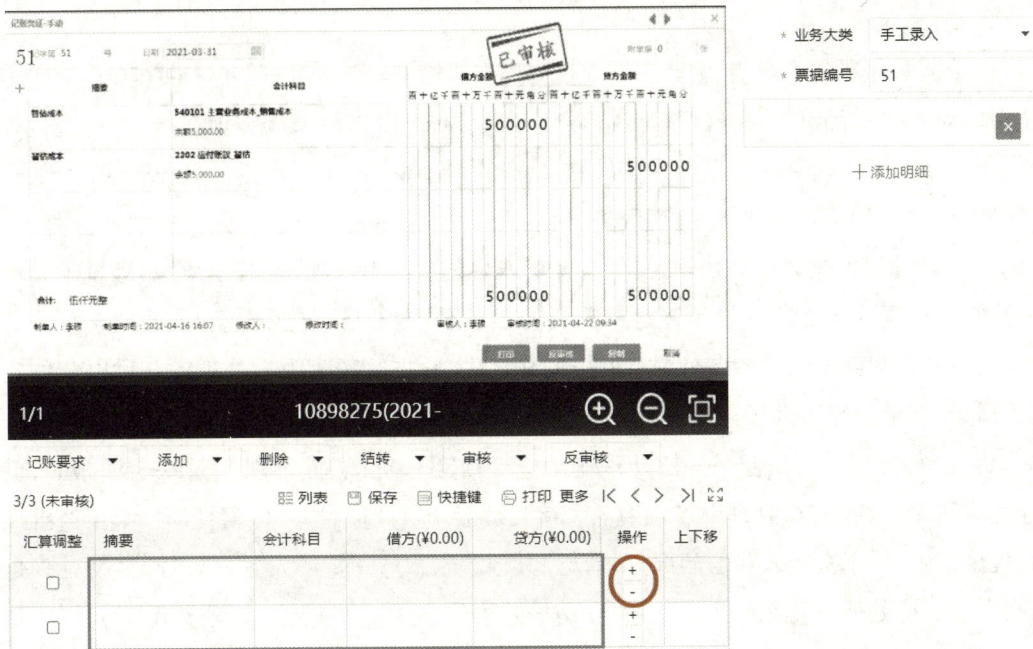

图 2-87　凭证录入界面

为了提高工作效率,对于常见的业务类型,做完会计分录后,可单击"更多—模版",将其保存为模板凭证,待下次录入相同类型的业务时,只需单击"更多—模版",修改相应的金额即可,如图 2-88 所示。

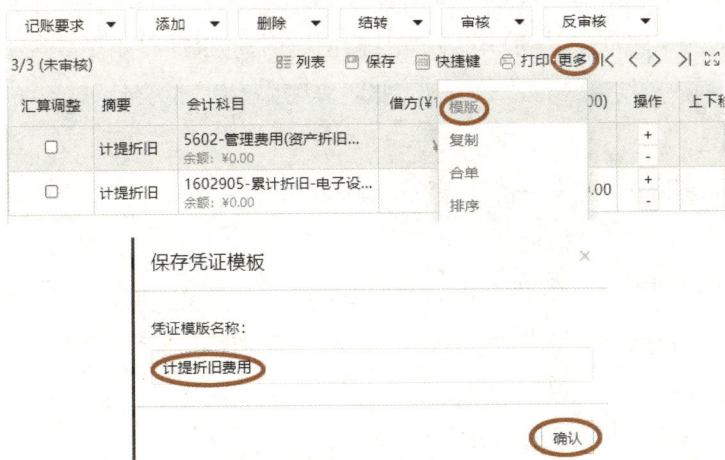

图 2-88　保存模板凭证

在实务工作中,各企业的业务范围不同,需要手工录入的凭证也不同,常见的手工录入业务会计分录如下。

1. 盘亏、盘盈业务

在实际账务处理中,盘亏、盘盈业务主要有库存现金的清查、存货清查、固定资产清查。

(1)库存现金清查

为保证库存现金的安全,企业应按规定对库存现金进行定期和不定期的清查。一般采用实地盘点法进行清查。在进行现金清查时,为明确责任,出纳人员必须在场,在清查过程中不能白条抵库。库存现金盘点后,应根据盘点的结果填制"库存现金盘点报告表"。如存在账实不符的情况,先通过"待处理财产损溢"科目核算,待报批后,再做相应的账务处理。"待处理财产损溢"是资产类账户,其借方登记发生的各种财产物资的盘亏金额和批准转销的盘盈金额,贷方登记发生的各种财产物资的盘盈金额和批准转销的盘亏、毁损金额。处理前借方余额为尚未处理的各种财产物资的净损失,贷方余额为尚未处理的各种财产物资的净溢余;期末处理后该账户无余额。依据清查结果现金短缺时,根据"库存现金盘点报告单",借记"待处理财产损溢——待处理流动资产损溢",贷记"库存现金";现金溢余时,借记"库存现金",贷记"待处理财产损溢——待处理流动资产损溢"。依据管理权限报经批准后,现金短缺,属于责任人赔偿的部分,借记"其他应收款——责任人"科目,贷记"待处理财产损溢——待处理流动资产损溢";属于无法查明原因的部分,借记"管理费用"科目,贷记"待处理财产损溢——待处理流动资产损溢"。依据管理权限报经批准后,现金溢余,属于应支付给有关人员或单位的,借记"待处理财产损溢——待处理流动资产损溢",贷记"其他应付款"科目;属于无法查明原因的部分,借记"待处理财产损溢——待处理流动资产损溢"科目,贷记"营业外收入"。

【例2-1】华星有限公司5月31日进行现金清查,发现现金溢余200元,经查有100元为多收星光有限公司的货款,其余100元无法查明原因,经报批后计为营业外收入。

第一步,依据清查结果,出具"现金盘点报告表"并做相应的会计分录:

借:库存现金 200

　　贷:待处理财产损溢——待处理流动资产损溢 200

第二步,查明原因,报批处理:

借:待处理财产损溢——待处理流动资产损溢 200

　　贷:其他应付款——星光公司 100

　　　　营业外收入——现金溢余 100

现金盘盈、盘亏的会计处理,如表2-10所示。

(2)存货清查

存货清查是指通过对存货的实地盘点,确定存货的实有数量,并与账面结存数核对,从而确定存货实存数与账面结存数是否相符的一种专门方法。一般采用实地盘点法进行清查。当企业发生存货盘亏、毁损时,应先确认属于正常损失或非正常损失。若存货盘亏、毁损系正常损失,则按其账面实际成本,借记"待处理财产损溢——待处理流动资产损溢"账户,贷记"原材料""库存商品"等存货账户;若系非正常损失造成的,则按其账面实际成本与相应转出的增值税合计额,借记"待处理财产损溢——待处理流动资产损溢"账户,贷记"原材料""库存商品""应交税费——应交增值税(进项税额转出)"等账户。

表2-10　现金盘盈、盘亏的会计处理

类别		会计分录
盘盈	批准前	借:现金 　　贷:待处理财产损溢——待处理流动资产损溢
	批准后	借:待处理财产损溢——待处理流动资产损溢 　　贷:其他应付款(应支付给他人的款项) 　　　　营业外收入(无法查明原因的盘盈)
盘亏	批准前	借:待处理财产损溢——待处理流动资产损溢 　　贷:现金
	批准后	借:管理费用(无法查明原因的盘亏) 　　其他应收款(应收责任人的赔偿) 　　贷:待处理财产损溢——待处理流动资产损溢

对发生盘亏、毁损的存货,在按管理权限报经批准后,根据发生的原因和相关规定分别进行转销处理:属于自然损耗(正常损失)造成的定额内损耗,应按实际成本借记"管理费用""销售费用"等账户,按盘亏和毁损数额,贷记"待处理财产损溢——待处理流动资产损溢"账户,相应的已抵扣的增值税不作进项税额转出处理;自然灾害、过失人责任等造成的存货盘亏、毁损,对于入库的残料价值,借记"原材料"等账户;对于应由保险公司和过失人的赔偿,借记"其他应收款"账户;扣除残料价值和应由保险公司、过失人赔偿后的净损益或未参加保险部分的损失,属于一般经营损失的部分,借记"管理费用"账户,属于非正常损失的部分,借记"营业外支出——非常损失"账户。按盘亏和毁损数额,贷记"待处理财产损溢——待处理流动资产损溢"账户。

盘盈的存货属于账面少记或没有记录,因此产生了盘盈应该予以补记,按照存货的历史成本或估计价值,借记"原材料""库存商品"等存货账户,贷记"待处理财产损溢——待处理流动资产损溢"账户;存货盘盈一般是由于收发计量或核算上的差错所造成的,故应冲减管理费用,在按管理权限报经批准后,借记"待处理财产损溢——待处理流动资产损溢",贷记"管理费用"账户。

【例2-2】华星有限责任公司(增值税一般纳税人)12月30日对存货进行全面清查,清查结果及处理情况如下:A材料盘亏1 500千克,实际单位成本为600元;B材料盘亏700千克,实际单位成本为900元;甲产品毁损765件,每件实际成本为50元(765件甲产品所耗材料的进项税为3 900元)。对上述清查结果,经有关部门批准后,处理如下:A材料中100

千克属仓库管理员失职造成,应由其赔偿损失,另外 1 400 千克属于管理制度不健全造成,应列入当期费用;B 材料盘亏是由于计量不准造成,应冲减管理费用;甲产品的毁损属意外事故造成,按规定转作营业外支出。针对以上业务进行账务处理如下:

报有关部门批准前,依据"存货盘点报告表"进行账务处理:

①A 材料盘亏:

借:待处理财产损溢——待处理流动资产损溢　　　　　　　　　　1 017 000

　　贷:原材料——A 材料　　　　　　　　　　　　　　　　　　　900 000

　　　　应交税费——应交增值税(进项税转出)　　　　　　　　　117 000

②B 材料盘亏:

借:待处理财产损溢——待处理流动资产损溢　　　　　　　　　　711 900

　　贷:原材料——B 材料　　　　　　　　　　　　　　　　　　　630 000

　　　　应交税费——应交增值税(进项税转出)　　　　　　　　　 81 900

③甲产品毁损:

借:待处理财产损溢——待处理流动资产损溢　　　　　　　　　　 42 150

　　贷:库存商品——甲产品　　　　　　　　　　　　　　　　　　 38 250

　　　　应交税费——应交增值税(进项税额转出)　　　　　　　　　3 900

经有关部门批准后,依据相关意见进行账务处理:

①A 材料中 100 千克属仓库管理员失职造成,应由其赔偿损失,另外 1 400 千克属于管理制度不健全造成,应列入当期费用。

借:其他应收款——××　　　　　　　　　　　　　　　　　　　 67 800

　　管理费用　　　　　　　　　　　　　　　　　　　　　　　　949 200

　　贷:待处理财产损溢——待处理流动资产损溢　　　　　　　　1 017 000

②B 材料盘亏是由于计量不准造成,应冲减管理费用。

借:管理费用　　　　　　　　　　　　　　　　　　　　　　　　711 900

　　贷:待处理财产损溢——待处理流动资产损溢　　　　　　　　 711 900

③甲产品的毁损属意外事故造成,按规定转作营业外支出。

借:营业外支出——非常损失　　　　　　　　　　　　　　　　　 42 150

　　贷:待处理财产损溢——待处理流动资产损溢　　　　　　　　　42 150

存货盘盈、盘亏的会计处理,如表 2-11 所示。

(3)固定资产清查

企业的固定资产在每年编制决算前至少应进行一次全面清查。在固定资产清查盘点过程中,如发现盘亏的固定资产,企业应及时办理固定资产注销手续;在按规定的程序批准前,应将固定资产卡片从原归档中抽出,另行保管。同时按盘亏固定资产的账面价值,借记

"待处理财产损溢——待处理非流动资产损溢"账户,按已计提的累计折旧,借记"累计折旧"账户,按已计提的减值准备,借记"固定资产减值准备"账户,按盘亏固定资产的原价,贷记"固定资产"账户。对发生盘亏的固定资产,在按管理权限报经批准后,根据发生的原因和相关规定分别进行转销处理:对于应由保险公司和过失人的赔偿,借记"其他应收款"账户;对于非正常原因造成的盘亏,借记"营业外支出——固定资产盘亏"账户。按盘亏数额,贷记"待处理财产损溢——待处理非流动资产损溢"账户。

表 2-11　存货盘盈、盘亏的会计处理

类别		会计分录
盘盈	批准前	借:原材料、库存商品等 　贷:待处理财产损溢——待处理流动资产损溢
	批准后	借:待处理财产损溢——待处理流动资产损溢 　贷:管理费用
盘亏	批准前	借:待处理财产损溢——待处理流动资产损溢 　贷:原材料、库存商品等
	批准后	借:管理费用(管理不善造成的盘亏) 　营业外支出(非正常原因造成的盘亏) 　其他应收款(应收责任人的赔偿) 　贷:待处理财产损溢——待处理流动资产损溢

【例2-3】华星有限责任公司年末财产清查中发现短少一台设备,其账面原值60 000元,已提折旧8 000元,已提减值准备2 000元。现根据固定资产盘亏报告表及有关单据作如下会计分录:

①注销该设备的账面价值:

借:待处理财产损溢——待处理非流动资产损溢　　　　　　　　50 000
　累计折旧　　　　　　　　　　　　　　　　　　　　　　　8 000
　固定资产减值准备　　　　　　　　　　　　　　　　　　　2 000
　贷:固定资产　　　　　　　　　　　　　　　　　　　　　　60 000

②经批准转作财产损失处理:

借:营业外支出——固定资产盘亏　　　　　　　　　　　　　50 000
　贷:待处理财产损溢——待处理非流动资产损溢　　　　　　　50 000

在固定资产清查盘点过程中,如发现盘盈的固定资产,确属本企业所有,应根据盘盈凭证填制"固定资产交接单",经有关人员签字后,送交会计部门,为盘盈固定资产卡片,并按重置价值和估计折旧登记入账。

财产清查中盘盈的固定资产,作为前期差错处理,在按管理权限报经批准处理前应先通过"以前年度损益调整"科目核算。"以前年度损益调整",是指企业对以前年度多计或少计的盈亏数额所进行的调整,以使其不至于影响到本年度利润总额。它主要调整的是以前年度的重要差错,以及资产负债表日后事项,作为损益类项目的过渡性科目,其余额最终转入"利润分配——未分配利润"科目,结转后无余额。按盘盈固定资产的同类或类似固定资产的市价,减去按该项固定资产的新旧程度估计的折旧的余额,借记"固定资产"账户,贷记"以前年度损益调整"账户;在按管理权限报经批准后结转为留存收益时,借记"以前年度损益调整",贷记"盈余公积""利润分配——未分配利润"账户。

【例2-4】华星有限责任公司在年末的固定资产清查中,发现生产车间有账外设备一台,经查该设备的市价为32 000元,按其新旧程度估计折旧是10 000元。编制会计分录如下:

①批准前:

借:固定资产   22 000

    贷:以前年度损益调整   22 000

②经批准,转销该设备的净值:

借:以前年度损益调整   22 000

    贷:营业外收入——固定资产盘盈   22 000

固定资产盘盈、盘亏的会计处理,如表2-12所示。

表2-12 固定资产盘盈、盘亏的会计处理

类别		会计分录
盘盈	批准前	借:固定资产 　　贷:以前年度损益调整
	批准后	借:以前年度损益调整 　　贷:盈余公积、利润分配——未分配利润
盘亏	批准前	借:待处理财产损溢——待处理非流动资产损溢 　　累计折旧、固定资产减值准备 　　贷:固定资产
	批准后	借:营业外支出(非正常原因造成的盘亏) 　　其他应收款(应收责任人的赔偿) 　　贷:待处理财产损溢——待处理非流动资产损溢

2. 计提税费、税费减免

（1）一般纳税人结转未交增值税

①月份终了，将当月应交未交增值税额从"应交税费——应交增值税"科目转入"未交增值税"科目。

借：应交税费——应交增值税——转出未交增值税

　　贷：应交税费——未交增值税

②月份终了，将当月多缴的增值税额自"应交税费——应交增值税"科目转入"未交增值税"科目。

借：应交税费——未交增值税

　　贷：应交税费——应交增值税（转出多交增值税）

③月份终了，企业根据一般纳税人转让不动产、提供不动产经营租赁服务、提供建筑服务、采用预收款方式销售自行开发的房地产项目等，以及其他按现行增值税制度规定应预缴的增值税额自"应交税费——预缴增值税"科目转入"应交税费——未交增值税"科目。

借：应交税费——未交增值税

　　贷：应交税费——预缴增值税

④企业当月缴纳上月应缴未缴的增值税：

借：应交税费——未交增值税

　　贷：银行存款

温馨提示：

①对纳税人因销项税额小于进项税额而产生期末留抵税额的，应以期末留抵税额抵减增值税欠税。

②按增值税欠税税额与期末留抵税额中较小的数字红字借记"应交税费——应交增值税（进项税额）"科目，贷记"应交税费——未交增值税"科目。

（2）小规模纳税人增值税减免

①确认应交税费：

借：应收账款

　　贷：主营业务收入

　　　　应交税费——应交增值税

②确认税金减免为营业外收入：

借：应交税费——应交增值税

　　贷：营业外收入——补贴收入或税收减免

（3）计提附加税

附加税是以纳税人实际缴纳的增值税、消费税税额为计税依据，分别与增值税、消费税同时缴纳的,在会计处理上需要计算增值税时同时计提,免税时作为营业外收入。

借:税金及附加

  贷:应交税费——应交城建税、教育费附加、地方教育费附加

(4)附加税减免

借:应交税费——应交城建税、教育费附加、地方教育费附加

  贷:营业外收入——补贴收入或税收减免

3. 计提折旧、摊销

(1)固定资产折旧方法

①平均年限法,又称直线法,是将固定资产的折旧额均衡地分摊到各期的一种方式,各期计提的折旧额是相同的。

$$年折旧额 = (固定资产原值 - 预计净残值)/折旧年限(也可是月数)$$

【例2-5】华星有限责任公司有设备一台,原值为80 000元,预计净残值400,预计使用年限为10年。则应提折旧额计算如下:

$$年折旧额 = (固定资产原值 - 预计净残值)/折旧年限该设备的月折旧率$$

$$= (80\ 000 - 400)/10 = 7\ 960(元)$$

$$月折旧额 = 7\ 960/12 = 663.33(元)$$

②工作量法。根据实际工作量计提折旧额的一种方法。计算时先计算出每单位工作量的折旧额,再根据每单位工作量的折旧额乘以预计使用的工作总量计算出某项固定资产月折旧额。

某项固定资产单位工作量折旧额 = (该项固定资产原值 - 预计净残值)/该项固定资产预计完成的工作总量

该项固定资产月折旧 = 该项固定资产单位工作量折旧额 × 该项固定资产当月实际完成的工作总量

【例2-6】华星有限责任公司有运输汽车一辆,原值100 000元,预计净残值率为5%,预计行驶总里程为900 000公里。该汽车采用工作量法计提折旧。3月份该汽车行驶8 000公里。则该汽车的单位工作量折旧额和该月折旧额计算如下:

$$单位里程折旧额 = [100\ 000 × (1-5\%)]/900\ 000 = 0.106(元)$$

$$该汽车3月份应提折旧额 = 0.106 × 8\ 000 = 845(元)$$

③年数总和法,是将固定资产原值减残值后的净额乘以一个逐年递减的分数计算年折旧额,分子代表固定资产尚可使用的年数,分母代表固定资产使用年数的序数之和。如使用年限10年,则分母为:10+9+8+7+6+5+4+3+2+1=55,第一年分子为10,第二年分子为9以此类推。

$$年折旧额 = (固定资产原值 - 残值) × 可使用年数 ÷ 使用年数的序数之和$$

年折旧率=该年尚可使用年数/各年尚可使用年数总和

=(预计使用年限-已使用年数)/[预计使用年限×(预计使用年限+1)÷2]

【例2-7】某项固定资产,原值是153 000元,预计净残值为3 000元,预计使用年限为5年,用年数总和法计算的各年折旧额见表2-13。

表2-13 固定资产折旧计算表(年数总和法)

单位:元

年份	应提折旧总额	年折旧率	年折旧额	累计折旧
1	153 000-3 000=150 000	5/15	50 000	50 000
2	150 000	4/15	40 000	90 000
3	150 000	3/15	30 000	120 000
4	150 000	2/15	20 000	140 000
5	150 000	1/15	10 000	150 000

④双倍余额递减法。双倍余额递减法是不考虑固定资产残值的情况下,根据每期固定资产账面净值和双倍直线法折旧率计算固定资产折旧的一种方法。

年折旧率=2÷折旧年限×100%

月折旧额=年折旧率×固定资产账面净值÷12

年折旧额=每年年初固定资产账面净值×年折旧率

最后2年折旧额=(固定资产账面净值-预计净残值)÷2

实行双倍余额递减法的固定资产,应当在其折旧年限到期前二年内,将固定资产净值扣除残值后的净额平均分摊。

【例2-8】华星有限责任公司生产车间有设备一台,原值为60 000元,预计净残值为1 000元,使用年限为5年。用双倍余额递减法计算的各年折旧额见表2-14。

年折旧率=2/5×100%=40%

表2-14 固定资产折旧计算表(双倍余额递减法)

单位:元

年份	期初净值	年折旧率	年折旧额	累计折旧	期末净值
1	60 000	40%	24 000	24 000	36 000
2	36 000	40%	14 400	38 400	36 000
3	21 600	40%	8 640	47 040	21 600
4	12 960		5 980	53 020	6 980
5	6 980		5 980	59 000	1 000

上表中第四、五年折旧额的计算公式为：

$$年折旧额=(12\,960-1\,000)/2=5\,980(元)$$

(2)计提折旧时

借:制造费用(生产车间计提折旧)

　　销售费用(企业专设销售部门计提折旧)

　　管理费用(企业管理部门、未使用的固定资产计提折旧)

　　其他业务成本(企业出租固定资产计提折旧)

　　研发支出

　　在建工程

　　贷:累计折旧——房屋建筑物、运输工具、电子设备等

(3)计提摊销时

①如果是本单位使用,分录如下:

借:管理费用

　　贷:累计摊销

②如果是作为业务成本对外出售,分录如下:

借:其他业务成本

　　贷:累计摊销

使用寿命不确定的无形资产不需要摊销。使用寿命有限的无形资产,应以成本减去累计摊销额和累计减值损失后的余额进行后续计量。

4. 暂估成本

估价入账是在没有取得发票时暂估入账的;取得发票时,就不是暂估入账了。

(1)主营业务成本暂估入账

主营业务成本是指公司生产和销售与主营业务有关的产品或服务所必须投入的直接成本。"主营业务成本"账户用于核算企业因销售商品、提供劳务或让渡资产使用权等日常活动而发生的实际成本,根据会计配比性原则,当因销售商品提供劳务或让渡资产使用权产生收入时,其对应的成本需要确认计入损益。

暂估主营业务成本的账务处理如下:

借:库存商品——×××

　　贷:应付账款——暂估

同时,

借:主营业务成本——按暂估数结转

　　贷:库存商品

之后取得发票的时候,把之前暂估入库的分录冲销,然后根据发票做相应的购进分录。

借:库存商品──×××(红字)

　　贷:应付账款──暂估(红字)

(2)原材料暂估入账

如果增值税发票未到时,以暂估价入账后,只有等增值税发票到账后,先把暂估价入账冲回;然后再人按正确的增值税发票做采购入库、入账即可。

①暂估原材料的账务处理如下:

借:原材料(红字)

　　贷:应付账款/应付暂估──×××供应商(红字)

②冲销暂估入库、入账的账务处理如下:

借:原材料(红字)

　　贷:应付账款/应付暂估──×××供应商(红字)

③按收到增值税发票入库、入账的账务处理如下:

借:原材料/库存商品

　　应交税费/应交增值税/进项税额

　　贷:应付账款/应付暂估──×××供应商

本部分内容介绍的票据业务类型划分,是财务共享中心平台的智能化系统记账模式。实务中,各个财务共享中心使用的信息化系统票据录入规则略有差异,票据业务类型划分也会有所区别,但基本的原理和方法是一样的。

四、业务训练

登录财务共享中心平台,进入已创建的南京公创数码科技有限公司的账套,完成票据录入工作。

工作任务三　财税审核

☆技能目标☆

1. 能够对自动记账的凭证进行账证、账账核对；能够按照现金、存货等财务盘点制度及相关规定，协助相关部门进行账实核对，并对核对结果进行处理。

2. 能够按照相关政策法规和财务制度进行折旧计提、损益结转等期末工作，能够审核凭证的正确性、合法性和合理性，对差错进行处理，并完成结账工作。

3. 能够按照报表编制要求，利用财务共享中心平台自动生成财务报表，对财务报表进行审核，并对差错进行处理。

4. 能够在报税前，完成对税费计算表的核对工作；报税后，能够对当月申报数据进行复查。

5. 遵守诚信原则，依法合规办理上述业务，对各类错误及时进行纠正或上报处理。

你的工作也太轻松了吧，平台点几下，系统自动审核凭证，账簿、报表自动生成，几分钟搞定所有的工作。

许英「录入会计」

不不不，审核的工作也不少呢，要根据原始票据核对生成的记账凭证有没有错误……

陈华「审核会计」

一、工作情境

每月,当财务共享中心的录入会计完成票据整理录入工作后,系统将自动生成记账凭证,审核会计对记账凭证进行审核、过账后,系统会自动完成总账及明细账的登记工作、自动生成《资产负债表》《利润表》。

尽管系统自动完成了凭证、报表的处理,但其结果正确与否? 还需要审核会计的再次复核,保证每笔经济业务的会计科目使用正确、金额无误、附件完整;保证各项税费计算正确;保证财务报表各项数据准确及表间勾稽关系无误。另外,还需要对各类账户进行财务风险控制管理。通常情况下,需要检查的项目见表3-1。

表 3-1　财务风险控制项目

项目	检查内容
货币资金	①库存现金余额是否为负数 ②库存现金是否超出日常备用金额度 ③银行日记账与对账单金额是否一致,如果存在未达账项,需要编制银行余额调节表 ④是否存在收取、支付大额现金交易
往来款项	①是否有重复或类似的客户、供应商等往来单位 ②进行往来账龄分析,是否有长期未收回的款项 ③应收款项、预付款项的金额是否持续增加 ④其他应收款是否存在大额的未收项目
存货	是否有库龄比较长、金额比较大、金额为负数的存货
固定资产	是否已计提折旧或摊销,是否与固定资产卡片一致
各项费用	日常费用是否已记账,如房租费、水电费等
税务预警	是否达到小型微利企业标准的预警线
财务指标	①营运资金能力是否为正数,流动比率是否在恰当的水平 ②毛利率是否有大幅波动,是否在正常范围之内
持续经营	①货币资金、资产总额、所有者权益是否持续下降 ②经营活动现金净流量是否为持续为负数

二、业务流程

在财务共享中心中,录入会计完成前期的票据录入工作后,后续的工作交由审核会计,进行凭证审核、结转损益,然后再次对结转损益生成的记账凭证审核、对重要会计科目进行检查,最后生成财务报表并结账,如图 3-1 所示。

图 3-1　财税审核的业务流程

在一系列工作环节中,审核会计应对凭证、账簿、报表进行审核。根据审核的业务内容,可以划分为原始凭证审核、记账凭证审核、主要账户审核、期末事项审核、财务报表审核、纳税申报审核等。

三、业务操作

(一)原始凭证的审核

原始凭证又称单据,是在交易或事项发生或完成时取得或填制的,用以记录或证明交易或者事项的发生或完成情况的文字凭证。根据《会计基础工作规范》规定:只有经过审核无误的原始凭证,才能作为编制记账凭证和登记账簿的依据。

因此,审核原始凭证时,要保证原始凭证所记载的经济业务的确是企业所发生的,内容真实可靠、合理合法。对于企业外部取得的原始凭证,必须保证各项目齐全准确,比如增值税专用发票的单位名称与本企业营业执照上的全称是否一致、纳税人识别号是否与本企业18 位"统一社会信用代码"一致、单位地址信息填写的是否与本企业营业执照上的注册地址一致、电话信息填写的是否与本企业办理税务登记的电话号码一致、开户行及账号信息是否与本企业的开户许可证或者在税务机关备案的开户银行和银行账号一致、票面的税收分类编码和商品名称应当匹配,还有税率、发票专用章等都需要审核。而企业自制的原始凭证,应保证手续完备、内容完整。

财务共享中心要求审核会计需认真完成原始凭证的审核工作,有效保证核算结果的准确性。实务工作中,企业核算会计对原始凭证的审核内容较多,这里所列举的审核工作可满足财务共享中心的需求。

如图 3-2 所示,对"公创数码"的增值税专用发票做票据审核。

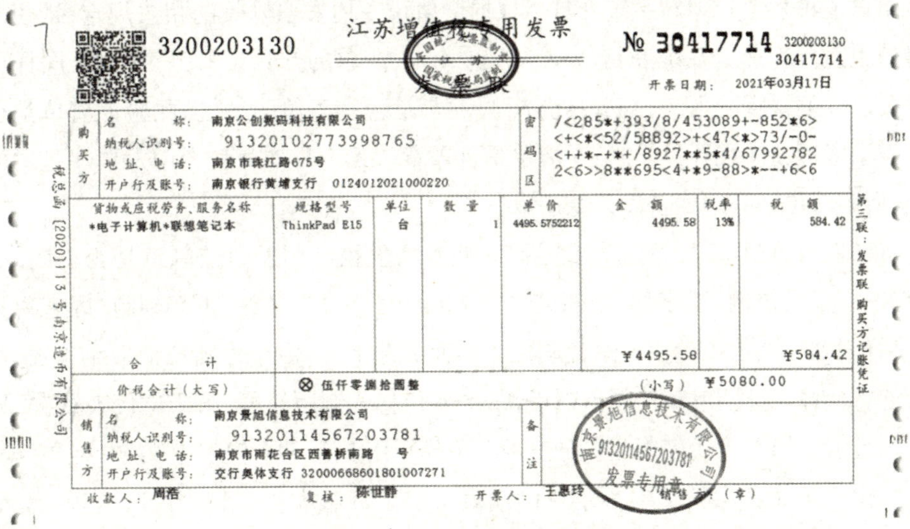

3200203130 江苏增值税专用发票 № 30417714 3200203130 30417714

发票联

开票日期：2021年03月17日

购买方 名称：南京公创数码科技有限公司
纳税人识别号：91320102773998765
地址、电话：南京市珠江路675号
开户行及账号：南京银行黄埔支行 0124012021000220

密码区 /<285*+393/8/453089+-852*6>
<+<*<52/58892>+<47<*>73/-0-
<++*-+*+/8927**5*4/67992782
2<6>>8**695<4+*9-88>*--+6<6

货物或应税劳务、服务名称	规格型号	单位	数量	单价	金额	税率	税额
*电子计算机*联想笔记本	ThinkPad E15	台	1	4495.5752212	4495.58	13%	584.42
合计					¥4495.58		¥584.42

价税合计（大写） ⊗伍仟零捌拾圆整 （小写）¥5080.00

销售方 名称：南京景旭信息技术有限公司
纳税人识别号：91320114567203781
地址、电话：南京市雨花台区西善桥南路 号
开户行及账号：交行奥体支行 320006686018001007271

备注

收款人：周浩 复核：陈世静 开票人：王惠玲 销售方：（章）

税总函[2020]113号南京造币有限公司

第三联：发票联 购买方记账凭证

图 3-2 增值税专用发票

审核要点：

①审核发票的真伪，可通过登录国家税务总局发票查验平台（https://invveri.chinatax.gov.cn/）查询（增值税发票查验平台可查验最近 5 年内增值税发票管理系统开具的发票以及当日开具的发票）、扫发票二维码、电话查询等方式进行发票真伪的查询。

②审核发票盖章。应注意以下三点：第一，注意印章内容。无论是增值税专用发票还是增值税普通发票，必须加盖发票专用章而非财务专用章，对于加盖的发票专用章还要与收款方保持一致。第二，注意是否按规定联次进行盖章。根据《中华人民共和国发票管理办法实施细则》的相关规定，通常开票方应在专用发票的抵扣联和发票联加盖发票专用章。但需要注意的是，机动车销售统一发票应当在发票联加盖发票专用章，抵扣联和报税联不得加盖印章。第三，注意盖章要清晰。对于发票盖章不清晰，无法辨识发票专用章的发票需要重新开具。

③审核购销方信息是否正确。

④审核发票金额是否和合同金额相符。重点审核票面显示的“货物或劳务、服务”的类别及名称、规格型号、数量、单价、税率及金额是否与采购合同一致。

⑤审核销售货物或者提供应税劳务、服务清单（以下简称“清单”）。当销售商品或提供的劳务、服务种类较多时，销售方可开具附清单的增值税专用发票，附清单的增值税专用发票审核时，通常从以下三个方面对清单进行审核：第一，清单开具的内容是否真实。审核增值税专用发票所附清单的汇总金额是否与增值税发票的“合计金额”一致，清单所填写的购买方、销售方的名称、货物（劳务）及应税服务名称、规格型号、单位、数量、单价、金额以及税率、税额，是否与购销合同一致。对于清单内容一致性的查验，可通过登录国家税务总局发票查验平台查询增值税专用发票所开具的明细清单与纸质清单的内容是否一致。第二，清

单是否由增值税发票管理新系统开具。根据增值税专用发票开具的相关规定,销售方必须通过增值税发票管理新系统开具清单。因此,对于清单的开具设备是否合规,同样可通过国家税务总局发票查验平台,查验这张专用发票是否有清单明细,以此验证清单是否是由增值税发票管理新系统开具。第三,清单是否盖章。无论是增值税专用发票还是增值税普通发票,所附清单都必须加盖发票专用章。

⑥审核发票监制章、发票代码及号码。检查增值税专用发票监制章是否正确,上环刻制“全国统一发票监制章”字样,中间刻制省（区、市）"××" 字样,下环刻制“国家税务总局监制”字样发票。增值税专用发票代码位于票面的左上方,由十位阿拉伯数字组成,第 1-4 位代表省、自治区、直辖市和计划单列市,第 5-6 位代表制版年度,第 7 位代表批次(分别用 1、2、3、…表示),第 8 位代表版本的语言文字(分别用 1、2、3、4 代表中文、中英文、藏汉文、维汉文),第 9 位代表几联发票,第 10 位代表发票金额版本号(分别用 1、2、3、4 表示万元版、十万元版、百万元版、千万元版,用“0”表示电脑发票)。发票号码位于增值税专用发票右上方,由 8 位异形号码构成,代表了该张发票的编号。检查发票代码和号码时,尤其注意在发票号码与开票日期之间由发票代码与号码组合成的数字码是否与该张专用发票的发票代码与号码相一致。若不一致,则该发票为错票。

⑦审核发票打印的规范性。在增值税发票打印过程中,还需要注意票面信息不得压线错格,尤其是增值税专用发票的密码区不得压线。

财务共享中心平台审核原始凭证,单击【记账凭证】—【凭证审核】,可查看每张记账凭证对应的原始凭证,如图 3-3 所示。

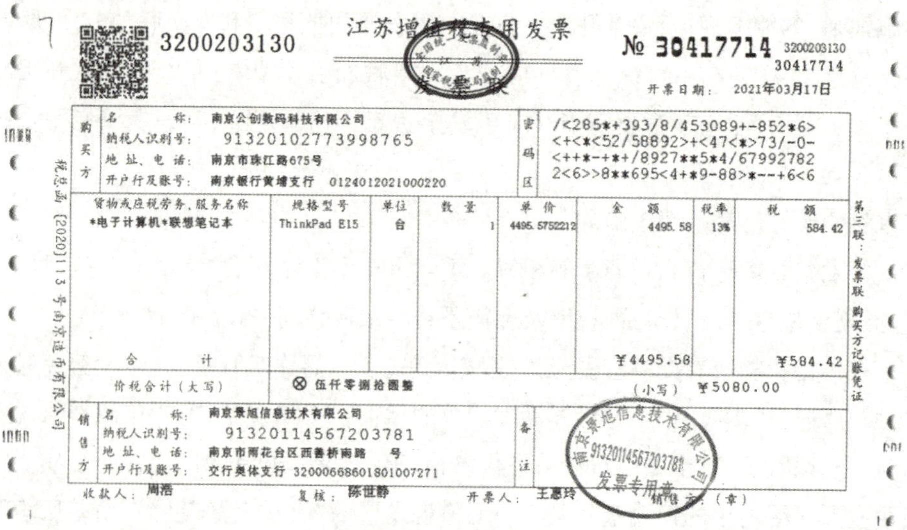
3200203130 江苏增值税专用发票 № 30417714 3200203130 30417714

发票联 开票日期: 2021年03月17日

购买方 名称: 南京公创数码科技有限公司
纳税人识别号: 91320102773998765
地址、电话: 南京市珠江路675号
开户行及账号: 南京银行黄埔支行 0124012021000220

密码区 /<285*+393/8/453089+-852*6> <+<*<52/58892>+<47<*>73/-0- <++*-+*+/8927**5*4/67992782 2<6>>8**695<4+*9-88>*--+6<6

货物或应税劳务、服务名称	规格型号	单位	数量	单价	金额	税率	税额
*电子计算机*联想笔记本	ThinkPad E15	台	1	4495.5752212	4495.58	13%	584.42
合计					¥4495.58		¥584.42

价税合计(大写) ⊗伍仟零捌拾圆整 (小写) ¥5080.00

销售方 名称: 南京景旭信息技术有限公司
纳税人识别号: 91320114567203781
地址、电话: 南京市雨花台区西善桥南路 号
开户行及账号: 交行奥体支行 320006686018010071271

备注 南京景旭信息技术有限公司 91320114567203781 发票专用章

收款人: 周浩 复核: 陈世静 开票人: 王惠玲 销售方:(章)

第三联:发票联 购买方记账凭证

税总函[2020]113号南京造币有限公司

图 3-3 原始凭证审核

(二)记账凭证的审核

为了保证账务处理的质量,在结转损益前应对记账凭证进行严格的审核。财务共享中心平台的记账凭证,是根据录入会计录入票据信息后,由系统自动生成的。因此,审核记账凭证时,其关注的重点应是生成的借方会计科目、贷方会计科目是否正确,账户的对应关系是否清晰。记账凭证是否有原始凭证为依据,且所附原始凭证的内容是否与记账凭证一致,金额是否相等,张数是否相符。

如图3-4所示,以"公创数码"的采购业务为例,做记账凭证的检查工作。

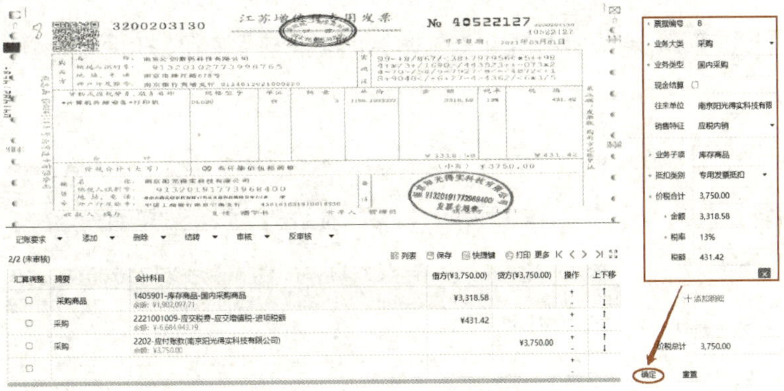

图3-4 记账凭证的检查

审核要点:①采购商品的会计分录是否正确;②"库存商品"的金额是否等于发票金额栏;③"应交税费——应交增值税——进项税额"的金额是否等于发票的税额栏;④贷方的往来科目、供应商名称是否正确。

在记账凭证审核时,如发现凭证错误需要修改,需要修改右侧的票据信息,然后点击"确定",系统会自动生成新的凭证,如图3-5所示。

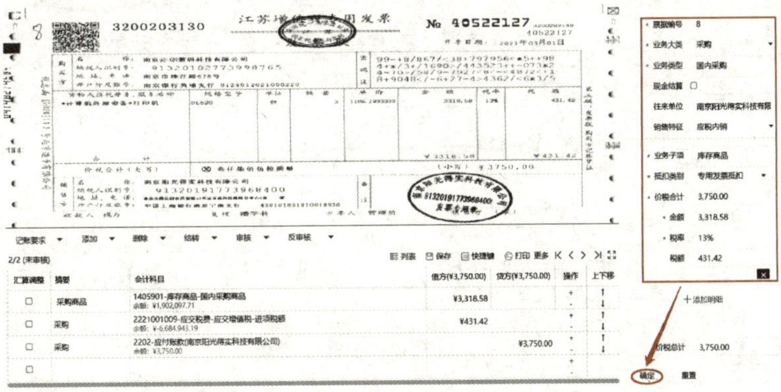

图3-5 记账凭证的修改

凭证逐笔审核无误后,点击凭证上方的"审核"按钮,即可进行当前凭证的审核操作,如图3-6所示。

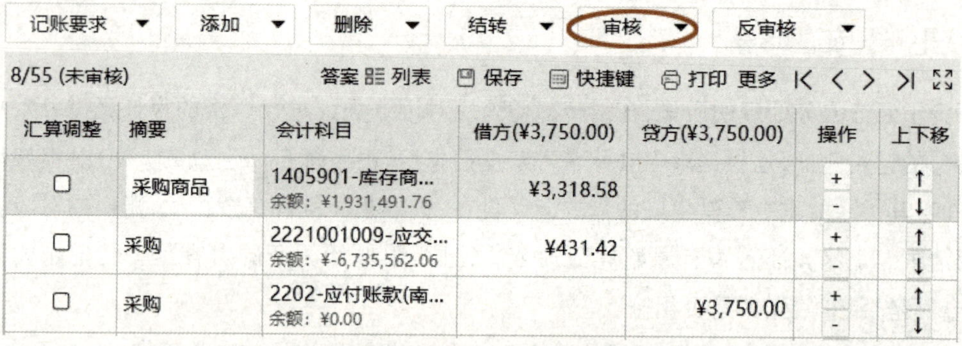

图 3-6　记账凭证的单张审核

审核会计也可以检查完所有凭证,选择"批量审核"按钮,批量审核所有的凭证,如图 3-7 所示。

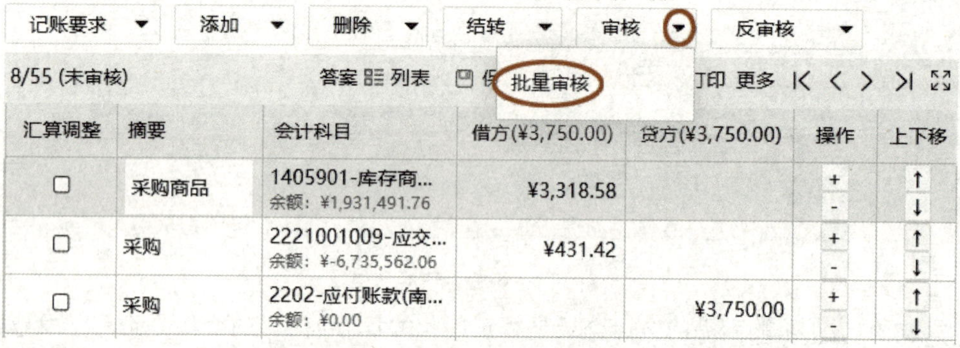

图 3-7　记账凭证的批量审核

如果发现已审核的凭证错误,可以先对该凭证进行"反审核"操作,然后再修改凭证错误,如图 3-8 所示。

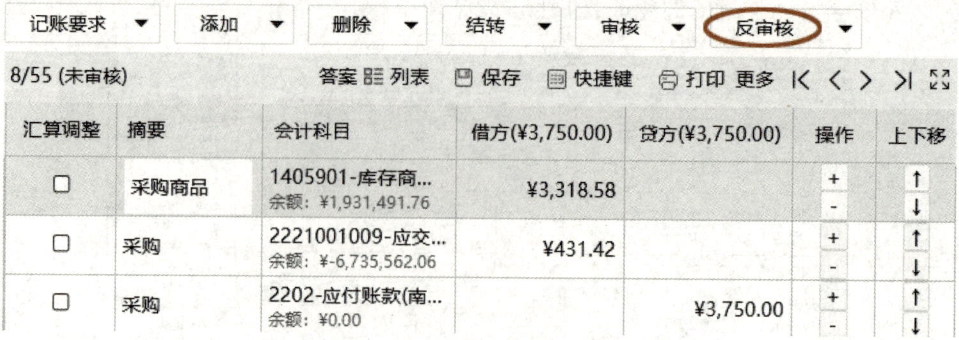

图 3-8　记账凭证的反审核

(三)主要账户的审核

除了对以上每一笔经济业务逐笔进行凭证审核之外,还需要根据账户的性质和记账规则,对主要账户进行审核工作。实务工作中,审核会计应重点审核资金类账户、往来款项账户、存货类账户、固定资产/无形资产备抵账户、应付职工薪酬账户、应交税费账户以及损益类账户等。

1.资金类账户的审核

资金类账户主要指库存现金和银行存款。库存现金作为资产类账户,应保证不能出现贷方余额,不能有超过备用金额度的大额现金。银行存款账户,应保证银行存款日记账的本期发生额、余额与银行对账单一致。

登录财务共享中心平台,查找银行存款日记账、银行对账单。单击【账簿报表】—【附件资料】,银行对账单在附件资料里;再单击【账簿报表】—【浏览账簿】,选择银行存款下对应的二级科目,查看银行存款日记账;根据摘要将银行存款日记账和银行对账单的金额进行核对。部分内容如图3-9、图3-10所示。

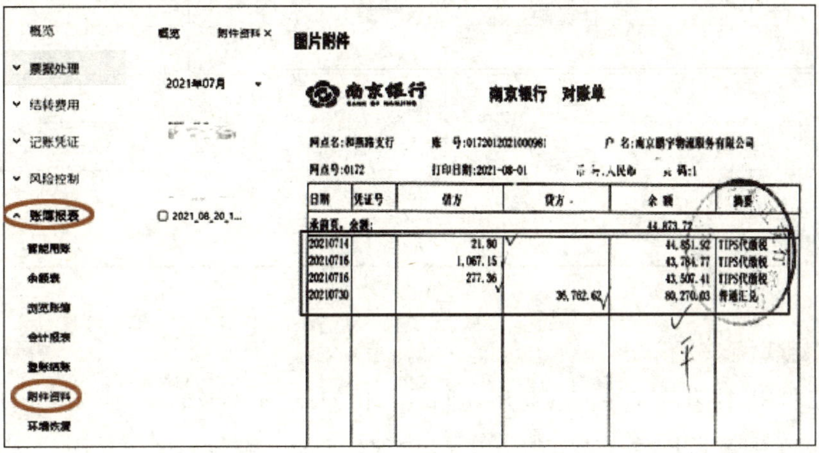

图3-9　银行对账单

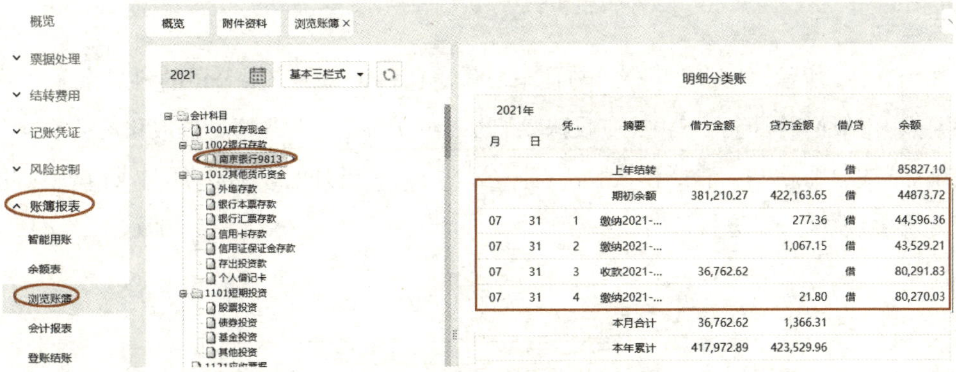

图3-10　银行存款日记账

如果银行存款日记账余额与银行对账单余额不一致,而且是未达账项的原因,应当对每一个银行账户编制银行存款余额调节表,格式见表3-2。

表 3-2　银行存款余额调节表

企业名称：　　　　　　　　　　　　　　　　　　　　　期间：

银行名称：				银行账号：			
银行日记账期末余额：				银行对账单余额：			
加：银行已收企业未收				加：企业已收银行未收			
序号	日期	摘要	金额	序号	日期	摘要	金额
1				1			
2				2			
小　计：				小　计：			
减：银行已付企业未付				减：企业已付银行未付			
序号	日期	摘要	金额	序号	日期	摘要	金额
1				1			
2				2			
小　计：				小　计：			
企业调整后余额：				银行调整后余额：			
编制人：				审核人：			
编制日期：				审核日期：			

2. 往来款项账户的审核

实务工作中，往来款项往往容易出现问题。比如：对账不及时，久而久之出现呆账；会计处理不规范，把应收账款计入其他应收款，导致后期资金结算麻烦等。因此，需要做好内部控制，保证应收应付往来单位清晰、金额准确；定期给往来单位发送对账函，及时核对往来账目。

如图 3-11 所示，是"公创数码"与往来单位浩德科技股份有限公司的科目余额表数据。审核要点：①根据科目余额表中"应收账款"的二级明细科目"浩德科技股份有限公司"，查找明细账"应收账款——浩德科技股份有限公司"；②对当月的期初余额、本期借方发生、本期贷方发生、期末余额进行核对。

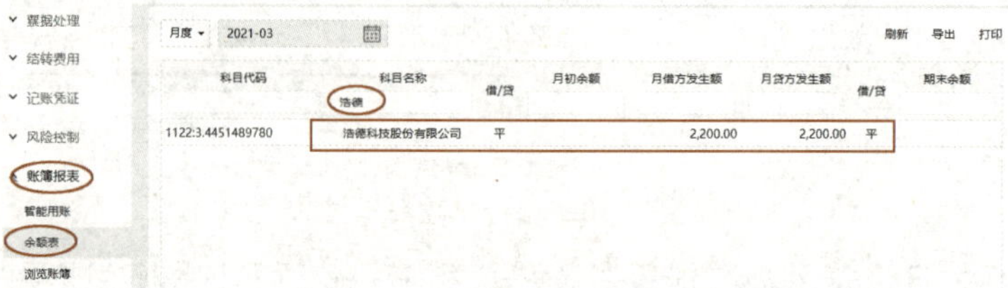

图 3-11　应收账款核对

3.存货类账户的审核

在企业中,存货经常处于不断销售、耗用、购买或重置,具有较快的变现能力和明显的流动性。存货类账户包括原材料、库存商品、在途物资、物资采购等,审核会计审核该类账户,应保证不能出现贷方余额。

4.应交税费账户的审核

"应交税费"用来核算企业应缴纳的各种税费,包括增值税、所得税、附加税等。审核会计应审核应交税费各明细科目发生额、余额准确无误。

对于一般纳税人应交增值税的审核,将"应交税费——应交增值税(销项税额)"专栏贷方合计金额与"增值税专用发票汇总统计表""增值税普通发票汇总统计表""电子普通发票汇总统计表"中"实际销项税额"核对无误,同时也应含无票收入计算的增值税销项税额;将"应交税费——应交增值税(进项税额)"专栏借方合计金额应与进项税额认证清单核对无误。

登录财务共享中心平台,查找报税资料、应交增值税明细账。单击【账簿报表】—【附件资料】,报税资料在附件资料里;再单击【账簿报表】—【浏览账簿】,选择"应交税费——应交增值税"下对应的专栏,查看销项税额、进项税额;将报税资料和"应交税费——应交增值税"下对应的专栏进行核对。以增值税进项税额的核对为例,如图3-12、图3-13所示。

小规模纳税人应交税费的审核,需将"应交税费——应交增值税"明细科目与增值税开票汇总统计表核对无误。另外,要注意是否享受增值税减免税政策,如果能够享受税收优惠政策,应将"应交税费——应交增值税"明细科目的余额转入"营业外收入"等科目。

在保证增值税计算准确无误的情况下,再计算附加税费。例如,城市维护建设税、教育费附加、地方教育附加等。

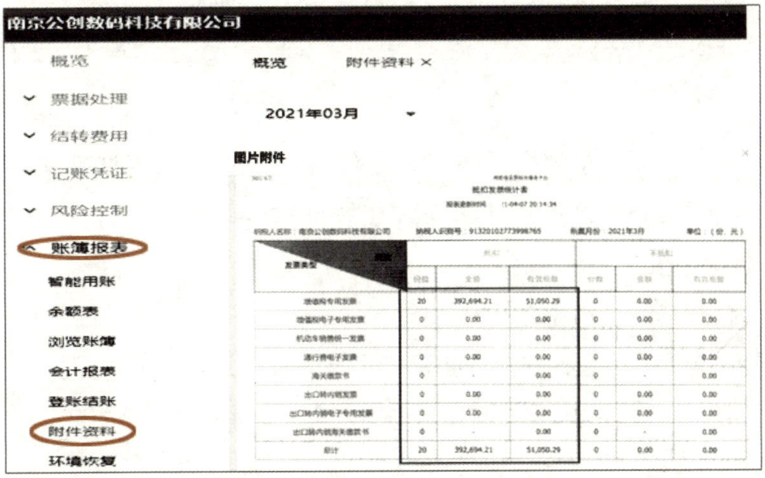

图3-12　报税资料—认证清单

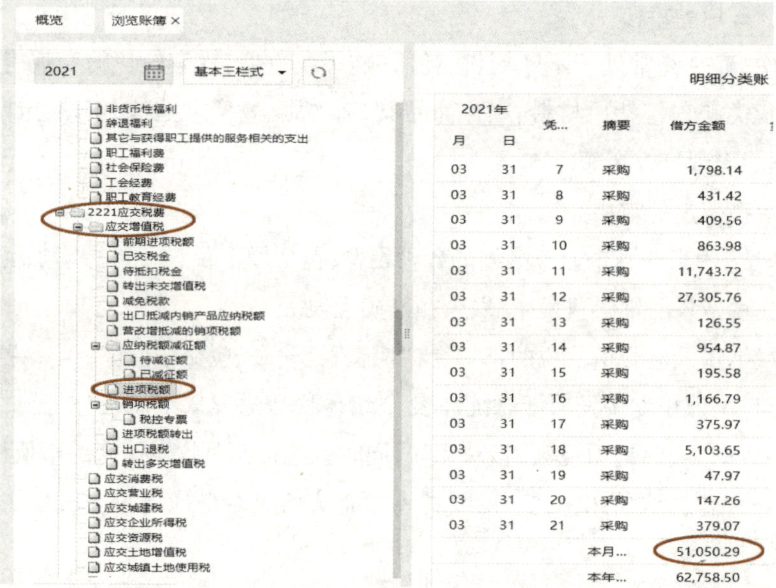

图3-13 应交税费——应交增值税(进项税额)专栏账

5.损益类账户的审核

损益类账户包括主营业务收入、其他业务收入、主营业务成本、税金及附加、销售费用、管理费用、财务费用、营业外收入、营业外支出、所得税费用等。其中,主营业务收入、营业外收入的发生额在贷方,其他损益类账户的发生额在贷方,应当保证所有损益类账户记录不能有相反方向的记录。如,收到利息时,应记录在"财务费用"的借方"红字",而不应当计入贷方金额。

实务工作中,主要账户的审核范围较广,这里不一一展开。审核会计应充分运用职业判断,熟练掌握账户之间的关系,以及账户与账簿、报表、税费的勾稽关系,做好审核工作。

(四)期末事项的审核

月末,审核会计需要对期末事项涉及的相关数据进行审核,常见的期末事项包括计提固定资产折旧、计提无形资产摊销、计提职工工资、房屋租金摊销、结转损益等,确保计提、摊销、结转事项均无遗漏。

1.计提固定资产折旧的审核

通常情况下,企业采用直接法计提折旧。审核会计可通过查看固定资产折旧计算表,查看当月的折旧额是否有异常,是否有新增的固定资产或者处置固定资产。

2.职工薪酬的审核

对计提的职工工资、社保金额与工资表、社保计算表中的金额核对,保证数据准确无误,保证按照受益对象计入相应的科目(如管理费用、销售费用、制造费用)。

3. 结转损益的审核

主要账户审核无误后，即可结转损益。登录财务共享中心平台，单击【记账凭证】—【凭证审核】，再点击记账凭证上方的"结转"按钮，选择"结转损益"，系统会自动生成结转损益的记账凭证，如图 3-14 所示。

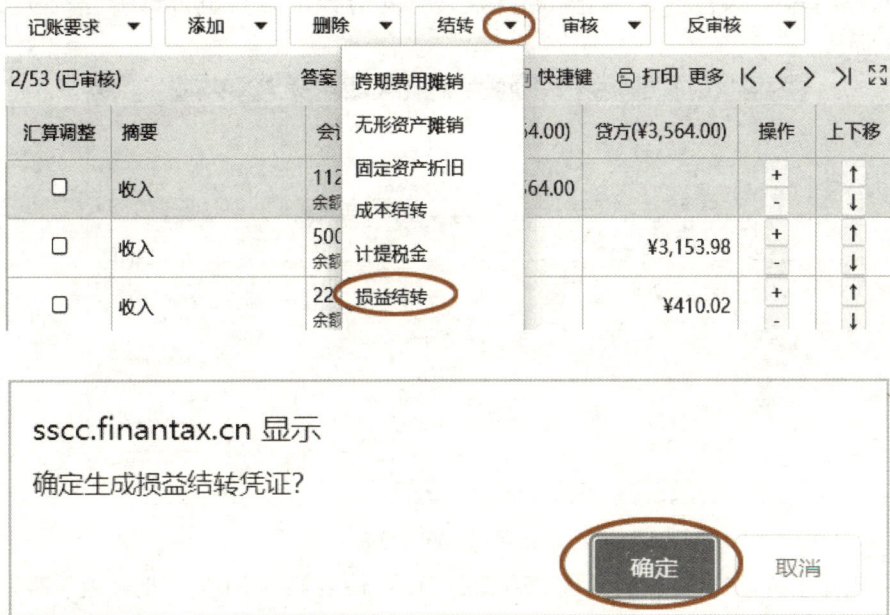

图 3-14　结转损益

生成结转损益记账凭证后，仍需对该凭证审核，具体操作与凭证审核相同。

另外，结转损益后，各损益类账户的金额将结转至"本年利润"，结转后各损益类账户无余额。因此，需检查是否生成损益结转的记账凭证，结转后损益类账户是否无余额。

登录财务共享中心平台，单击【账簿报表】—【余额表】，查看每个损益类账户是否无余额，如图 3-15 所示。

图 3-15　损益类账户余额

(五)财务报表的审核

财务报表是财务核算的最终产品,为了保证其数据准确无误,就必须清楚表内及表间的勾稽关系。

在财务共享中心平台中,单击【账簿报表】—【会计报表】,就可以查看财务报表,如图 3-16 所示。

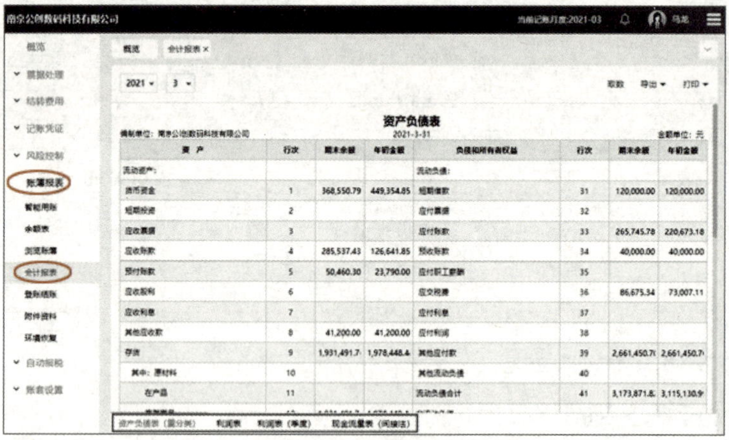

图 3-16　财务报表

实务工作中,一般企业的财务报表包括《资产负债表》《利润表》《现金流量表》等。审核会计如何审核表内以及表间关系呢?

1.《资产负债表》的审核

《资产负债表》是反映企业财务状况的报表,包括资产、负债、所有者权益三个会计要素,且三要素之间的总体关系如下所示:

资产总额=负债总额+所有者权益总额

在《资产负债表》中,首先要保证表内关系正确,即“资产=负债+所有者权益”。其次,是表间关系,《资产负债表》报表项目“货币资金”期末余额应与《现金流量表》中的“六、期末现金及现金等价物余额”相等。《资产负债表》报表项目“未分配利润”期末余额与期初余额相减,差额应等于本期《利润表》中的“本年累计净利润”。

2.《利润表》的审核

《利润表》是反映企业在一定会计期间的经营成果的财务报表。系统生成《利润表》后,需与“本年利润”科目的发生额、余额进行核对,保证数据准确无误。

3.《现金流量表》的审核

《现金流量表》是反映一定时期内(如月度、季度或年度)企业经营活动、投资活动和筹资活动对其现金及现金等价物所产生影响的财务报表。审核时需将本期报表中的“货币资金”项目期末余额与上月《资产负债表》中“货币资金”项目期末余额相减,看差额是否与报表“五、现金及现金等价物净增加额”项目的金额相同。

（六）期末结账

完成一系列的审核工作后，即可结账，表示各账户余额结清或结转下期。在财务共享中心平台中，单击【账簿报表】—【登账结账】，再次确认各项账务处理是否已完成，勾选"我已阅读确认事项"，点击"登账并结账"按钮，如图3-17所示。

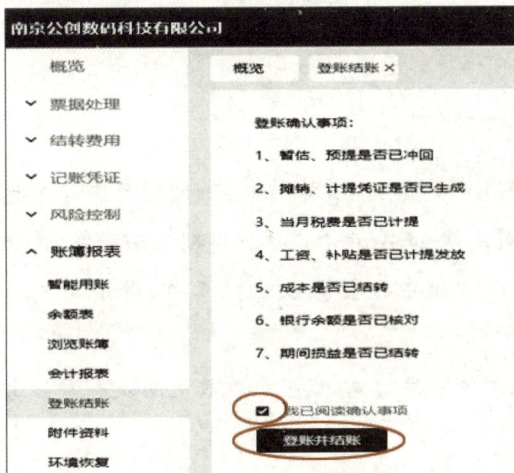

图3-17　期末结账

四、业务训练

登录财务共享中心平台，完成南京公创数码科技有限公司的财税审核操作，任务要求如下：

①审核原始凭证的真实性、合规性，剔除掉不合规的票据；

②审核系统生成的记账凭证上所载的会计分录是否正确，是否与原始凭证的金额相对应；

③审核资金账户、往来款项账户、工资类账户、应交税费账户是否合理；

④审核是否进行损益结转，损益类账户是否有余额；

⑤审核《资产负债表》《利润表》的表内关系和表间关系是否正确。

南京诚瑞物流有限公司2021（操作视频）

南京忻忻会商贸有限公司2021（操作视频）

南京鹏图餐饮管理有限公司2021（操作视频）

南京健源农产品专业合作社2021（操作视频）

工作任务四　纳税申报

☆技能目标☆

1. 能够妥善保管报税密码、填报信息和申报资料,整理装订成册以便备查。

2. 能够依照相关政策法规,正确计算各税种当期应纳税额,复核申报表数据的准确性,并能修改、调整差异,完成纳税申报和税款缴纳工作,并能够处理企业所得税季度预缴工作。

3. 遵守法律法规,强化依法纳税意识,根据税收优惠政策为企业合理节税。

一、工作情境

到了纳税申报期,财务主管刘鑫叫来公司的报税会计沈信,要求他对财务共享中心一些企业的数据资料进行整理与确认,然后完成纳税申报的工作。

实务工作中,财务共享中心拿到票据以后,先对票据进行分类、整理、审核,接着对票据进行扫描、录入,然后根据后台生成的数据,进行相应的审核,审核事项包括:记账凭证、主要账户、期末相关事项等。最后根据系统出具的报表,对报表数据进行分析,完成税费的计算工作。会计人员在完成会计账务事项处理以后,还需要向税务局申报税费,纳税申报是企业财务人员每月需要完成的一项重要工作。整体核算流程如图4-1所示。

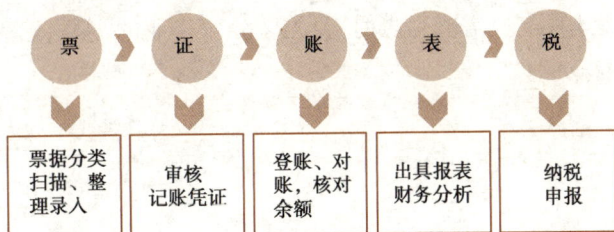

图 4-1　企业核算流程

二、业务流程

　　财务共享中心会计人员首先要对企业当月发生的经济业务做账务处理,然后根据企业提供当月经济业务发生的报税资料,进行整理、审核、统计,并计算应纳税额,同时在税费申报期内登录国家税务总局纳税申报平台进行税费的申报,最后税款缴纳。具体流程如图4-2所示。

图 4-2　企业涉税申报流程

三、业务操作

　　我国现行实施的税种有 18 个,包括增值税、消费税、关税、企业所得税、个人所得税、土地增值税、房产税、车船税、印花税、契税、资源税、环境保护税、城镇土地使用税、城市维护建设税、车辆购置税、耕地占用税、船舶吨税、烟叶税。另外,还有教育费附加、地方教育附加、文化事业建设费等由税务机关代收的费用。

　　在实务中,根据企业经营业务的不同,需要缴纳的税费也不相同。大部分中小企业日常涉及的税费有:增值税、城市维护建设税、教育费附加、企业所得税、个人所得税、印花税等,接下来将围绕以上内容一一进行阐述。

(一)增值税及附加税费的计算与申报

　　增值税是对在我国境内销售货物或者提供加工、修理修配劳务,销售服务、无形资产或者不动产,以及进口货物的单位和个人,就其取得的增值额为课税对象征收的一种税。增值税是企业经营过程中最常见、应用最广泛的税种,作为报税会计人员必须学会如何计算与申报增值税。

　　根据企业经营规模与会计核算水平,通常将企业划分为一般纳税人和小规模纳税人。在计算申报增值税之前,要先区分该企业的类型,然后再进行计算申报操作。

实务贴士

《增值税及附加税费预缴表》及其附列资料填写说明

　　自 2018 年 5 月 1 日起,增值税小规模纳税人标准为年应征增值税销售额 500 万元及以下。

　　另外注意:

　　①年应税销售额超过规定标准的其他个人不属于一般纳税人。

　　②不经常发生应税行为的单位和个体工商户可选择按照小规模纳税人纳税。

　　③年应税销售额未超过规定标准的纳税人,会计核算健全,能够提供准确税务资料的,可以向主管税务机关办理一般纳税人资格登记。

　　④年应税销售额,是指纳税人在连续不超过 12 个月或 4 个季度的经营期内累计应征增值税销售额。包括纳税申报销售额(包括免税销售额和税务机关代开发票销售额)、稽查查补销售额、纳税评估调整销售额。

　　⑤销售服务、无形资产或者不动产等"应税行为"中有扣除项目的纳税人,其应税行为年应税销售额按未扣除之前的销售额计算。

　　⑥纳税人偶然发生的销售无形资产、转让不动产的销售额,不计入应税行为年应税销售额。

1. 小规模纳税人增值税及附加税的计算与申报

　　增值税小规模纳税人的年销售额通常在 500 万元以下,其业务规模比较小,增值税的计算比较简单。其纳税申报分为三个步骤,首先对申报期内发生的业务进行汇总计算,然后填写纳税申报表,最后申报缴纳税费。

　　(1)小规模纳税人增值税应纳税额的计算

　　小规模纳税人适用简易计税方法,按照不含增值税的销售额和规定的增值税征收率计算缴纳增值税,不享有进项税额的抵扣权。

$$应纳增值税=应税销售额×征收率-减征额$$

　　1)增值税的征收率

　　小规模纳税人的征收率主要有 3% 和 5%,不同的征收率,它的适用范围有所不同,具体见表 4-1。

表 4-1　小规模纳税人的征收率

纳税义务人	征收率	适用范围
小规模纳税人	3%	销售货物,提供加工、修理修配劳务,销售应税服务、无形资产
	5%	销售不动产、经营租赁不动产等
	个人出租住房,按5%征收率减按1.5%计算应纳税额,小规模纳税人销售旧货或销售自己使用过的固定资产,按3%征收率减按2%计算应纳税额	

实务贴士

在新冠肺炎疫情期间,为支持广大中小企业加快复工复业,财政部、税务总局发布公告,自 2021 年 4 月 1 日至 2021 年 12 月 31 日,增值税小规模纳税人适用 3% 征收率的应税销售收入,减按 1% 征收率征收增值税;适用 3% 预征率的预缴增值税项目,减按 1% 预征率预缴增值税。

适用减按 1% 征收率征收增值税的,按照 1% 征收率开具增值税发票。减按 1% 征收率征收增值税的,按下列公式计算销售额:

$$销售额 = 含税销售额 / (1 + 1\%)$$

2)应税销售额

企业的经营行为发生增值税纳税义务后,报税会计就可以进行增值税税额的计算。增值税税额是销售货物、服务、无形资产、不动产或提供加工修理修配劳务的应税销售额与征收率的乘积,小规模纳税人按照不含税销售额和规定的增值税征收率计算缴纳增值税。不享有进项税额的抵扣权。其计算公式为:

$$应纳税额 = 应税销售额 \times 征收率$$

从公式可以看出,在增值税征收率一定的情况下,计算增值税税额的关键在于正确、合理地确定应税销售额。

①已开具发票的销售额。小规模纳税人销售货物、服务、无形资产、不动产或提供加工修理修配劳务开具增值税普通发票、增值税专用发票的,根据发票上的金额确定销售额。

实务贴士

通常情况下,小规模纳税人需要开具增值税专用发票的,可以申请税务机关代开。

根据税总函〔2019〕第 243 号第一条的规定,小规模纳税人(其他个人除外)发生增值税应税行为、需要开具增值税专用发票的,可以自愿使用增值税发票管理系统自行开具。

②未开具发票的销售额。在日常经营过程中,企业偶尔会发生一些零散的销售业务,购买方很多都是个人,销售时往往采用现金结算,通常不开具发票。这种情况下,收到的总价款为价税合计金额,应换算成不含税的销售额,公式为:

$$不含税的销售额 = \frac{收到总价额}{1+适用征收率}$$

【例4-1】某企业销售甲商品取得含税收入1 030元,税率为3%,则不含税的销售额 = 1 030/(1+3%)=1 000(元)

③差额征税的销售额确定。在实务工作中,企业的部分经营业务可以适用差额征税的规定计算增值税销售额,如表4-2所示。

表4-2 小规模纳税人常见差额征税销售额

常见的差额征税	计税销售额
金融商品转让	按照卖出价扣除买入价后的余额为销售额
经纪代理服务	以取得的全部价款和价外费用,扣除向委托方收取并代为支付的政府性基金或者行政事业性收费后的余额为销售额
旅游服务	可以选择以取得的全部价款和价外费用,扣除向旅游服务购买方收取并支付给其他单位或者个人的住宿费、餐饮费、交通费、签证费、门票费和支付给其他接团旅游企业的旅游费用后的余额为销售额
建筑服务	以取得的全部价款和价外费用扣除支付的分包款后的余额为销售额
销售不动产	小规模纳税人销售其取得(不含自建)的不动产(不含其购买的住房),应以取得的全部价款和价外费用减去该项不动产购置原价或者取得不动产时的作价后的余额为销售额
劳务派遣安保服务	小规模纳税人提供劳务派遣服务,可以选择差额纳税,以取得的全部价款和价外费用,扣除代用工单位支付给劳务派遣员工的工资、福利和为其办理社会保险及住房公积金后的余额为销售额,按照简易计税方法依5%的征收率计算缴纳增值税

④免征增值税的销售额。为了促进经济社会持续健康发展,国家相关部门陆续发布了各种减税降费措施,对小规模纳税人影响较大的就是针对免税销售额的规定。

法律法规

国家税务总局公告2019年第4号

一、小规模纳税人发生增值税应税销售行为,合计月销售额未超过10万元(以1个季度为1个纳税期的,季度销售额未超过30万元,下同)的,免征增值税。

小规模纳税人发生增值税应税销售行为,合计月销售额超过10万元,但扣除本期发生的销售不动产的销售额后未超过10万元的,其销售货物、劳务、服务、无形资产取得的销售额免征增值税。

二、适用增值税差额征税政策的小规模纳税人,以差额后的销售额确定是否可以享受本公告规定的免征增值税政策。

财政部 税务总局公告 2021 年第 11 号

自 2021 年 4 月 1 日至 2022 年 12 月 31 日,对月销售额 15 万元以下(含本数)的增值税小规模纳税人,免征增值税。

针对上述规定,在理解时应当注意以下几个方面:

①若纳税人偶然发生有不动产销售业务的,应剔除不动产销售额后再判断。

②适用增值税差额征税政策的,以差额后的余额为销售额,再确定其是否可享受免税政策。

③小规模纳税人如开具增值税专用发票的,应按现行政策规定计算增值税应纳税额并申报缴纳增值税。小规模纳税人享受增值税免税优惠的,不得开具增值税专用发票。

3)减免税额

为了促进经济社会持续健康发展,国家相关部门陆续发布了各种减税降费措施。比如税控设备及技术维护费抵减增值税应纳税额等。

法律法规

财政部 税务总局公告 2012 年第 15 号

一、增值税纳税人 2011 年 12 月 1 日(含,下同)以后初次购买增值税税控系统专用设备(包括分开票机)支付的费用,可凭购买增值税税控系统专用设备取得的增值税专用发票,在增值税应纳税额中全额抵减(抵减额为价税合计额),不足抵减的可结转下期继续抵减。增值税纳税人非初次购买增值税税控系统专用设备支付的费用,由其自行负担,不得在增值税应纳税额中抵减。

二、增值税纳税人 2011 年 12 月 1 日以后缴纳的技术维护费(不含补缴的 2011 年 11 月 30 日以前的技术维护费),可凭技术维护服务单位开具的技术维护费发票,在增值税应纳税额中全额抵减,不足抵减的可结转下期继续抵减。技术维护费按照价格主管部门核定的标准执行。

增值税一般纳税人支付的技术维护费用在增值税应纳税额中全额抵减的,对于取得的增值税专用发票,不作为增值税抵扣凭证,需要在勾选认证后,对其进项税额进行进项税额转出。

企业购买增值税税控系统专用设备缴纳的技术维护费及初次购买增值税税控系统专

用设备支付的设备款,允许在增值税应纳税额中全额抵减,购买环节账务处理如下:借记"管理费用"等科目,贷记"银行存款"等。抵减增值税额环节账务处理如下:按规定抵减的增值税应纳税额,借记"应交税费——应交增值税"科目,贷记"管理费用"等科目。

【例4-2】2020年12月6日,支付西安诺亚科技有限公司下一年的技术维护费280元,以银行存款支付,取得技术维护费发票。

借:管理费用——技术维护费　　　　　　　　280
　　贷:银行存款——中国招商银行　　　　　　280
借:应交税费——应交增值税　　　　　　　　280
　　贷:管理费用——技术维护费　　　　　　　280

法律法规

财政部 税务总局公告2016年第14号

第四条 小规模纳税人转让其取得的不动产,除个人转让其购买的住房外,按照以下规定缴纳增值税:

一、小规模纳税人转让其取得(不含自建)的不动产,以取得的全部价款和价外费用扣除不动产购置原价或者取得不动产时的作价后的余额为销售额,按照5%的征收率计算应纳税额。

【例4-3】2022年3月,西安诺亚有限公司销售不动产取得的销售额为1 006 000元,购买时的成本是989 500元。

销售不动产应纳增值税 =(1 006 000-989 500)÷1+5%×5% =785.71

【案例引入】

上海小绵羊餐饮有限公司(简称"小绵羊")是一家以餐饮经营为主增值税小规模纳税人企业,位于上海市市区,按季度申报缴纳增值税。2021年第四季度发生了以下业务:

①本季度堂食服务取得不含税收入107 500元,开具增值税普通发票。

②本季度提供会议服务取得不含税收入100 000元,企业自行开具了增值税专用发票。

③本季度销售不动产取得全部款项1 386 000.00元,开具增值税普通发票,其购置时的成本是997 500.00元,尚未预缴税款。

第四季度发票资料统计表如图4-3所示。

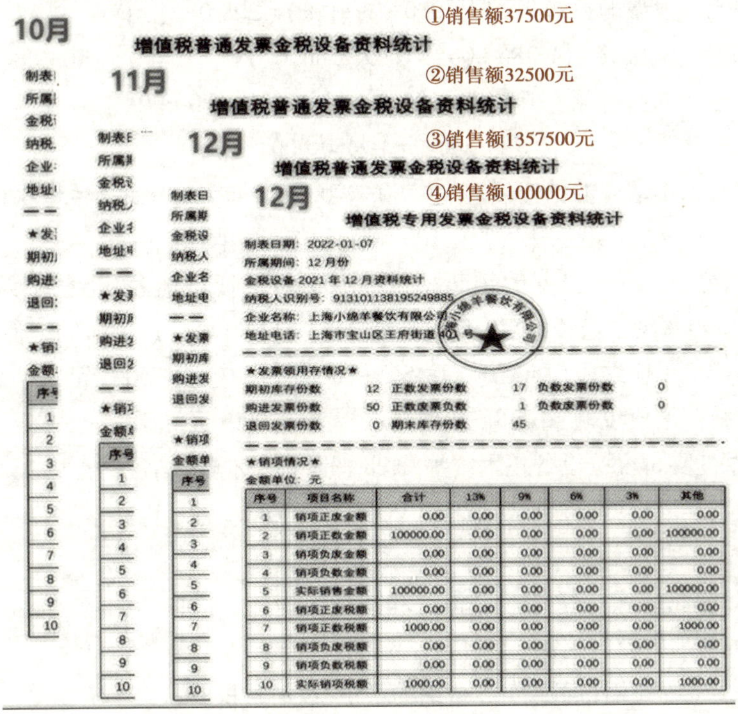

① 销售额 37500 元
② 销售额 32500 元
③ 销售额 1357500 元
④ 销售额 100000 元

图 4-3 第四季度发票资料统计表

④本季度支付税控设备技术服务费 280 元,取得增值税普通发票。

⑤本季度提供外卖取得不含税收入 210 080 元,其中外卖餐饮服务取得的不含税收入 109 080.00 元,销售烟取得不含税收入 12 625.00 元,销售酒取得不含税收入 88 375.00 元,均未开具发票。

第四季度未开票资料统计表见表 4-3。

表 4-3 第四季度开票资料统计表

单位:元

项目	含税金额	税率	不含税销售额	税额	备注
＊餐饮服务＊餐费	109 080.00	1%	108 000.00	1 080.00	
＊酒＊啤酒	88 375.00	1%	87 500.00	875.00	外卖
＊烟草制品＊烟	12 625.00	1%	12 500.00	125.00	外卖

综合上述信息,"小绵羊"是增值税小规模纳税人,提供餐饮服务、会议服务适用的征收率是 3%,根据相关政策减按 1% 计算缴纳增值税。销售不动产适用差额征税规定,按照 5% 征收率计算缴纳增值税。

堂食服务开具增值税普通发票的销售额为 107 500 元,提供会议服务开具增值税专用发票销售额 100 000 元。

外卖服务未开发票的销售额＝210 080÷(1+1%)＝208 000(元)；

销售不动产的销售额＝(1 386 000.00-997 500.00)÷(1+5%)＝370 000(元)；

第四季度合计的销售额＝107 500+100 000+208 000+370 000

＝785 500(元)>450 000(元)；

第四季度扣除不动产的销售额＝785 500-370 000＝415 500(元)<450 000(元)，符合增值税免税条件。但是，开具专用发票的100 000元应该缴纳增值税。

因此，提供堂食、外卖服务的销售额315 500元免征增值税，提供会议服务的销售额100 000元应当缴纳增值税，销售不动产的销售额370 000元应当缴纳增值税。

第四季度增值税应纳税额＝370 000×5%+100 000×3%＝21 500(元)；

第四季度减免增值税额＝100 000×(3%-1%)＝2 000(元)；

另外，本季度支付税控设备技术维护费280元可以抵减应纳税额；

第四季度实际缴纳增值税＝21 500-2 000-280＝19 220(元)。

(2) 小规模纳税人附加税费的计算

附加税费，是指以实际缴纳的增值税和消费税为计税依据的税费，包括城市维护建设税、教育费附加和地方教育附加。

$$应纳税额＝实际缴纳的增值税、消费税×税(费)率$$

$$城市维护建设税＝(实际缴纳的增值税+实际缴纳的消费税)×适用税率$$

城市维护建设税税率按纳税人所在地分别规定为：市区7%，县城和镇5%，乡村1%。大中型工矿企业所在地不在城市市区、县城、建制镇的，税率为1%。

$$教育费附加＝(实际缴纳的增值税+实际缴纳的消费税)×3%$$

$$地方教育附加＝(实际缴纳的增值税+实际缴纳的消费税)×2%$$

1) 附加税的税(费)率

附加税费的税(费)率根据纳税人所在地区的不同而有所差异，具体见表4-4。

表4-4　附加(费)率表

税种	税率(%)	备注
城市维护建设税	7	针对市区的纳税人
	5	针对在县城、镇的纳税人
	1	针对不在以上区域的纳税人
教育费附加	3	—
地方教育附加	2	—

2) 附加税的减免

附加税费以实际缴纳增值税、消费税为前提，所有针对增值税和消费税的税收优惠同样会影响附加税费。但针对附加税费仍有单独的优惠政策。

法律法规

财政部 税务总局公告 2016 年第 12 号

一、将免征教育费附加、地方教育附加、水利建设基金的范围,由现行按月纳税的月销售额或营业额不超过 3 万元(按季度纳税的季度销售额或营业额不超过 9 万元)的缴纳义务人,扩大到按月纳税的月销售额或营业额不超过 10 万元(按季度纳税的季度销售额或营业额不超过 30 万元)的缴纳义务人。

财政部 税务总局公告 2019 年第 13 号

三、由省、自治区、直辖市人民政府根据本地区实际情况,以及宏观调控需要确定,对增值税小规模纳税人可以在 50% 的税额幅度内减征资源税、城市维护建设税、房产税、城镇土地使用税、印花税(不含证券交易印花税)、耕地占用税和教育费附加、地方教育附加。

四、增值税小规模纳税人已依法享受资源税、城市维护建设税、房产税、城镇土地使用税、印花税、耕地占用税、教育费附加、地方教育附加其他优惠政策的,可叠加享受本通知第三条规定的优惠政策。

针对上述规定,在理解时应当注意以下几个方面:

①财税 2016 年第 12 号公告的税收优惠规定既适用于小规模纳税人,也适用于一般纳税人。

②在实务中,各地区基本都按照 50% 的比例减免"六税一费"。

【案例引入】

综合前述"小绵羊"的资料信息,当期实际缴纳增值税为 19 220.00 元。假设上海地区对附加税费减征比例为 50%,本期附加税费计算见表 4-5。

表 4-5　附加税费计算表

附加税费	增值税	税(费)率	应纳税额	减免金额	实际缴纳
城市维护建设税	19 220.00	7%	1 345.40	672.70	672.70
教育费附加	19 220.00	3%	576.60	288.30	288.30
地方教育附加	19 220.00	2%	384.40	192.20	192.20

(3)小规模纳税人增值税及附加税费的申报

企业申报增值税时,首先准备相关的报税资料,然后进行汇总上传,接着进入申报环节,等申报结束后,要进行清卡。具体流程如图 4-4 所示。

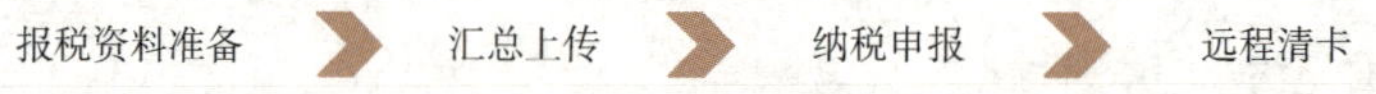

报税资料准备 ➤ 汇总上传 ➤ 纳税申报 ➤ 远程清卡

图4-4 增值税及附加税费的纳税申报流程

1）报税资料准备

作为报税会计人员,首先要确定该企业的纳税申报的时间,其次对报税资料进行汇总核对,根据纳税申报表的需求信息编制销售统计表,最后制作税费计算表。

①确认纳税申报时间。纳税申报期限一般在季度(月度)结束的次月15日之前(遇节假日会顺延,具体看税务网站征期的截止日期)完成纳税申报工作。

实务贴士

按照固定期限纳税的增值税小规模纳税人可以根据自己的实际经营情况选择实行按月纳税或按季纳税。

纳税期限一经选择,一个会计年度内不得变更。

②报税资料的汇总及核对。小规模纳税人常见的报税资料有增值税普通发票汇总表、增值税电子普通发票汇总表、增值税专用发票汇总表、无票收入汇总表、减免税款的资料等。以"小绵羊"第四季度的资料为例,发票资料统计表如图4-5所示,无票收入汇总表见表4-6。

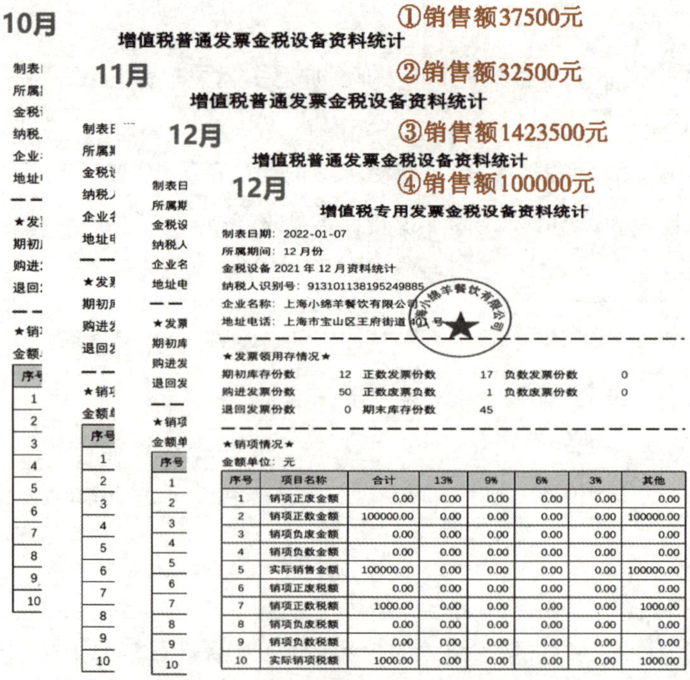

图4-5 第四季度发票资料统计表

表4-6　第四季度无票收入统计表

项目	含税金额	税率	不含税销售额	税额	备注
＊餐饮服务＊餐费	109 080.00	1%	108 000.00	1 080.00	
＊酒＊啤酒	88 375.00	1%	87 500.00	875.00	外卖
＊烟草制品＊烟	12 625.00	1%	12 500.00	125.00	外卖

在增值税纳税申报表中,纳税人销售货物及劳务,销售服务,销售不动产的销售额需要分开填列;纳税人开具的增值税专用发票、普通发票也需要分开填列;有差额扣除项目的,销售额应填写差额后的销售额,同时还需要填写开具发票的销售额。因此,在纳税申报之前,应先对本申报期内的各项销售额分类统计,以便纳税申报表的填写。以"小绵羊"第四季度的资料为例,具体统计见表4-7。

表4-7　"小绵羊"第四季度销售统计表

应税项目	普通发票		专用发票		未开票		合计	
	金额	税额	金额	税额	金额	税额	金额	税额
货物及劳务	0	0	0	0	100 000	1 000	100 000	1 000
服务(差额前)	107 500	1 075	100 000	1 000	108 000	1 080	315 500	3 155
服务(差额后)	107 500	1 075	100 000	1 000	108 000	1 080	315 500	3 155
小计(差额后)	107 500	1 075	100 000	1 000	208 000	2 080	415 500	4 155
不动产(差额前)	1 386 000	66 000	0	0	0	0	1 386 000	66 000
不动产(差额后)	370 000	18 500	0	0	0	0	370 000	18 500

③税费计算表。在上述资料的基础上,编制税费计算表,以便与填写后的纳税申报表核对,见表4-8。

表4-8　"小绵羊"第四季度税费计算表

项　目	税额(元)
免税销售额	315 500.00
免税税额	3 155.00
应税销售额(3%)	100 000.00
应税税额	3 000.00
减免税额(3%～1%)	2 000.00
应税销售额(5%)	370 000.00
应税税额	18 500.00

续表

项　目	税额(元)		
应纳税额减征额	280.00		
本期应纳税额	19 220.00		
附加税费	应纳税额	减免金额	实际缴纳
城市维护建设税(7%)	1 345.40	672.70	672.70
教育费附加(3%)	576.60	288.30	288.30
地方教育附加(2%)	384.40	192.20	192.20

2)汇总上传

汇总上传,是指在每月月度终了后,将企业上期所开发票信息和留存的发票信息通过网络远程上报至税务局。只有汇总上传后,才能进行纳税申报,只有汇总上传后才能开具次月的发票。

汇总上传的操作是在增值税发票税控开票系统中完成的(打开金税盘版或税控盘版的增值税发票税控开票系统);联网状态下登录开票系统后,开票系统会自动将开票数据汇总上传到税务端;也可以手动操作,以"金税盘版"为例,点击【汇总处理】—【汇总上传】进行操作,如图4-6所示。

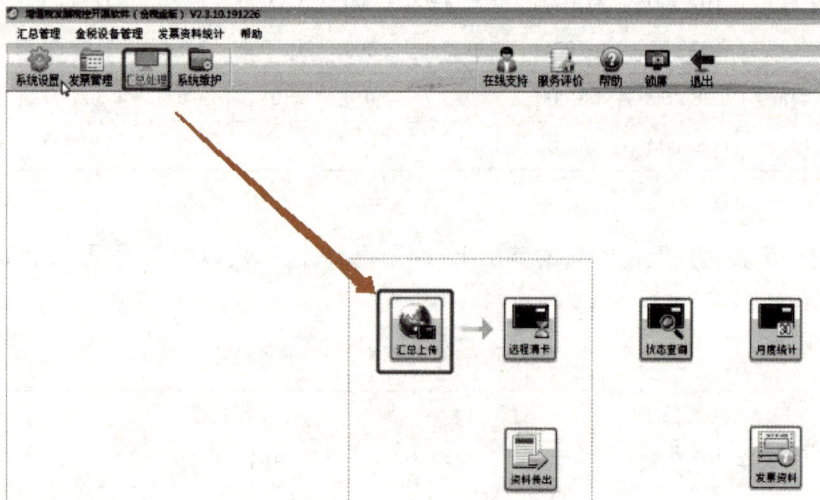

图4-6　汇总上传(金税盘版)

3)纳税申报

纳税申报,是指纳税人按照规定的纳税申报期内在电子税务局系统中填写纳税申报表,完成申报并缴税的过程。

法律法规

国家税务总局公告 2021 年第 20 号

自 2021 年 8 月 1 日起,增值税、消费税分别与城市维护建设税、教育费附加、地方教育附加申报表整合,启用《增值税及附加税费申报表(一般纳税人适用)》《增值税及附加税费申报表(小规模纳税人适用)》《增值税及附加税费预缴表》及其附列资料和《消费税及附加税费申报表》。

《增值税及附加税费申报表(小规模纳税人适用)》有 3 张申报表。

《增值税及附加税费
申报表(小规模纳税
人适用)》及其附列
资料填写说明

① 主表《增值税及附加税费申报表(小规模纳税人适用)》由所有增值税小规模纳税人填写,没有发生业务的纳税人也应当按期进行纳税申报(零申报),如图 4-7 所示。

增值税及附加税费申报表
(小规模纳税人适用)

纳税人识别号(统一社会信用代码):□□□□□□□□□□□□□□□□□□□□

纳税人名称:　　　　　　　　　　　　　　　　　　　　　　　金额单位:元(列至角分)

税款所属期:　年 月 日至　　年 月 日　　　　　　　填表日期:　年 月 日

一、计税依据	项目	栏次	本期数		本年累计	
			货物及劳务	服务、不动产和无形资产	货物及劳务	服务、不动产和无形资产
	(一)应征增值税不含税销售额(3%征收率)	1				
	增值税专用发票不含税销售额	2				
	其他增值税发票不含税销售额	3				
	(二)应征增值税不含税销售额(5%征收率)	4	——		——	
	增值税专用发票不含税销售额	5				
	其他增值税发票不含税销售额	6				
	(三)销售使用过的固定资产不含税销售额	7(7≥8)		——		——
	其中:其他增值税发票不含税销售额	8				
	(四)免税销售额	9=10+11+12				
	其中:小微企业免税销售额	10				
	未达起征点销售额	11				
	其他免税销售额	12				
	(五)出口免税销售额	13(13≥14)				
	其中:其他增值税发票不含税销售额	14				

图 4-7　增值税及附加税费申报表(小规模纳税人适用)(主表)

② 附列资料(一)《服务、不动产和无形资产扣除明细》由发生应税行为且有扣除项目的纳税人填写,各栏次均不包含免征增值税项目的金额,但适用小微企业免征增值税政策且

有扣除项目的纳税人应填写,如图4-8所示。

增值税及附加税费申报表(小规模纳税人适用)附列资料(一)

(服务、不动产和无形资产扣除项目明细)

税款所属期: 年 月 日至 年 月 日   填表日期: 年 月 日

纳税人名称(公章):   金额单位:元(列至角分)

应税行为(3%征收率)扣除额计算

期初余额	本期发生额	本期扣除额	期末余额
1	2	3(3≤1+2之和,且3≤5)	4=1+2-3

应税行为(3%征收率)计税销售额计算

全部含税收入(适用3%征收率)	本期扣除额	含税销售额	不含税销售额
5	6=3	7=5-6	8=7÷1.03

应税行为(5%征收率)扣除额计算

期初余额	本期发生额	本期扣除额	期末余额
9	10	11(11≤9+10之和,且11≤13)	12=9+10-11

应税行为(5%征收率)计税销售额计算

全部含税收入(适用5%征收率)	本期扣除额	含税销售额	不含税销售额
13	14=11	15=13-14	16=15÷1.05

图4-8 增值税及附加税费申报表(小规模纳税人适用)附列资料(一)

③附列资料(二)《附加税费情况表》由所有增值税小规模纳税人填写,没有发生业务的纳税人也应当按期进行纳税申报(零申报),如图4-9所示。

增值税及附加税费申报表(小规模纳税人适用)附列资料(二)

(附加税费情况表)

税(费)款所属时间: 年 月 日至 年 月 日   金额单位:元(列至角分)

纳税人名称:(公章)

税(费)种	计税(费)依据 增值税税额	税(费)率(%)	本期应纳税(费)额	本期减免税(费)额 减免性质代码	减免税(费)额	增值税小规模纳税人"六税两费"减征政策 减征比例(%)	减征额	本期已缴税(费)额	本期应补(退)税(费)额
	1	2	3=1×2	4	5	6	7=(3-5)×6	8	9=3-5-7-8
城市维护建设税									
教育费附加									
地方教育附加									
合计	——	——		——		——			

图4-9 增值税及附加税费申报表(小规模纳税人适用)附列资料(二)

④另外,企业有符合国家政策的增值税减免税的情况,还应当填写"增值税减免税申报明细表",如图4-10所示。

增值税减免税申报明细表

税款所属时间：自　年　月　日至　年　月　日

纳税人名称（公章）：　　　　　　　　　　　　　　　　金额单位：元至角分

一、减税项目

减税性质代码及名称	栏次	期初余额	本期发生额	本期应抵减税额	本期实际抵减税额	期末余额
		1	2	3=1+2	4≤3	5=3-4
	1					
	2					
	3					
	4					
	5					
合　计	6					

二、免税项目

免税性质代码及名称	栏次	免征增值税项目销售额	免税销售额扣除项目本期实际扣除金额	扣除后免税销售额	免税销售额对应的进项税额	免税额
		1	2	3=1-2	4	5
合　计	7					
出口免税	8	——	——	——	——	
其中：跨境服务	9	——	——	——	——	
	10					
	11					
	12					
	13					
	14					
	15					
	16					

图 4-10　增值税减免税申报明细表

增值税小规模纳税人的申报表张数较少，但是填报难度相对较大，因为各张申报表之间没有自动勾稽的功能，填写完附表数据之后，还需要手动填写主表的数据。其填报顺序通常如图 4-11 所示。

图 4-11　《增值税及附加税费申报表（小规模纳税人适用）》填报顺序

【案例引入】

结合前述"小绵羊"第四季度销售资料，根据本季度的销售统计表（表 4-9），填写增值税纳税申报表（不考虑前 3 个季度的累计金额）。

表4-9 "小绵羊"第四季度销售统计表

应税项目	普通发票		专用发票		未开票		合计	
	金额	税额	金额	税额	金额	税额	金额	税额
货物及劳务	0	0	0	0	100 000	1 000	100 000	1 000
服务（差额前）	107 500	1 075	100 000	1 000	108 000	1 080	315 500	3 155
服务（差额后）	107 500	1 075	100 000	1 000	108 000	1 080	315 500	3 155
小计（差额后）	107 500	1 075	100 000	1 000	208 000	2 080	415 500	4 155
不动产（差额前）	1 386 000	66 000	0	0	0	0	1 386 000	66 000
不动产（差额后）	370 000	18 500	0	0	0	0	370 000	18 500

本季度销售不动产取得全部款项1 386 000.00元,开具增值税普通发票,其购置时的成本是997 500.00元。附列资料（一）《服务、不动产和无形资产扣除明细》填写如图4-12所示。

增值税及附加税费申报表（小规模纳税人适用）附列资料（一）

（服务、不动产和无形资产扣除项目明细）

税款所属期：2021年10月01日至2021年12月31日　　　　　　　填表日期：2022年01月10日

纳税人名称（公章）：上海小绵羊餐饮有限公司　　　　　　　　金额单位：元（列至角分）

应税行为（3%征收率）扣除额计算			
期初余额	本期发生额	本期扣除额	期末余额
1	2	3（3≤1+2之和，且3≤5）	4=1+2-3
—	—	—	—

应税行为（3%征收率）计税销售额计算			
全部含税收入（适用3%征收率）	本期扣除额	含税销售额	不含税销售额
5	6=3	7=5-6	8=7÷1.03
—	—	—	—

应税行为（5%征收率）扣除额计算			
期初余额	本期发生额	本期扣除额	期末余额
9	10	11（11≤9+10之和，且11≤13）	12=9+10-11
—	997,500.00	997,500.00	

应税行为（5%征收率）计税销售额计算			
全部含税收入（适用5%征收率）	本期扣除额	含税销售额	不含税销售额
13	14=11	15=13-14	16=15÷1.05
1,386,000.00	997,500.00	388,500.00	370,000.00

图4-12 "小绵羊"增值税纳税申报表附列资料（一）

《增值税及附加税费申报表（小规模纳税人适用）》填写如图4-13所示。

增值税及附加税费申报表
（小规模纳税人适用）

纳税人识别号（统一社会信用代码）：913101138195249885
纳税人名称：上海小绵羊餐饮有限公司　　　　　　　　　　　　　　金额单位：元（列至角分）
税款所属期：2021年10月01日至2021年12月31日　　　　　　　　填表日期：2022年01月10日

	项　目	栏次	本期数		本年累计	
			货物及劳务	服务、不动产和无形资产	货物及劳务	服务、不动产和无形资产
一、计税依据	（一）应征增值税不含税销售额（3%征收率）	1	-	100,000.00	-	100,000.00
	增值税专用发票不含税销售额	2	-	100,000.00	-	100,000.00
	其他增值税发票不含税销售额	3	-	-	-	-
	（二）应征增值税不含税销售额（5%征收率）	4	——	370,000.00	——	370,000.00
	增值税专用发票不含税销售额	5	——	-	——	-
	其他增值税发票不含税销售额	6	——	1,320,000.00	——	1,320,000.00
	（三）销售使用过的固定资产不含税销售额	7(7≥8)	-	——	-	——
	其中：其他增值税发票不含税销售额	8	-	——	-	——
	（四）免税销售额	9=10+11+12	100,000.00	215,500.00	100,000.00	215,500.00
	其中：小微企业免税销售额	10	100,000.00	215,500.00	100,000.00	215,500.00
	未达起征点销售额	11	-	-	-	-
	其他免税销售额	12	-	-	-	-
	（五）出口免税销售额	13(13≥14)	-	-	-	-
	其中：其他增值税发票不含税销售额	14	-	-	-	-
二、税款计算	本期应纳税额	15	-	21,500.00	-	21,500.00
	本期应纳税额减征额	16	-	2,280.00	-	2,280.00
	本期免税额	17	3,000.00	6,465.00	3,000.00	6,465.00
	其中：小微企业免税额	18	3,000.00	6,465.00	3,000.00	6,465.00
	未达起征点免税额	19	-	-	-	-
	应纳税额合计	20=15-16	-	19,220.00	-	19,220.00
	本期预缴税额	21	-	-	——	——
	本期应补（退）税额	22=20-21	-	19,220.00	——	——
三、附加税费	城市维护建设税本期应补（退）税额	23		672.70		
	教育费附加本期应补（退）费额	24		288.30		
	地方教育附加本期应补（退）费额	25		192.20		

图4-13　"小绵羊"增值税纳税申报表（主表）

①填写本期销售服务且适用3%征收率的应征增值税的不含税销售额，本季度开具专用发票应当征收增值税，填写金额100 000.00元。

注意：此处应当等于应征增值税的开具专用发票的销售额、开具普通发票的销售额、未开具发票的销售额之和。

②填写本期销售服务且适用3%征收率的开具专用发票的不含税销售额，本季度开具专用发票应当征收增值税，填写金额100 000.00元。

注意:开具的专用发票包含自行开具以及税务机关代开的专用发票。

③填写本期销售、出租不动产等适用5%征收率的应征增值税的不含税销售额(适用差额征税的,应当填写差额后的销售额)。根据附列资料(一)得知,此处应当填写本季度销售不动产差额后的销售额370 000.00元。

④填写本期销售、出租不动产等适用5%征收率的应征增值税的开具专用发票以外发票的不含税销售额。本季度销售不动产收取款项1 386 000.00元,开具增值税普通发票,此处应当填写不含税销售额1 320 000.00元;

⑤填写本期适用免税政策的销售额。本期免税销售额315 500.00元,其中货物100 000.00元,服务215 500.00元,符合小微企业免征增值税政策。

⑥填写本期按适用征收率计算的应纳税额。应纳税额=100 000(①)×3%+370 000(③)×5%=21 500.00(元)。

⑦填写本期应征增值税的减免税额,应当等于增值税减免税明细表中填报的减免税额合计。减免税额=100 000(①)×(3%-1%)+280.00=2 280.00(元)。

⑧填写本期的免税税额。根据⑤中的免税销售额与适用征收率计算。

⑨按照表中对应栏次的公式计算填写。

⑩填写本期实际应缴纳的附加税费,应当等于附列资料(二)中填报的"本期应补退税费金额"。

《增值税减免税申报明细表》填写如图4-14所示。

增值税减免税申报明细表

税款所属期:2021年10月01日至2021年12月31日

纳税人名称(公章): 上海小绵羊餐饮有限公司　　　　　　　　　　金额单位:元(列至角分)

一、减税项目

减税性质代码及名称	栏次	期初余额	本期发生额	本期应抵减税额	本期实际抵减税额	期末余额
		1	2	3=1+2	4≤3	5=3-4
0001011608|SXA031901121对湖北省外的小规模纳税人减按1%征收率征收增值税	1	—	2,000.00	2,000.00	2,000.00	—
1129914关于增值税税控系统专用设备和技术维护费抵减	2	—	280.00	280.00	280.00	—
	3					
	4					
	5					
合计	6	—	2,280.00	2,280.00	2,280.00	

二、免税项目

免税性质代码及名称	栏次	免征增值税项目销售额	免税销售额扣除项目本期实际扣除金额	扣除后免税销售额	免税销售额对应的进项税额	免税额
		1	2	3=1-2	4	5
合 计	7					
出口免税	8	——	——	——	——	
其中:跨境服务	9	——	——	——	——	
	10					
	11					
	12					
	13					
	14					
	15					
	16					

图4-14 "小绵羊"增值税减免税申报明细表

根据享受的减免税政策,选择政策代码及名称,填写本期发生额,本期抵减额。本期实际抵减税额的合计数应当等于主表中第16栏次对应的金额。

注意:当本期减征额小于或等于主表第15栏"本期应纳税额"时,按本期减征额实际填写;当本期减征额大于第15栏"本期应纳税额"时,按本期第15栏填写,本期减征额不足抵减部分结转下期继续抵减。

附列资料(二)《附加税费情况表》填写如图4-15所示。

增值税及附加税费申报表（小规模纳税人适用）附列资料（二）
(附加税费情况表)
税款所属期：2021年10月01日至2021年12月31日

纳税人名称（公章）： 上海小绵羊餐饮有限公司　　　　　　　　　　　　金额单位：元（列至角分）

税（费）种	计税（费）依据	税（费）率（%）	本期应纳税（费）额	本期减免税（费）额		增值税小规模纳税人"六税两费"减征政策		本期已缴税（费）额	本期应补（退）税（费）额
	增值税税额			减免性质代码	减免税（费）额	减征比例（%）	减征额		
	1	2	3=1×2	4	5	6	7=（3-5）×6	8	9=3-5-7-8
城市维护建设税	19,220.00	7%	1,345.40	—	—	50%	672.70	—	672.70
教育费附加	19,220.00	3%	576.60	—	—	50%	288.30	—	288.30
地方教育附加	19,220.00	2%	384.40	—	—	50%	192.20	—	192.20
合计	——	——	2,306.40	—	—	——	1,153.20	—	1,153.20

图4-15　"小绵羊"增值税纳税申报表（附列二）

注意:本表第9栏"本期应补（退）税（费）额"与主表第23至25栏对应相等。

实务工作中,小规模纳税人增值税申报常见采取的申报方式是网上申报。报税会计在填写完申报表后,就开始点击申报按钮进行申报。申报后,系统会提示是否缴纳税款,企业选择对应的缴纳方式缴款成功后,就完成了小规模纳税人的申报及缴纳。

4）远程清卡

远程清卡,是指增值税小规模纳税人或者一般纳税人在纳税申报完成后,将上期开票信息清空,将留存的发票结转本期使用。其中,非申报期的季报小规模纳税人汇总上传后即可清卡。

"远程清卡"是在增值税发票税控开票系统中完成的,通常情况下,纳税申报后应立即清卡,清卡的期限不能超过本月报税期的最后一天,超过期限后税控系统会自动锁死,锁死后不能再开具发票,只能携带金税盘或税控盘至税务大厅进行解锁处理。以"金税盘版"为例,点击【汇总处理】—【远程清卡】进行操作,如图4-16所示。

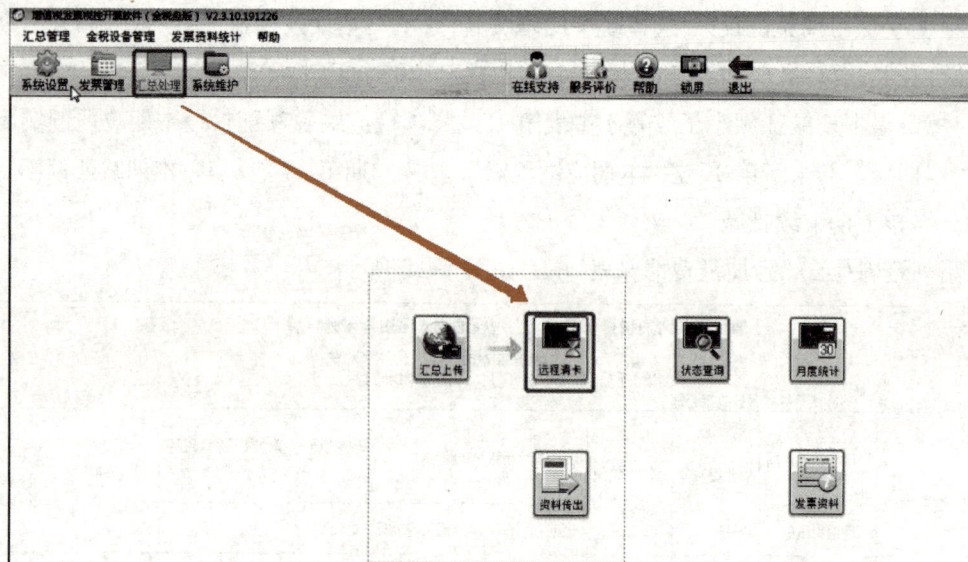

图 4-16 远程清卡(金税盘版)

清卡操作完成后,系统会提示"金税设备已经完成清卡操作",点击"确认"按钮后系统自动退出,如图 4-17 所示。

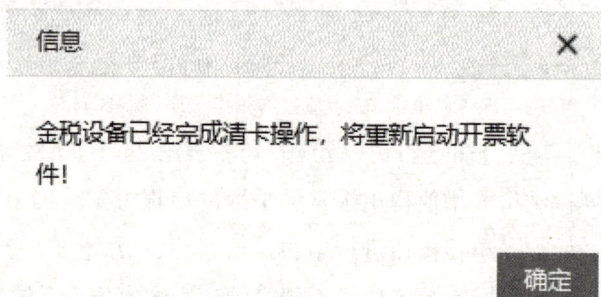

图 4-17 清卡完成提示(金税盘版)

清卡完成后,应当查看清卡是否成功。进入开票软件,点击【汇总处理】—【状态查询】—【增值税专用发票及增值税普通发票】(如有其他票种,请查看对应票种信息)。当汇总报送起始日期和锁死日期变为下个月,上次汇总报送日期为本月 1 号,汇总报送资料为"无",则说明已完成清卡操作。图 4-18 为 2020 年 3 月清卡后所示。

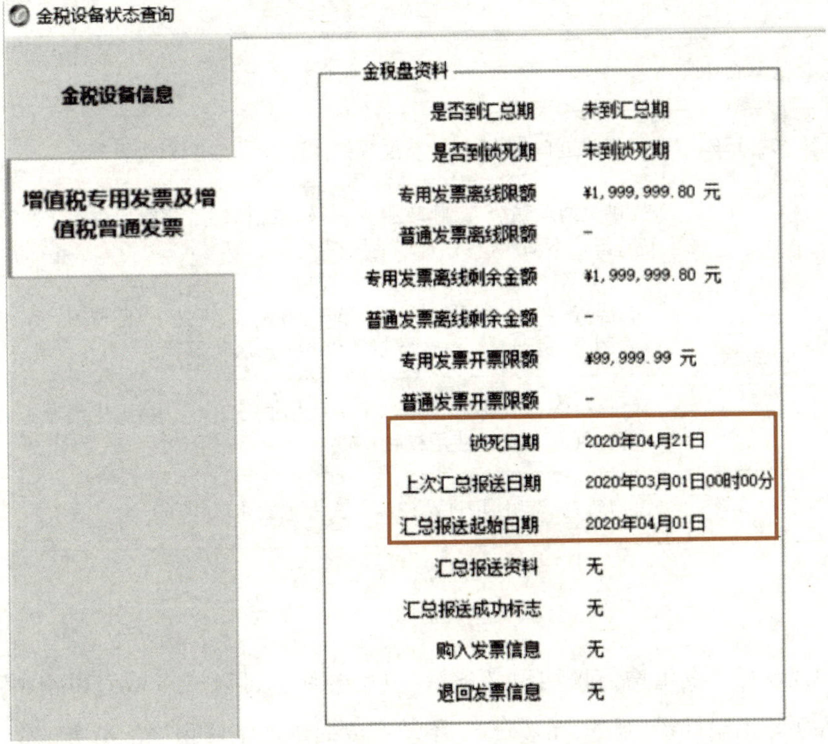

图4-18　清卡状态查询(金税盘版)

2.一般纳税人增值税及附加税的计算与申报

增值税一般纳税人要求企业的年销售额在500万元以上,或者财务核算健全。相对于小规模纳税人来说,其业务规模更大,增值税的计算更复杂。但是其纳税申报仍然分为三个步骤,首先对申报期内发生的业务进行汇总计算,然后填写纳税申报表,最后申报缴纳税费。

(1)一般纳税人增值税应纳税额的计算

一般纳税人通常适用一般计税方法,即根据一个纳税期的销售额乘以适用税率计算销项税额,再扣除采购环节已经支付的进项税额,据以计算应交增值税的方法。其计算公式如下:

当期应纳税额=当期销项税额-当期进项税额+进项税额转出-上期留抵税额-减免税额

在这个公式中,销项税额、进项税额、增值税税率、减免税额是计算增值税应纳税额的关键因素。

1)增值税税率

一般纳税人的增值税税率主要有13%、9%、6%、0%,不同的税率,它的适用范围有所不同,具体见表4-10。

表4-10　一般纳税人的税率表

增值税	税率	适用范围
基本税率	13%	销售或进口货物;提供应税劳务;提供有形动产租赁服务
低税率	9%	提供交通运输服务、邮政服务、基础电信服务、建筑服务、不动产租赁服务、销售不动产、转让土地使用权 销售或者进口适用较低税率的货物,如农产品;粮食、食用植物油;自来水、暖气、热水;食用盐;冷气、煤气、液化气、天然气、沼气、居民用煤炭制品;图书、报纸、杂志;音像制品和电子出版物等
低税率	6%	提供现代服务(租赁除外)、增值电信服务、金融服务、生活服务、销售无形资产(转让土地使用权除外)
零税率	0%	出口货物、劳务、境内单位和个人发生的跨境应税行为

2)销项税额

企业的经营行为发生增值税纳税义务后,报税会计就可以进行增值税销项税额的计算。销项税额是销售货物、服务、无形资产、不动产或提供加工修理修配劳务的销售额与税率的乘积,其计算公式为:

$$当期销项税额=当期销售×税率$$

从公式可以看出,在增值税税率一定的情况下,计算销项税额的关键在于正确、合理地确定销售额。

①已开具发票的销售额。实务工作中,企业销售货物、服务、无形资产、不动产或提供加工修理修配劳务开具增值税专用发票和增值税普通发票,可根据发票上的金额确定销售额。

最方便的是通过开票软件系统查询本月发票开具统计表,进而确定销售额及销项税额。通过开票统计表,可以清楚地看到本月所有开具的增值税专用发票、增值税普通发票、增值税电子发票的实际销售金额及实际销项税额,如图4-19所示。

增值税专用发票查税设备资料统计

制表日期：2021-09-01

所属期间：08月份

金税设备2021年08月资料统计

纳税人识别号：91320111567230034F

企业名称：南京楚文电器有限公司

地址电话：南京市江北新区沿江街道上城路2号19栋北区242-1 025-58854945

★ 发票领用存情况 ★

期初库存份数	12	正数发票份数	17	负数发票份数	0
购进发票份数	50	正数废票份数	1	负数废票份数	0
退回发票份数	0	期末库存份数	45		

★ 销项情况 ★

金额单位：元

序号	项目名称	合计	13%
1	销项正废金额	65526.55	65526.55
2	销项正数金额	652643.80	652643.80
3	销项负废金额	0.00	0.00
4	销项负数金额	0.00	0.00
5	实际销售金额	587117.25	587117.25
6	销项正废税额	8518.45	8518.45
7	销项正数税额	84843.70	84843.70
8	销项负废税额	0.00	0.00
9	销项负数税额	0.00	0.00
10	实际销项税额	76325.25	76325.25

增值税普通发票汇总表

制表日期：2021-09-02

所属期间：08月份

增值税普通发票统计表

增值税发票汇总表(2021年08月)

纳税人识别号：91320113MA1Y7LGX7U

企业名称：南京乐一堂大药房有限公司金马路药房

地址电话：南京市栖霞区马群街道金马路12号-7 025-86594519

★ 发票领用存情况 ★

期初库存份数	9	正数发票份数	16	负数发票份数	0
购进发票份数	25	正数废票份数	3	负数废票份数	0
退回发票份数	0	期末库存份数	18		

★ 销项情况 ★

金额单位：元

序号	项目名称	合计	其他
1	销项正废金额	5955.55	5955.55
2	销项正数金额	20448.89	20448.89
3	销项负废金额	0.00	0.00
4	销项负数金额	0.00	0.00
5	实际销售金额	14493.34	14493.34
6	销项正废税额	59.55	59.55
7	销项正数税额	204.51	204.51
8	销项负废税额	0.00	0.00
9	销项负数税额	0.00	0.00
10	实际销项税额	144.96	144.96

图4-19 发票查询统计表

②未开具发票的销售额。在日常经营过程中，企业可能还有未开具发票的情况。

企业偶尔会发生一些零散的销售业务，这些销售业务的购买方很多都是个人，销售时往往采用现金结算，通常不开具发票。这种情况下，收到的总价款为价税合计金额，应换算成不含税的销售额，公式为：

$$不含税的销售额 = \frac{收到总价款}{1+适用税率}$$

企业发生的一些视同销售行为，不开具发票，但也应确认销售额，计算缴纳增值税。

法律法规

《中华人民共和国增值税暂行条例实施细则》第四条

单位或者个体工商户的下列行为，视同销售货物：

（一）将货物交付其他单位或者个人代销；

（二）销售代销货物；

（三）设有两个以上机构并实行统一核算的纳税人，将货物从一个机构移送其他机构用于销售，但相关机构设在同一县（市）的除外；

（四）将自产或者委托加工的货物用于非增值税应税项目；

（五）将自产、委托加工的货物用于集体福利或者个人消费；

（六）将自产、委托加工或者购进的货物作为投资，提供给其他单位或者个体工商户；

（七）将自产、委托加工或者购进的货物分配给股东或者投资者；

（八）将自产、委托加工或者购进的货物无偿赠送其他单位或者个人。

财政部 税务总局公告 2016 年第 36 号附件一 第十四条

下列情形视同销售服务、无形资产或者不动产：

（一）单位或者个体工商户向其他单位或者个人无偿提供服务，但用于公益事业或者以社会公众为对象的除外。

（二）单位或者个人向其他单位或者个人无偿转让无形资产或者不动产，但用于公益事业或者以社会公众为对象的除外。

（三）财政部和国家税务总局规定的其他情形。

当企业发生上述视同销售行为而无销售额时，按下列顺序确定销售额：按纳税人最近时期同类货物的平均销售价格确定；按其他纳税人最近时期同类货物的平均销售价格确定；按组成计税价格确定。

$$组成计税价格=成本×（1+成本利润率）$$

③差额征税的销售额确定。在实务工作中，企业的部分经营业务可以适用差额征税的规定计算增值税销售额，见表4-11。

表4-11　一般纳税人常差额征税销售额

常见的差额征税	计税销售额
金融商品转让	按照卖出价扣除买入价后的余额为销售额
经纪代理服务	以取得的全部价款和价外费用，扣除向委托方收取并代为支付的政府性基金或者行政事业性收费后的余额为销售额
旅游服务	可以选择以取得的全部价款和价外费用，扣除向旅游服务购买方收取并支付给其他单位或者个人的住宿费、餐饮费、交通费、签证费、门票费和支付给其他接团旅游企业的旅游费用后的余额为销售额
建筑服务	提供建筑服务适用简易计税方法的，以取得的全部价款和价外费用扣除支付的分包款后的余额为销售额
销售不动产	一般纳税人销售其2016年4月30日前取得（不含自建）的不动产，可以选择适用简易计税方法，以取得的全部价款和价外费用减去该项不动产购置原价或者取得不动产时的作价后的余额为销售额
劳务派遣安保服务	一般纳税人提供劳务派遣服务，可以选择差额纳税，以取得的全部价款和价外费用，扣除代用工单位支付给劳务派遣员工的工资、福利和为其办理社会保险及住房公积金后的余额为销售额

【案例引入】

北京光辉酒店管理有限公司(以下简称"光辉酒店")系增值税一般纳税人,从事提供餐饮服务、住宿服务、会议服务等经营项目。2021 年 12 月发生业务如下:

1. 本月取得会议服务不含税收入 268 000.00 元,均已经开具专用发票;

2. 本月取得餐饮服务不含税收入 673 550.00 元,其中开具增值税普通发票 1 610.00 元,开具增值税电子普通发票 2 740.00 元,其余未开具发票;

3. 本月取得住宿服务不含税收入 152 888.00 元,其中开具增值税专用发票 87 926.00 元,开具增值税电子普通发票 1 197.00 元,开具增值税普通发票 1 945.00 元,其余未开具发票;

4. 本月取得非现场消费软饮料不含税收入 6 094.00 元,其中开具增值税专用发票 914.00 元,其余未开具发票。

"光辉酒店"2021 年 12 月份发票资料统计表如图 4-20 所示。

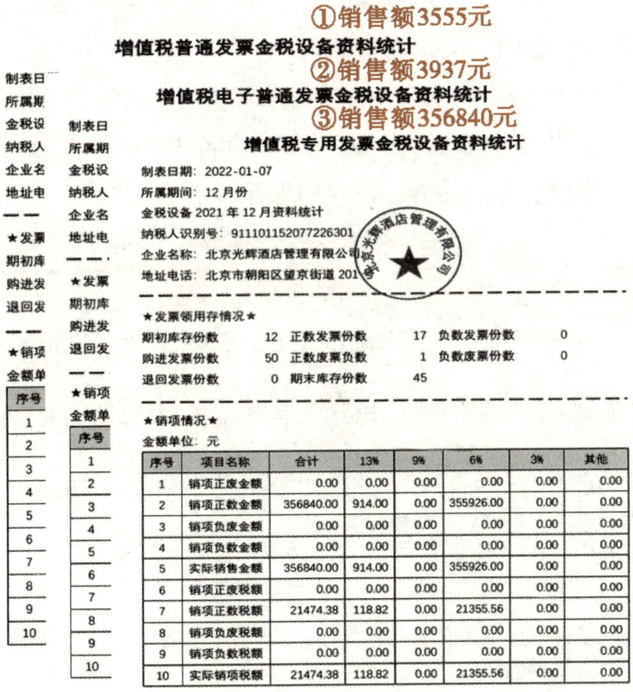

表 4-20　"光辉酒店"12 月份发票资料统计表

综合上述"光辉酒店"12 月份的经营业务,统计得出 12 月份开票与未开票的情况统计表,其中销售额合计 1 100 532 元,销项税额合计 66 458.50 元。具体如图 4-21 所示。

本期销售情况统计表

开票情况	应税项目	应税项目代码	金额	税率	税额	备注
增值税专用发票	*会展服务*会议费	304030401	268000.00	6%	16080.00	
增值税专用发票	*软饮料*果汁	103030799	914.00	13%	118.82	
增值税专用发票	*住宿服务*住宿费	3070402	87926.00	6%	5275.56	
增值税普通发票	*住宿服务*住宿费	3070402	1945.00	6%	116.70	
增值税普通发票	*餐饮服务*餐饮费	3070401	1610.00	6%	96.60	
增值税电子普通发票	*餐饮服务*餐饮费	3070401	2740.00	6%	164.40	
增值税电子普通发票	*住宿服务*住宿费	3070402	1197.00	6%	71.82	
未开票	*餐饮服务*餐饮费	3070401	669200.00	6%	40152.00	
未开票	*住宿服务*住宿费	3070402	61820.00	6%	3709.20	
未开票	*软饮料*果汁	103030799	5180.00	13%	673.40	
合计			1100532.00		66458.50	

图 4-21　开票与未开票的情况统计表

3）进项税额

进项税额是指纳税人购进货物、服务、不动产、无形资产或接受修理修配劳务，所支付或者负担的增值税税额。增值税一般纳税人企业可根据取得的可抵扣凭证核算准予抵扣的进项税额，并从销项税额中抵扣。

①可抵扣的增值税进项税额。实务工作中，准予从销项税额中抵扣的进项税额限于下列增值税扣税凭证上注明的增值税税款和按规定的扣除率计算的进项税额，最常见的是企业一般纳税人开具的增值税专用发票，如表 4-12 所示。

表 4-12　发票可抵扣的情况

类型	金额
增值税专用发票	从销售方取得的增值税专用发票上注明的税额（含税控机动车销售统一发票）
进口增值税专用缴款书	从海关取得的海关进口增值税专用缴款书上注明的增值税税额
农产品收购或销售发票	购进农产品，按照农产品收购发票或者销售发票上注明的农产品买价和 9% 的扣除率计算的进项税额 其中：纳税人购进用于生产或者委托加工 13% 税率货物的农产品，按照 10% 的扣除率计算进项税额
完税凭证	从境外单位或者个人购进服务、无形资产或者不动产，自税务机关或者扣缴义务人取得的解缴税款的完税凭证
旅客运输服务票据	纳税人购进国内旅客运输服务，其进项税额允许从销项税额中计算抵扣 ①取得增值税电子普通发票的，为发票上注明的税额 ②取得注明旅客身份信息的航空运输电子客票行程单的，进项税额 =（票价+燃油附加费）÷（1+9%）×9% ③取得注明旅客身份信息的铁路车票的，进项税额 = 票面金额÷（1+9%）×9% ④取得注明旅客身份信息的公路、水路等其他客票的，进项税额 = $\dfrac{票面金额}{（1+3\%）}×3\%$

当期应纳税额＝当期销项税额－当期进项税额＋进项税额转出－上期留抵税额

西安乐美超市管理有限公司系一般纳税人。本月发生业务如下：

a. 2021 年 12 月份销售自营货物，对外开具的增值税专用发票价税合计为 158 000.00 元，普通发票不含税金额为 237 200.00 元，为其他商家提供管理服务开具增值税专用发票的不含税金额为 71 000.00 元。

b. 本月认证相符的专用发票共计 4 份，不含税的金额为 240 000.00 元，税额为 29 700.00 元；本月员工出差火车票 15 张累计金额为 9 706 元；本月购买农产品开出的发票 2 份金额为 50 000.00 元；将价值 5 000.00 元的外购饮品作为福利发给员工；本月向航天公司支付技术维护费，取得电子普通发票注明的价税合计 280.00 元。

该超市上期无留抵税额。计算本期应纳增值税额。

(1)销项税额

a. 销售货物计算的销项税额：

$$158\,000.00 \div (1+13\%) \times 13\% + 237\,200.00 \times 13\% = 139\,823.01 \times 13\% + 30\,836.00$$
$$= 18\,176.99 + 30\,836.00 = 49\,012.99\ (元)$$

b. 提供管理服务计算的销项税额：

$$71\,000.00 \times 6\% = 4\,260.00\,(元)$$

销项税额合计：53 272.99 元

(2)进项税额

a. 专用发票进项税额：29 700.00 元

b. 员工出差火车票计算的进项税额：

$$9\,706.00 \div (1+9\%) \times 9\% = 8\,904.59 \times 9\% = 801.41\ (元)$$

c. 购买农产品计算的进项税额：

$$50\,000.00 \times 9\% = 4\,500.00\,(元)$$

进项税额合计：35 001.41 元

(3)进项税额转出

$$5\,000.00 \times 13\% = 650.00\,(元)$$

西安乐美超市管理有限公司，当期应纳增值税＝当期的销项税额－当期进项税额＋进项税额转出－减免税额＝53 272.99－35 001.41＋650.00－280.00 ＝ 18 641.58（元）

②发票勾选抵扣。自 2019 年 3 月 1 日起，取消增值税发票认证的纳税人范围扩大至全部一般纳税人。一般纳税人可以自愿使用增值税发票综合服务平台查询、选择用于申报抵扣、出口退税或者代办退税的增值税发票信息。

【案例引入】

"光辉酒店"2021年12月份开出农产品收购发票3份,合计金额438 000元。使用增值税发票综合服务平台勾选确认了当月取得的增值税专用发票,申报抵扣发票统计表如图4-22所示。

申报抵扣发票统计表(报表更新时间:2022-01-10 10:25:45)									
纳税人名称:北京光辉酒店管理有限公司	纳税人识别号:9111011520772263		认证月份:2021年12月					单位:(份,元)	
发票类型 / 认证方式	勾选认证			扫描认证			合计		
	份数	金额	税额	份数	金额	税额	份数	金额	税额
增值税专用发票	6.00	141700.00	16715.00	0.00	0.00	0.00	6.00	141700.00	16715.00
机动车销售统一发票	0.00	0.00	0.00	0.00	0.00	0.00	0.00	0.00	0.00
合计	6.00	141700.00	16715.00	0.00	0.00	0.00	6.00	141700.00	16715.00

图4-22 申报抵扣发票统计表

根据以上信息,可以看出该企业抵扣勾选的增值税专用发票可抵扣的税额为16 715元,可计算扣除进项税额39 420元(438 000×9%),合计可抵扣进项税额56 135元。

③不得抵扣的进项税额。

Ⅰ.取得不符合规定的抵扣凭证(除上述列明的可以抵扣的类型凭证外);

Ⅱ.不得开具增值税专用发票的项目不得抵扣进项税额,如销售烟酒、食品等;

Ⅲ.用于非生产经营项目的不得抵扣进项税额,用于简易计税方法计税项目、免征增值税项目、集体福利或者个人消费的购进货物、劳务、服务、无形资产和不动产;

Ⅳ.用于非正常损失项目的进项税额不得抵扣;

Ⅴ.购进的贷款服务、餐饮服务、居民日常服务和娱乐服务不得抵扣。

已经抵扣了进项税额但发生了上述情形的,应当转出已抵扣的进项税额。

【案例引入】

"光辉酒店"2021年12月份对存货进行盘点,盘亏一批客房用品,经查明属于管理不善原因造成的,经核算后的成本为10 000元,适用税率为13%,之前已经抵扣了进项税额。经管理层批准后,相关损失计入"管理费用"科目。

根据以上信息,可以看出该企业存货的盘亏属于非正常损失,已抵扣的进项税额应当转出。转出进项税额 = 10 000×13% = 1 300(元)。

4)减免税额

为了促进经济社会持续健康发展,国家相关部门陆续发布了各种减税降费措施。比如税控设备及技术维护费抵减增值税应纳税额、进项税额加计抵减等。

法律法规

财政部 税务总局公告 2012 年第 15 号

一、增值税纳税人 2011 年 12 月 1 日（含，下同）以后初次购买增值税税控系统专用设备（包括分开票机）支付的费用，可凭购买增值税税控系统专用设备取得的增值税专用发票，在增值税应纳税额中全额抵减（抵减额为价税合计额），不足抵减的可结转下期继续抵减。增值税纳税人非初次购买增值税税控系统专用设备支付的费用，由其自行负担，不得在增值税应纳税额中抵减。

二、增值税纳税人 2011 年 12 月 1 日以后缴纳的技术维护费（不含补缴的 2011 年 11 月 30 日以前的技术维护费），可凭技术维护服务单位开具的技术维护费发票，在增值税应纳税额中全额抵减，不足抵减的可结转下期继续抵减。技术维护费按照价格主管部门核定的标准执行。

三、增值税一般纳税人支付的二项费用在增值税应纳税额中全额抵减的，其增值税专用发票不作为增值税抵扣凭证，其进项税额不得从销项税额中抵扣。

企业购买增值税税控系统专用设备缴纳的技术维护费及初次购买增值税税控系统专用设备支付的设备款，允许在增值税应纳税额中全额抵减。购买环节账务处理如下：①若取得增值税专用发票时：借记"管理费用"等科目，应交税费——应交增值税（进项税额），贷记银行存款等。同时，借记"管理费用"等科目，贷记应交税费——应交增值税（进项税额转出）。②若取得增值税普通发票时：借记"管理费用"等科目，贷记银行存款等。抵减增值税额环节账务处理如下：按规定抵减的增值税应纳税额，借记"应交税费——应交增值税（减免税款）"科目，贷记"管理费用"等科目。

【案例引入】

"光辉酒店"2021 年 12 月份支付增值税税控设备技术维护费 280 元，取得了增值税专用发票，且未在增值税发票综合服务平台中确认抵扣。

根据以上信息，"光辉酒店"当月取得的增值税税控设备技术维护费专用发票不能抵扣进项税额，但是可以全额抵减当月增值税应纳税额 280 元。

法律法规

财政部 税务总局 海关总署公告 2019 年第 39 号

七、自 2019 年 4 月 1 日至 2021 年 12 月 31 日，允许生产、生活性服务业纳税人按照当期可抵扣进项税额加计 10%，抵减应纳税额（以下称加计抵减政策）。

（一）本公告所称生产、生活性服务业纳税人，是指提供邮政服务、电信服务、现代服务、生活服务(以下称四项服务)取得的销售额占全部销售额的比重超过 50% 的纳税人。

纳税人应按照当期可抵扣进项税额的 10% 计提当期加计抵减额。按照现行规定不得从销项税额中抵扣的进项税额,不得计提加计抵减额;已计提加计抵减额的进项税额,按规定作进项税额转出的,应在进项税额转出当期,相应调减加计抵减额。计算公式如下:

当期计提加计抵减额=当期可抵扣进项税额×10% 当期可抵减加计抵减额=上期末加计抵减额余额+当期计提加计抵减额-当期调减加计抵减额

财政部 税务总局 公告 2019 年第 87 号

一、2019 年 10 月 1 日至 2021 年 12 月 31 日,允许生活性服务业纳税人按照当期可抵扣进项税额加计 15%,抵减应纳税额(以下称加计抵减 15% 政策)。

二、本公告所称生活性服务业纳税人,是指提供生活服务取得的销售额占全部销售额的比重超过 50% 的纳税人。生活服务的具体范围按照《销售服务、无形资产、不动产注释》(财税〔2016〕36 号印发)执行。

【案例引入】

"光辉酒店"属于生活性服务业纳税人,适用增值税进项税额加计抵减政策,2021 年度内不再调整,2021 年 12 月初无加计抵减余额。

根据前述信息,"光辉酒店"当月确认进项税额 56 135.00 元,当月转出进项税额 1 300.00 元。

当期可抵减加计抵减额=0+56 135×15%-1 300×15% = 8 225.25(元)

假如"光辉酒店"上期无留抵税额,无其他影响增值税的业务。综合"光辉酒店"的销项税额 66 458.50 元,进项税额 56 135.00 元,进项税额转出 1 300.00 元,加计抵减税额 8 225.25 元,税控设备技术维护费抵减应纳税额 280.00 元,其本期增值税应纳税额为 3 118.25 元,见表 4-13。

表 4-13 应纳税额计算表

项 目	税额(元)
销项税额	66 458.50
进项税额	56 135.00
进项税额转出	1 300.00
已交税金	0.00
简易计税	0.00
上期留抵税额	0.00
加计抵减进项税额	8 225.25
应纳税额减征额	280.00
本期应纳税额	3 118.25

（2）一般纳税人附加税费的计算

一般纳税人附加税费的计算与小规模纳税人相同,用计税（费）依据乘以适用的税（费）率,即可得出应当缴纳的附加税费金额。综合前述信息,"光辉酒店"当期增值税应纳税额为 3 118.25 元,本期附加税费计算见表 4-14。

表 4-14　附加税费计算表

附加税费	增值税	税（费）率	税额（元）
城市维护建设税	3 118.25	7%	218.28
教育费附加	3 118.25	3%	93.55
地方教育附加	3 118.25	2%	62.37

（3）一般纳税人增值税及附加税费的申报

企业申报增值税时,首先准备相关的报税资料,然后进行汇总上传,接着进入申报环节,等申报结束后,要进行清卡。具体流程如图 4-23 所示。

报税资料准备　➤　汇总上传　➤　纳税申报　➤　远程清卡

图 4-23　增值税及附加税费的纳税申报流程

1）报税资料准备

作为报税会计人员,首先要确定该企业的纳税申报的时间,其次对报税资料进行汇总核对,根据纳税申报表的需求信息编制销售统计表,最后制作税费计算表。

①确认纳税申报时间。纳税申报期限一般在季度（月度）结束的次月 15 日之前（遇节假日会顺延,具体看税务网站征期的截止日期）完成纳税申报工作。增值税一般纳税人通常按月申报纳税。

②报税资料的汇总及核对。一般纳税人常见的报税资料有增值税普通发票汇总表、增值税电子普通发票汇总表、增值税专用发票汇总表、无票收入汇总表、申报抵扣发票统计表、进项税额转出计算表、进项税额加计抵减计算表、减免税款的资料等,以"光辉酒店"12月份的资料为例:

发票资料统计表如图 4-24 所示。

①销售额3555元

增值税普通发票金税设备资料统计

②销售额3937元

增值税电子普通发票金税设备资料统计

③销售额356480元

增值税专用发票金税设备资料统计

制表日期：2022-01-07
所属期间：12 月份
金税设备 2021 年 12 月资料统计
纳税人识别号：911101152077226301
企业名称：北京光辉酒店管理有限公司
地址电话：北京市朝阳区望京街道 201

★发票领用存情况★

期初库存份数	12	正数发票份数	17	负数发票份数	0
购进发票份数	50	正数废票负数	1	负数废票份数	0
退回发票份数	0	期末库存份数	45		

★销项情况★

金额单位：元

序号	项目名称	合计	13%	9%	6%	3%	其他
1	销项正废金额	0.00	0.00	0.00	0.00	0.00	0.00
2	销项正数金额	356840.00	914.00	0.00	355926.00	0.00	0.00
3	销项负废金额	0.00	0.00	0.00	0.00	0.00	0.00
4	销项负数金额	0.00	0.00	0.00	0.00	0.00	0.00
5	实际销售金额	356840.00	914.00	0.00	355926.00	0.00	0.00
6	销项正废税额	0.00	0.00	0.00	0.00	0.00	0.00
7	销项正数税额	21474.38	118.82	0.00	21355.56	0.00	0.00
8	销项负废税额	0.00	0.00	0.00	0.00	0.00	0.00
9	销项负数税额	0.00	0.00	0.00	0.00	0.00	0.00
10	实际销项税额	21474.38	118.82	0.00	21355.56	0.00	0.00

图 4-24 "光辉酒店"12 月份发票资料统计表

无票收入汇总表见表 4-15。

表 4-15 "光辉酒店"12 月份无票收入统计表

项目	含税金额	税率	不含税销售额	税额
＊餐饮服务＊餐费	709 352.00	6%	669 200.00	40 152.00
＊住宿服务＊住宿费	65 529.20	6%	61 820.00	3 709.20
＊软饮料＊果汁	5 853.40	13%	5 180.00	673.40

在增值税纳税申报表附列资料（一）中，纳税人适用不同税率或征收率的销售额需要分开填列；纳税人开具的增值税专用发票、开具其他发票、未开具发票的销售额也需要分开填列。因此，在纳税申报之前，应先对本申报期内的各项销售额分类统计，以便纳税申报表的填写。以"光辉酒店"12 月份的资料为例，具体统计见表 4-16。

表 4-16　"光辉酒店"12 月份销售统计表

应税项目	普通发票		专用发票		未开票		合计	
	金额	税额	金额	税额	金额	税额	金额	税额
货物(13%)	914	118.82	0	0	5180	673.4	6 094	792.22
服务(6%)	355 926	21 355.56	7492	449.52	731 020	43 861.20	1094 438	65 666.28
合计	—	—	—	—	—	—	1 100 532	66 458.50

申报抵扣发票统计表如图 4-25 所示。

图 4-25　申报抵扣发票统计表

③税费计算表。在上述资料的基础上,统计本期进项税转出的金额,可享受税收优惠政策的数据资料(如:加计抵减的进项税额、税控设备及技术维护费等);编制税费计算表,以便与填写后的纳税申报表核对,见表 4-17。

表 4-17　"光辉酒店"12 月份税费计算表

项目	税额(元)
销项税额	66 458.50
进项税额	56 135.00
进项税额转出	1 300.00
已交税金	0.00
简易计税	0.00
上期留抵税额	0.00
加计抵减进项税额	8 225.25
应纳税额减征额	280.00

续表

项目	税额(元)		
本期应纳税额	3118.25		
附加税费	应纳税额	减免金额	实际缴纳
城市维护建设税(7%)	218.28	0.00	218.28
教育费附加(3%)	93.55	0.00	93.55
地方教育附加(2%)	62.37	0.00	62.37

2)汇总上传

增值税一般纳税人在纳税申报前,也需要进行汇总上传。具体操作步骤与小规模纳税人相同,可以参照小规模纳税人的汇总上传步骤进行学习。

3)纳税申报

纳税申报,是指纳税人按照规定的纳税申报期内在电子税务局系统中填写纳税申报表,完成申报并缴税的过程。

法律法规

国家税务总局公告 2021 年第 20 号

自 2021 年 8 月 1 日起,增值税、消费税分别与城市维护建设税、教育费附加、地方教育附加申报表整合,启用《增值税及附加税费申报表(一般纳税人适用)》《增值税及附加税费申报表(小规模纳税人适用)》《增值税及附加税费预缴表》及其附列资料和《消费税及附加税费申报表》。

《增值税及附加税费申报表(一般纳税人适用)》有 6 张申报表。

①主表《增值税及附加税费申报表(一般纳税人适用)》由所有增值税一般纳税人填写,没有发生业务的纳税人也应当按期进行纳税申报(零申报),如图 4-26 所示。

增值税及附加税费申报表
（一般纳税人适用）

根据国家税收法律法规及增值税相关规定制定本表。纳税人不论有无销售额，均应按税务机关核定的纳税期限填写本表，并向当地税务机关申报。

税款所属时间：自 年 月 日至 年 月 日 填表日期： 年 月 日 金额单位：元（列至角分）

纳税人识别号（统一社会信用代码）：□□□□□□□□□□□□□□□□□□ 所属行业：

| 纳税人名称： | | 法定代表人姓名 | | 注册地址 | | 生产经营地址 | |
| 开户银行及账号 | | 登记注册类型 | | | | 电话号码 | |

项目	栏次	一般项目		即征即退项目	
		本月数	本年累计	本月数	本年累计
销售额 （一）按适用税率计税销售额	1				
其中：应税货物销售额	2				
应税劳务销售额	3				
纳税检查调整的销售额	4				
（二）按简易办法计税销售额	5				
其中：纳税检查调整的销售额	6				
（三）免、抵、退办法出口销售额	7			——	——
（四）免税销售额	8			——	——
其中：免税货物销售额	9			——	——
免税劳务销售额	10			——	——
税款计算 销项税额	11				
进项税额	12				
上期留抵税额	13				
进项税额转出	14				
免、抵、退应退税额	15			——	——
按适用税率计算的纳税检查应补缴税额	16			——	——
应抵扣税额合计	17=12+13-14-15+16		——		——
实际抵扣税额	18（如17<11，则为17，否则为11）				
应纳税额	19=11-18				
应纳税额	19=11-18				
期末留抵税额	20=17-18				——
简易计税办法计算的应纳税额	21				
按简易计税办法计算的纳税检查应补缴税额	22			——	——
应纳税额减征额	23				
应纳税额合计	24=19+21-23				
税款缴纳 期初未缴税额（多缴为负数）	25				
实收出口开具专用缴款书退税额	26			——	——
本期已缴税额	27=28+29+30+31				
①分次预缴税额	28		——		——
②出口开具专用缴款书预缴税额	29		——	——	——
③本期缴纳上期应纳税额	30				
④本期缴纳欠缴税额	31				
期末未缴税额（多缴为负数）	32=24+25+26-27				
其中：欠缴税额（≥0）	33=25+26-27		——		——
本期应补（退）税额	34=24-28-29				
即征即退实际退税额	35		——		——
期初未缴查补税额	36			——	——
本期入库查补税额	37			——	——
期末未缴查补税额	38=16+22+36-37			——	——
附加税费 城市维护建设税本期应补（退）税额	39			——	——
教育费附加本期应补（退）费额	40			——	——
地方教育附加本期应补（退）费额	41			——	——

声明：此表是根据国家税收法律法规及相关规定填写的，本人（单位）对填报内容（及附带资料）的真实性、可靠性、完整性负责。

纳税人（签章）： 年 月 日

经办人：	受理人：
经办人身份证号：	
代理机构签章：	受理税务机关（章）： 受理日期： 年 月 日
代理机构统一社会信用代码：	

图4-26 增值税及附加税费申报表（一般纳税人适用）（主表）

②附列资料（一）《本期销售情况明细》由所有增值税一般纳税人填写，没有发生业务的纳税人也应当按期进行纳税申报（零申报）。部分表如图4-27所示。

增值税及附加税费申报表附列资料（一）

（本期销售情况明细）

税款所属时间：　年　月　日至　年　月　日

纳税人名称：（公章）　　　　　　　　　　　　　　　　　　　　　　　　　　　　　　金额单位：元（列至角分）

项目及栏次		开具增值税专用发票		开具其他发票		未开具发票		纳税检查调整		合计			服务、不动产和无形资产扣除项目本期实际扣除金额	扣除后	
		销售额	销项（应纳）税额	销售额	销项（应纳）税额	销售额	销项（应纳）税额	销售额	销项（应纳）税额	销售额	销项（应纳）税额	价税合计		含税（免税）销售额	销项（应纳）税额
		1	2	3	4	5	6	7	8	9=1+3+5+7	10=2+4+6+8	11=9+10	12	13=11-12	14=13÷(100%+税率或征收率)×税率或征收率
一、一般计税方法计税	全部征税项目	13%税率的货物及加工修理修配劳务	1											——	——	——
		13%税率的服务、不动产和无形资产	2													
		9%税率的货物及加工修理修配劳务	3											——	——	——
		9%税率的服务、不动产和无形资产	4													
		6%税率	5													
	其中：即征即退项目	即征即退货物及加工修理修配劳务	6	——		——		——						——	——	——
		即征即退服务、不动产和无形资产	7	——		——		——								

图4-27　增值税及附加税费申报表（一般纳税人适用）附列资料（一）

③附列资料（二）《本期进项税额明细》由所有增值税一般纳税人填写，没有发生业务的纳税人也应当按期进行纳税申报（零申报），如图4-28所示。

增值税及附加税费申报表附列资料（二）

（本期进项税额明细）

税款所属时间：　年　月　日至　年　月　日

纳税人名称：（公章）　　　　　　　　　　　　　　　金额单位：元（列至角分）

一、申报抵扣的进项税额

项目	栏次	份数	金额	税额
（一）认证相符的增值税专用发票	1=2+3			
其中：本期认证相符且本期申报抵扣	2			
前期认证相符且本期申报抵扣	3			
（二）其他扣税凭证	4=5+6+7+8a=8b			
其中：海关进口增值税专用缴款书	5			
农产品收购发票或者销售发票	6			
代扣代缴税收缴款凭证	7		——	
加计扣除农产品进项税额	8a	——	——	
其他	8b			
（三）本期用于购建不动产的扣税凭证	9			
（四）本期用于抵扣的旅客运输服务扣税凭证	10			
（五）外贸企业进项税额抵扣证明	11			
当期申报抵扣进项税额合计	12=1+4+11			

二、进项税额转出额

项目	栏次	税额
本期进项税额转出额	13=14至23之和	
其中：免税项目用	14	
集体福利、个人消费	15	
非正常损失	16	
简易计税方法征税项目用	17	
免抵退税办法不得抵扣的进项税额	18	
纳税检查调减进项税额	19	
红字专用发票信息表注明的进项税额	20	
上期留抵税额抵减欠税	21	
上期留抵税额退税	22	
异常凭证转出进项税额	23a	
其他应作进项税额转出的情形	23b	

三、待抵扣进项税额

项目	栏次	份数	金额	税额
（一）认证相符的增值税专用发票	24			
期初已认证相符但未申报抵扣	25			
本期认证相符且本期未申报抵扣	26			
期末已认证相符但未申报抵扣	27			
其中：按照税法规定不允许抵扣	28			
（二）其他扣税凭证	29=30至33之和			
其中：海关进口增值税专用缴款书	30			
农产品收购发票或者销售发票	31			
代扣代缴税收缴款凭证	32		——	
其他	33			

四、其他

项目	栏次	份数	金额	税额
本期认证相符的增值税专用发票	35			
代扣代缴税额	36			

图4-28　增值税及附加税费申报表（一般纳税人适用）附列资料（二）

④附列资料(三)《服务、不动产和无形资产扣除明细》由服务、不动产和无形资产有扣除项目的纳税人填写,其他纳税人不填写,如图4-29所示。

增值税及附加税费申报表附列资料(三)

(服务、不动产和无形资产扣除项目明细)

税款所属时间: 年 月 日至 年 月 日

纳税人名称:(公章)   金额单位:元(列至角分)

项目及栏次		本期服务、不动产和无形资产价税合计额(免税销售额)	服务、不动产和无形资产扣除项目				
			期初余额	本期发生额	本期应扣除金额	本期实际扣除金额	期末余额
		1	2	3	4=2+3	5(5≤1且5≤4)	6=4-5
13%税率的项目	1						
9%税率的项目	2						
6%税率的项目(不含金融商品转让)	3						
6%税率的金融商品转让项目	4						
5%征收率的项目	5						
3%征收率的项目	6						
免抵退税的项目	7						
免税的项目	8						

图4-29 增值税及附加税费申报表(一般纳税人适用)附列资料(三)

⑤附列资料(四)《税额抵减情况表》由发生相关业务的纳税人填写,其他纳税人不填写,如图4-30所示。

增值税及附加税费申报表附列资料(四)

(税额抵减情况表)

税款所属时间: 年 月 日至 年 月 日

纳税人名称:(公章)   金额单位:元(列至角分)

一、税额抵减情况

序号	抵减项目	期初余额	本期发生额	本期应抵减税额	本期实际抵减税额	期末余额
		1	2	3=1+2	4≤3	5=3-4
1	增值税税控系统专用设备费及技术维护费					
2	分支机构预征缴纳税款					
3	建筑服务预征缴纳税款					
4	销售不动产预征缴纳税款					
5	出租不动产预征缴纳税款					

二、加计抵减情况

序号	加计抵减项目	期初余额	本期发生额	本期调减额	本期可抵减额	本期实际抵减额	期末余额
		1	2	3	4=1+2-3	5	6=4-5
6	一般项目加计抵减额计算						
7	即征即退项目加计抵减额计算						
8	合计						

图4-30 增值税及附加税费申报表(一般纳税人适用)附列资料(四)

⑥附列资料(五)《附加税费情况表》由所有增值税一般纳税人填写,没有发生业务的纳税人也应当按期进行纳税申报(零申报),如图4-31所示。

增值税及附加税费申报表附列资料（五）

（附加税费情况表）

税（费）款所属时间：　年　月　日至　年　月　日

纳税人名称：（公章）　　　　　　　　　　　　　　　　　　　　　　　金额单位：元（列至角分）

税（费）种		计税（费）依据			税（费）率（%）	本期应纳税（费）额	本期减免税（费）额		试点建设培育产教融合型企业		本期已缴税（费）额	本期应补（退）税（费）额
		增值税税额	增值税免抵税额	留抵退税本期扣除额			减免性质代码	减免税（费）额	减免性质代码	本期抵免金额		
		1	2	3	4	5=(1+2-3)×4	6	7	8	9	10	11=5-7-9-10
城市维护建设税	1								——	——		
教育费附加	2								——	——		
地方教育附加	3								——	——		
合计	4	——	——	——	——				——	——		
本期是否适用试点建设培育产教融合型企业抵免政策		□是 □否				当期新增投资额				5		
						上期留抵可抵免金额				6		
						结转下期可抵免金额				7		
可用于扣除的增值税留抵退税额使用情况						当期新增可用于扣除的留抵退税额				8		
						上期结存可用于扣除的留抵退税额				9		
						结转下期可用于扣除的留抵退税额				10		

图4-31　增值税及附加税费申报表（一般纳税人适用）附列资料（五）

⑦另外，企业有符合国家政策的增值税减免税的情况，还应当填写"增值税减免税申报明细表"，如图4-32所示。

增值税减免税申报明细表

税款所属时间：自　年　月　日至　年　月　日

纳税人名称（公章）：　　　　　　　　　　　　　　　　　　　金额单位：元至角分

一、减税项目

减税性质代码及名称	栏次	期初余额	本期发生额	本期应抵减税额	本期实际抵减税额	期末余额
		1	2	3=1+2	4≤3	5=3-4
	1					
	2					
	3					
	4					
	5					
合计	6					

二、免税项目

免税性质代码及名称	栏次	免征增值税项目销售额	免税销售额扣除项目本期实际扣除金额	扣除后免税销售额	免税销售额对应的进项税额	免税额
		1	2	3=1-2	4	5
合　计	7					
出口免税	8		——	——	——	——
其中：跨境服务	9		——	——	——	——
	10					
	11					
	12					
	13					
	14					
	15					
	16					

图4-32　增值税减免税申报明细表

增值税一般纳税人的申报表张数虽然比较多，但是填报难度相对较小，因为各张申报表之间有自动勾稽的功能，填写完附表数据之后，主表及其他相关的附表会自动更新数据。其填报顺序通常如图4-33所示。

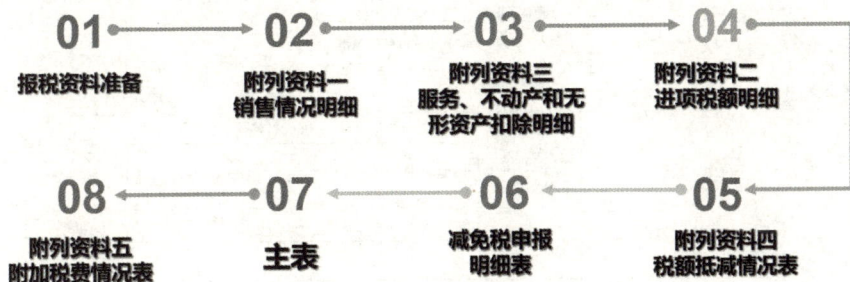

图4-33 《增值税及附加税费申报表(一般纳税人适用)》填报顺序

【案例引入】

结合前述"光辉酒店"的销售资料,根据12月份的销售统计表(表4-18),填写增值税纳税申报表(不考虑前11个月的累计金额)。

表4-18 "光辉酒店"12月份销售统计表

应税项目	普通发票		专用发票		未开票		合计	
	金额	税额	金额	税额	金额	税额	金额	税额
货物(13%)	914	118.82	0	0.	5 180	673.4	6094	792.22
服务(6%)	355 926	21 355.56	7 492	449.52	731 020	43 861.20	1 094 438	65 666.28
合计	—	—	—	—	—	—	1 100 532	66 458.50

附列资料(一)《销售情况明细》部分数据填写如图4-34所示。

图4-34 "光辉酒店"增值税纳税申报表(附列一)

在实务中,"附列资料(一)"当中的信息会从发票资料统计表中自动带入,纳税人只需填写"未开具发票"的相关数据,核对无误后保存即可。

附列资料(三)《服务、不动产和无形资产扣除明细》部分数据填写如图4-35所示。

增值税及附加税费申报表附列资料（三）

（服务、不动产和无形资产扣除项目明细）

税款所属时间：自 2021 年 12 月 01 日至 2021 年 12 月 31 日

纳税人名称：（公章）北京光辉酒店管理有限公司　　　　　　　　　　　　　　　金额单位：元（列至角分）

项目及栏次		本期服务、不动产和无形资产价税合计金额（免税销售额）	服务、不动产和无形资产扣除项目				
			期初余额	本期发生额	本期应扣除金额	本期实际扣除金额	期末余额
		1	2	3	4=2+3	5(5≤1且5≤4)	6=4-5
13%税率的项目	1						
9%税率的项目	2						
6%税率的项目（不含金融商品转让）	3	1,160,104.28					
6%税率的金融商品转让项目	4						

图 4-35 "光辉酒店"增值税纳税申报表（附列三）

在实务中，该表第 1 列的数据由"附列资料（一）"的第 11 列数据自动带入，无需手工录入。应当注意的是，该表第 3 栏、第 4 栏的合计数等于"附列资料（一）"的第 11 列数据，如果有金融商品转让项目，需要手工拆分。

附列资料（二）《本期进项税额明细》部分数据填写如图 4-36 所示。

增值税及附加税费申报表附列资料（二）

（本期进项税额明细）

税款所属时间：自 2021 年 12 月 01 日至 2021 年 12 月 31 日

纳税人名称：（公章）北京光辉酒店管理有限公司　　　　　　　　　　　　　　　金额单位：元（列至角分）

一、申报抵扣的进项税额				
项目	栏次	份数	金额	税额
（一）认证相符的增值税专用发票	1=2+3	6	141,700.00	16,715.00
其中：本期认证相符且本期申报抵扣	2	① 6	141,700.00	16,715.00
前期认证相符且本期申报抵扣	3			
（二）其他扣税凭证	4=5+6+7+8a+8b			
其中：海关进口增值税专用缴款书	5			
农产品收购发票或者销售发票	6	② 3	438,000.00	39,420.00
代扣代缴税收缴款凭证	7		——	——
加计扣除农产品进项税额	8a		——	——
其他	8b			
（三）本期用于购建不动产的扣税凭证	9			
（四）本期用于抵扣的旅客运输服务扣税凭证	10			
（五）外贸企业进项税额抵扣证明	11		——	——
当期申报抵扣进项税额合计	12=1+4+11	9	579,700.00	56,135.00
二、进项税额转出额				
项目	栏次		税额	
本期进项税额转出额	13=14至23之和		1,300.00	
其中：免税项目用	14			
集体福利、个人消费	15			
非正常损失	16		③ 1,300.00	
简易计税方法征税项目用	17			

图 4-36 "光辉酒店"增值税纳税申报表（附列二）

①实务中,表中(一)的数据根据"发票申报抵扣统计表"自动带入。

②表中(二)的数据由计算所得,手工录入数据。本期可计算扣除进项税额 39 420 元(438 000×9%)。

③表中"进项税额转出"的数据由计算所得,手工录入数据。当期盘亏一批客房用品,经查明属于管理不善原因造成的,经核算后的成本为 10 000 元,适用税率为 13%。转出进项税额=10 000×13%=1 300(元)。

附列资料(四)《税额抵减情况表》数据填写如图 4-37 所示。

增值税及附加税费申报表附列资料（四）

（税额抵减情况表）

税款所属时间：自 2021 年 12 月 01 日至 2021 年 12 月 31 日

纳税人名称：（公章）北京光辉酒店管理有限公司　　　　　　　　　　　金额单位：元（列至角分）

一、税额抵减情况

序号	抵减项目	期初余额	本期发生额	本期应抵减税额	本期实际抵减税额	期末余额
		1	2	3=1+2	4≤3	5=3-4
1	增值税税控系统专用设备费及技术维护费	—	① 280.00	280.00	280.00	—
2	分支机构预征缴纳税款					
3	建筑服务预征缴纳税款					
4	销售不动产预征缴纳税款					
5	出租不动产预征缴纳税款					

二、加计抵减情况

序号	加计抵减项目	期初余额	本期发生额	本期调减额	本期可抵减额	本期实际抵减额	期末余额
		1	2	3	4=1+2-3	5	6=4-5
6	一般项目加计抵减额计算	—	② 8,420.25	195.00	8,225.25	8,225.25	
7	即征即退项目加计抵减额计算						
8	合计						

图 4-37　"光辉酒店"增值税纳税申报表（附列四）

①当期支付增值税税控设备技术维护费 280 元,取得了增值税专用发票,且未在增值税发票综合服务平台中确认抵扣,可以全额抵减当月增值税应纳税额 280 元。

②当期进项税额 56 135.00 元,加计抵减额本期增加 8 420.25 元(56 135×15%);当期转出进项税额 1 300.00 元,加计抵减额本期减少 195 元(1 300×15%)。

《增值税减免税申报明细表》部分数据填写如图 4-38 所示。

增值税减免税申报明细表

税款所属时间：自 2021 年 12 月 01 日至 2021 年 12 月 31 日

纳税人名称：（公章）北京光辉酒店管理有限公司　　　　　　　　　　金额单位：元（列至角分）

一、减税项目

减税性质代码及名称	栏次	期初余额	本期发生额	本期应抵减税额	本期实际抵减税额	期末余额
		1	2	3=1+2	4≤3	5=3-4
合计	1	—	280.00	280.00	280.00	
1129914关于增值税税控系统专用设备和技术维护费抵减	2	—	280.00	280.00	280.00	
	3					

图 4-38　"光辉酒店"增值税减免税申报明细表

附列资料（五）《附加税费情况表》部分数据填写如图4-39所示。

增值税及附加税费申报表附列资料（五）

（附加税费情况表）

税款所属时间：自 2021 年 12 月 01 日至 2021 年 12 月 31 日

纳税人名称：（公章）北京光辉酒店管理有限公司　　　　　　　　　　　　　金额单位：元（列至角分）

税（费）种	计税（费）依据			税（费）率（%）	本期应纳税（费）额	本期减免税（费）额		试点建设培育产教融合型企业		本期已缴税（费）额	本期应补（退）税（费）额
	增值税税额	增值税免抵额	留抵退税本期扣除额			减免性质代码	减免税（费）额	减免性质代码	本期抵免金额		
	1	2	3	4	5=(1+2-3)×4	6	7	8	9	10	11=5-7-9-10
城市维护建设税 1	3,118.25	—	—	7%	218.28	—	——	——			218.28
教育费附加 2	3,118.25	—	—	3%	93.55	—					93.55
地方教育附加 3	3,118.25	—	—	2%	62.37	—	——				62.37
合计 4	——	——	——		——		——		——		

图4-39　"光辉酒店"增值税纳税申报表（附列五）

主表《增值税及附加税费申报表（一般纳税人适用）》的内容会根据附表填写的信息自动生成，部分数据填写如图4-40所示。

增值税及附加税费申报表

（一般纳税人适用）

根据国家税收法律法规及增值税相关规定制定本表。纳税人不论有无销售额，均应按税务机关核定的纳税期限填写本表，并向当地税务机关申报。

税款所属时间：自2021年12月01日至2021年12月31日　　　填表日期：2022年01月10日　　　金额单位：元（列至角分）

纳税人识别号（统一社会信用代码）：911101152077226301　　　　　　　　　　所属行业：服务业

纳税人名称：北京光辉酒店管理有限公司　　法定代表人姓名　　注册地址　　　生产经营地址

开户银行及账号　　　　　　　　登记注册类型　　　　　　　　　　　　　　电话号码

	项　目	栏次	一般项目		即征即退项目	
			本月数	本年累计	本月数	本年累计
税款计算	（一）按适用税率计税销售额	1	① 1,100,532.00	1,100,532.00		
	其中：应税货物销售额	2	② 6,094.00	6,094.00		
	应税劳务销售额	3				
	销项税额	11	③ 66,458.50	66,458.50		
	进项税额	12	④ 56,135.00	56,135.00		
	上期留抵税额	13				——
	进项税额转出	14	⑤ 1,300.00	1,300.00		
	免、抵、退应退税额	15			——	——
	按适用税率计算的纳税检查应补缴税额	16			——	
	应抵扣税额合计	17=12+13-14-15+16	54,835.00	——		
	实际抵扣税额	18（如17<11，则为17，否则为11）	54,835.00	54,835.00		
	应纳税额	19=11-18	⑥ 3,398.25	3,398.25		
	期末留抵税额	20=17-18				——
	简易计税办法计算的应纳税额	21				
	按简易计税办法计算的纳税检查应补缴税额	22			——	——
	应纳税额减征额	23	⑦ 280.00	280.00		
	应纳税额合计	24=19+21-23	3,118.25	3,118.25		

图4-40　"光辉酒店"增值税纳税申报表（主表）

①本栏由附表数据自动生成。填写纳税人本期按一般计税方法计算缴纳增值税的销售额,服务、不动产和无形资产有扣除项目的,本栏应填写扣除之前的不含税销售额。本栏"一般项目"列"本月数"=《附列资料(一)》第 9 列第 1 至 5 行之和-第 9 列第 6、7 行之和。

②本栏根据附表数据手工录入。填写纳税人本期按适用税率计算增值税的应税货物的销售额。

③本栏由附表数据自动生成。填写纳税人本期按一般计税方法计税的货物、劳务和服务、不动产、无形资产的销项税额。服务、不动产和无形资产有扣除项目的,本栏应填写扣除之后的销项税额。本栏"一般项目"列"本月数"=《附列资料(一)》(第 10 列第 1、3 行之和-第 10 列第 6 行)+(第 14 列第 2、4、5 行之和-第 14 列第 7 行)。

④本栏由附表数据自动生成。填写纳税人本期申报抵扣的进项税额。本栏"一般项目"列"本月数"+"即征即退项目"列"本月数"=《附列资料(二)》第 12 栏"税额"。

⑤本栏由附表数据自动生成。填写纳税人已经抵扣,但按税法规定本期应转出的进项税额。本栏"一般项目"列"本月数"+"即征即退项目"列"本月数"=《附列资料(二)》第 13 栏"税额"。

⑥本栏由附表数据自动生成。反映纳税人本期按一般计税方法计算并应缴纳的增值税额,通常情况下按所列公式填写。

应当注意的是:适用加计抵减政策的纳税人,在表中公式的基础上,再减去《附列资料(四)》当中加计抵减情况的"本期实际抵减额"。

⑦本栏根据附表数据手工录入。填写纳税人本期按照税法规定减征的增值税应纳税额。

⑧本栏由附表数据自动生成。填写纳税人按税法规定应当缴纳的城市维护建设税、教育费附加、地方教育附加。本栏"一般项目"列"本月数"=《附列资料(五)》第 11 列对应的金额。

实务工作中,一般纳税人增值税申报常见采取的申报方式是网上申报。报税会计在填写完申报表后,就开始点击申报按钮进行申报。申报后,系统会提示是否缴纳税款,企业选择对应的缴纳方式缴款成功后,就完成了一般纳税人的申报及缴纳。

4)远程清卡

一般纳税人企业在纳税申报完成后,同样需要进行远程清卡,具体操作与小规模纳税人相同,可以参照小规模企业的远程清卡步骤进行学习。

(二)企业所得税的计算与预缴申报

在中华人民共和国境内,企业和其他取得收入的组织为企业所得税的纳税人。个人独资企业、合伙企业无须缴纳企业所得税。

在实务中,需根据注册地或实际管理机构标准把企业所得税的纳税义务人分为居民企业和非居民企业。

 **实务贴士**

根据注册地或实际管理机构标准确定,只要满足其中一个标准就是属于居民企业:

标准	注释	举例
注册地	在我国境内经国家有关部门批准,依法注册、登记的业务、事业单位、社会团体等组织	在工商登记注册的各类有限责任公司、股份有限公司等
实际管理机构	依照外国法律成立但实际管理机构、财务中心在中国境内的企业	阿里巴巴注册地在开曼群岛,但其整个运营中心都在国内

1. 企业所得税的计算

在进行企业所得税的纳税申报前要计算应纳所得税额,计算公式如下:

$$应纳所得税额=应纳税所得额×税率-减免税额-抵免税额$$

根据计算公式可以看出,应纳所得税额的多少,主要取决于应纳税所得额和适用税率两个因素。

（1）应纳税所得额

应纳税所得额的计算一般有两种方法,直接计算法和间接计算法。

1）直接计算法

应纳税所得额=收入总额-不征税收入-免税收入-各项扣除-允许弥补的以前年度亏损

2）间接计算法

$$应纳税所得额=会计利润总额±纳税调整项目金额$$

 **实务贴士**

在实务中,通常以利润表为基础,按照间接法计算应纳税所得额。因此,编制当期利润表就显得尤为重要。

（2）企业所得税的税率

企业所得税实行比例税率,主要有基本税率、低税率,见表4-19。

表4-19 企业所得税税率表

种类	税率	适用范围
基本税率	25%	①居民企业 ②在中国境内设有机构、场所且取得的所得与机构、场所有关联的非居民企业
低税率	20% （实际按10%征收）	在中国境内未设立机构、场所的，或者虽设立机构、场所但取得的所得与其所设机构、场所没有实际联系的非居民企业
优惠税率	20%	符合条件的小型微利企业
	15%	国家需要重点扶持的高新技术企业

（3）企业所得税税收优惠

企业所得税的税收优惠通常包括免税、减税、加计扣除、减计收入、降低税率等。比如，国债利息收入免征企业所得税，研发费用可以加计75%扣除，高新技术企业、技术先进性服务企业减按15%的税率征收企业所得税等。

财务共享中心平台中大部分的企业都是小微企业，也可以享受对应的税收优惠措施。

法律法规

国家税务总局公告2019年第2号

一、自2019年1月1日至2021年12月31日，对小型微利企业年应纳税所得额不超过100万元的部分，减按25%计入应纳税所得额，按20%的税率缴纳企业所得税；（实际税率＝25%×20%＝5%）

对年应纳税所得额超过100万元但不超过300万元的部分，减按50%计入应纳税所得额，按20%的税率缴纳企业所得税。（实际税率＝50%×20%＝10%）

小型微利企业无论按查账征收方式或核定征收方式缴纳企业所得税，均可享受上述优惠政策。

二、本公告所称小型微利企业是指从事国家非限制和禁止行业，且同时符合年度应纳税所得额不超过300万元、从业人数不超过300人、资产总额不超过5 000万元等三个条件的企业。

财政部 税务总局公告2021年第12号

一、对小型微利企业年应纳税所得额不超过100万元的部分，在原有优惠政策基础上，再减半征收企业所得税。（实际税率＝25%×20%×50%＝2.5%）。

二、对个体工商户年应纳税所得额不超过100万元的部分，在现行优惠政策基础上，减半征收个人所得税。

三、从业人数，包括与企业建立劳动关系的职工人数和企业接受的劳务派遣用工人数。所称从业人数和资产总额指标，应按企业全年的季度平均值确定。具体计算公式如下：

$$季度平均值＝（季初值＋季末值）÷2$$

$$全年季度平均值＝全年各季度平均值之和÷4$$

四、本公告执行期限为 2021 年 1 月 1 日至 2022 年 12 月 31 日。

例 4：北京弘思懿科技有限公司，查账征收企业所得税，未有需要弥补的亏损额。

截止到 2022 年第一季度末营业收入累计为 45 735 321.92 元、营业成本为累计为 43 597 340.03 元、利润总额为 2 124 401.56 元；第一季度初从业人数为 54 人、期末从业人数为 58 人，季初及季末资产总额分别为 15 761 889.73 元、17 386 390.36 元。计算第一季度企业所得税。

资产总额：

$$（15\ 761\ 889.73＋17\ 386\ 390.36）÷2＝16\ 574\ 140.05（元）<5\ 000\ 万元$$

从业人数：

$$（54＋58）÷2＝56（人）<300\ 人$$

利润总额：

$$2\ 124\ 401.56（元）<300\ 万元$$

经过判断该季度符合小微企业的标准，依据《国家税务总局公告 2021 年第 12 号》规定：

拆分实际利润额：1 000 000.00 + 1 124 401.56

对小型微利企业年应纳税所得额不超过 100 万元的部分，减按 25% 基础上再减半计入应纳税所得额，按 20% 的税率缴纳企业所得税。

按税法规定实际缴纳企业所得税：

$$1\ 000\ 000.00×25\%×50\%×20\%＝25\ 000.00（元）$$

对年应纳税所得额超过 100 万元但不超过 300 万元的部分，减按 50% 计入应纳税所得额，按 20% 的税率缴纳企业所得税。

$$1\ 124\ 401.56×50\%×20\%＝112\ 440.16（元）$$

①优惠前应缴纳企业所得税：

$$2\ 124\ 401.56×25\%＝531\ 100.39（元）$$

②按税法规定实际缴纳企业所得税：

$$25\ 000.00＋112\ 440.16＝137\ 440.16（元）$$

③减免的企业所得税：

$$531\ 100.39－137\ 440.16＝393\ 660.23（元）$$

（4）企业所得税预缴税额的计算

企业所得税分月或者分季预缴。企业应当自月份或者季度终了之日起十五日内，向税务机关报送预缴企业所得税纳税申报表，预缴税款。

企业应当自年度终了之日起五个月内，向税务机关报送年度企业所得税纳税申报表，并汇算清缴，结清应缴应退税款。

《中华人民共和国企业所得税年度纳税申报表（A类）》

法律法规

《中华人民共和国企业所得税法实施条例》

第一百二十七条　企业所得税分月或者分季预缴，由税务机关核定。

企业根据企业所得税法第五十四条规定：分月或者分季预缴企业所得税时，应当按照月度或者季度的实际利润额预缴；按照月度或者季度的实际利润额预缴有困难的，可以按照上一纳税年度应纳税所得额的月度或者季度平均额预缴，或者按照经税务机关认可的其他方法预缴。预缴方法一经确定，该纳税年度内不得随意变更。

企业所得税的预缴方式直接决定了税款的计算方法。在实务中，企业所得税的征收预缴方式通常分为查账征收、核定征收，见表4-20。

表4-20　企业所得税预缴方式

项目	适用范围	核算依据	注意
查账征收	适用于会计机构和会计核算体系健全，能够正确核算应纳税所得额，提供纳税资料的企业	按"会计账簿的利润总额×适用税率"计算的应纳税额	小规模纳税人既可以核定征收，也可以查账征收
核定征收	适用于账册不健全，不能提供完整、准确的收入凭证、成本资料、费用凭证，不能正确计算应纳税所得额的企业	核定应税所得率、核定应纳所得税额	

法律法规

国税发〔2008〕30号　国家税务总局 关于印发《企业所得税核定征收办法》（试行）的通知

第三条　纳税人具有下列情形之一的，核定征收企业所得税：

（一）依照法律、行政法规的规定可以不设置账簿的；

（二）依照法律、行政法规的规定应当设置但未设置账簿的；

（三）擅自销毁账簿或者拒不提供纳税资料的；

（四）虽设置账簿，但账目混乱或者成本资料、收入凭证、费用凭证残缺不全，难以查账的；

（五）发生纳税义务，未按照规定的期限办理纳税申报，经税务机关责令限期申报，逾期仍不申报的；

（六）申报的计税依据明显偏低，又无正当理由的；

1）查账征收预缴所得税的计算

查账征收方式下，纳税人在税务机关规定的纳税期限内，根据自己的财务报表或经营情况，据实填写纳税申报表，向税务机关进行申报、缴纳企业所得税。查账征收方式下，以利润总额为基础计算税额。

$$累计应纳所得税额＝累计利润总额×所得税税率－税额减免$$

$$本期应纳所得税额＝累计应纳所得税额－前期预缴的所得税额$$

【案例引入】

北京程达物流有限公司（简称"程达物流"）是一家以道路货物运输服务业为主的经营范围企业。企业所得税采用查账征收方式按季度预缴，在前三个季度预缴所得税时符合规定的"小微企业"标准，已经按规定预缴了企业所得税。

请根据第四季度的利润表计算第四季度应预缴的企业所得税。2021年第四季度利润表如图4-41所示。

综合上述信息，"程达物流"采用查账征收方式预缴企业所得税，利润总额是计算所得税的基础。

第四季度累计利润总额3 392 402.04元，超过300万元，不满足"小型微利"企业条件，应按照25%的法定税率缴纳企业所得税。

$$累计应缴纳企业所得税＝3 392 402.04×25%＝848 100.51（元）$$

前三个季度符合"小型微利"企业标准，对小型微利企业年应纳税所得额不超过100万元的部分，实际税率为2.5%（25%×20%×50%），应纳税所得额超过100万元但不超过300万元的部分，实际税率为10%（50%×20%）。

前三个季度累计利润总额＝3 392 402.04－1 074 260.65＝2 318 141.39（元），其中1 000 000.00万元适用税率2.5%，1 318 141.39元适用税率10%。

$$前三个季度应缴纳企业所得税＝1 000 000.00×2.5%＋1 318 141.39×10%$$
$$＝156 814.14（元）$$

$$第四季度应缴纳企业所得税＝848 100.51－156 814.14＝691 286.37（元）$$

利润表

会小企02表

编制单位：北京程达物流有限公司　　2021 年 10-12 月　　　　　　　　单位：元

项目	行次	本期金额	本年累计
一、营业收入	1	5772200.00	18228000.00
减：营业成本	2	3463320.00	10936800.00
税金及附加	3	57090.55	180285.96
其中：消费税	4		
城市维护建设税	5	26642.26	84133.45
资源税	6		
土地增值税	7		
城镇土地使用税、房产税、车船税、印花税	8	11418.11	36057.19
教育费附加、矿产资源补偿费、排污费	9	19030.18	60095.32
销售费用	10	692664.00	2187360.00
其中：商品维修费	11		
广告费和业务宣传费	12		550000.00
管理费用	13	461776.00	1458240.00
其中：开办费	14		
业务招待费	15	56000.00	106000.00
研究费用	16		
财务费用	17	23088.80	72912.00
其中：利息费用（收入以"-"号填列）	18	17302.32	51977.97
加：投资收益（损失以"-"号填列）	19		
二、营业利润（亏损以"-"号填列）	20	1074260.65	3392402.04
加：营业外收入	21		
其中：政府补助	22		
减：营业外支出	23		
其中：坏账损失	24		
无法收回的长期债券投资损失	25		
无法收回的长期股权投资损失	26		
自然灾害等不可抗力因素造成的损失	27		
税收滞纳金	28		
三、利润总额（亏损总额以"-"号填列）	29	1074260.65	3392402.04
减：所得税费用	30	268565.16	848100.51
四、净利润（净亏损以"-"号填列）	31	805695.49	2544301.53

单位负责人：赵山川　　会计主管：刘吾光　　复核：张玉　　制表：李勃海

图 4-41　"程达物流"四季度利润表

2）核定征收预缴所得税的计算

在核定征收企业所得税时，通常核定其应税所得率或核定应纳所得税额。

在实务中，当企业能够准确核算收入总额，或者正确核算成本费用总额，或者通过合理方法能够计算和推定收入总额或成本费用总额的，通常核定其应税所得率。应税所得率按表 4-21 规定的幅度核定。

表 4-21　应税所得率幅度标准

行　业	应税所得率（%）
农、林、牧、渔业	3 ~ 10
制造业	5 ~ 15
批发和零售贸易业	4 ~ 15
交通运输业	7 ~ 15
建筑业	8 ~ 20

续表

行　业	应税所得率(%)
饮食业	8 ~ 25
娱乐业	15 ~ 30
其他行业	10 ~ 30

应纳税所得额=应税收入额×应税所得率

或=成本（费用）支出额÷1-（应税所得率）

应纳所得税额=应纳税所得额×适用税率

应税收入额=收入总额-不征税收入-免税收入

其中，收入总额为企业以货币形式和非货币形式从各种来源取得的收入。

【案例引入】

上海小绵羊餐饮有限公司（简称"小绵羊"）是一家以餐饮经营为主的企业，企业所得税采用核定征收方式按季度预缴，税务机关核定的应税收入的应税所得率为3.8%。"小绵羊"在预缴企业所得税时符合规定的"小微企业"标准，前三个季度已经按规定预缴了企业所得税。请根据第四季度的利润表计算第四季度应预缴的企业所得税。2021年第四季度利润表如图4-42所示。

综合上述信息，"小绵羊"采用核定征收方式预缴企业所得税，应税收入是计算所得税的基础。

第四季度累计收入总额=1 169 500.00+50 000.00=1 219 500.00（元）

第四季度累计应纳税所得额=1 219 500.00×3.8%=46 341（元）

第四季度累计应纳所得税额=46 341×2.5%=1 158.53（元）

前三个季度累计收入总额=1 219 500.00-495 500.00=724 000.00（元）

前三个季度累计应纳税所得额=724 000.00×3.8%=27 512.00（元）

前三个季度应缴纳企业所得税=27 512.00×2.5%=687.80（元）

第四季度应缴纳企业所得税=1 158.53-687.80=470.73（元）

利润表

会小企02表

编制单位：上海小绵羊餐饮有限公司　　　　2021 年 10-12 月　　　　　　　单位：元

项目	行次	本期合计	本年累计
一、营业收入	1	495500.00	1169500.00
减：营业成本	2	322075.00	760175.00
税金及附加	3	2983.80	5983.80
其中：消费税	4		
城市维护建设税	5	1040.55	1040.55
资源税	6		
土地增值税	7		
城镇土地使用税、房产税、车船税、印花税	8	1200.00	4200.00
教育费附加、矿产资源补偿费、排污费	9	743.25	743.25
销售费用	10	29730.00	70170.00
其中：商品维修费	11		
广告费和业务宣传费	12	10000.00	30000.00
管理费用	13	64415.00	152035.00
其中：开办费	14		
业务招待费	15	5000.00	11500.00
研究费用	16		
财务费用	17	1982.00	6363.00
其中：利息费用（收入以"-"号填列）	18	1230.00	4630.00
加：投资收益（损失以"-"号填列）	19		
二、营业利润（亏损以"-"号填列）	20	74314.20	174773.20
加：营业外收入	21		50000.00
其中：政府补助	22		
减：营业外支出	23		
其中：坏账损失	24		
无法收回的长期债券投资损失	25		
无法收回的长期股权投资损失	26		
自然灾害等不可抗力因素造成的损失	27		
税收滞纳金	28		
三、利润总额（亏损总额以"-"号填列）	29	74314.20	224773.20
减：所得税费用	30	941.45	2222.05
四、净利润（净亏损以"-"号填列）	31	73372.75	222551.15

单位负责人：景方圆　　　会计主管：陈洲　　　复核：吴翊　　　制表：李德

图 4-42　"小绵羊"四季度利润表

2.企业所得税的预缴申报

在实务中，企业所得税通常按季度预缴。每季度结束后，纳税人应当在规定的纳税申报期内在电子税务局系统中填写纳税申报表，完成申报并缴税。

在财务共享服务中心平台中，重点学习企业所得税的预缴申报。

（1）查账征收的预缴申报

实行查账征收的纳税人，应当填写《中华人民共和国企业所得税月（季）度预缴纳税申报表（A类）》报表，共有 3 张明细表。

①主表《企业所得税月（季）度预缴纳税申报表（A类）》由所有查账征收的纳税人填写，没有发生业务的纳税人也应当按期进行纳税申报（零申报）。如

《企业所得税月（季）
预缴纳税申报表
（A类）》

图 4-43 所示。

A200000	中华人民共和国企业所得税月（季）度预缴纳税申报表（A类）								

税款所属期间：　　年　月　日至　　年　月　日

纳税人识别号（统一社会信用代码）：□□□□□□□□□□□□□□□□□□

纳税人名称：　　　　　　　　　　　　　　　　　　　金额单位：人民币元（列至角分）

优 惠 及 附 报 事 项 有 关 信 息									
项　目	一季度		二季度		三季度		四季度		季度平均值
	季初	季末	季初	季末	季初	季末	季初	季末	
从业人数									
资产总额（万元）									
国家限制或禁止行业	□是□否				小型微利企业				□是□否
附 报 事 项 名 称									金额或选项
事项1	（填写特定事项名称）								
事项2	（填写特定事项名称）								

预 缴 税 款 计 算		本年累计
1	营业收入	
2	营业成本	
3	利润总额	
4	加：特定业务计算的应纳税所得额	
5	减：不征税收入	
6	减：资产加速折旧、摊销（扣除）调减额（填写A201020）	
7	减：免税收入、减计收入、加计扣除（7.1+7.2+…）	
7.1	（填写优惠事项名称）	
7.2	（填写优惠事项名称）	
8	减：所得减免（8.1+8.2+…）	
8.1	（填写优惠事项名称）	
8.2	（填写优惠事项名称）	
9	减：弥补以前年度亏损	
10	实际利润额（3+4-5-6-7-8-9）\ 按照上一纳税年度应纳税所得额平均额确定的应纳税所得额	
11	税率（25%）	
12	应纳所得税额（10×11）	
13	减：减免所得税额（13.1+13.2+…）	
13.1	（填写优惠事项名称）	
13.2	（填写优惠事项名称）	
14	减：本年实际已缴纳所得税额	
15	减：特定业务预缴（征）所得税额	
16	本期应补（退）所得税额（12-13-14-15）\ 税务机关确定的本期应纳所得税额	

汇 总 纳 税 企 业 总 分 机 构 税 款 计 算			
17	总机构	总机构本期分摊应补（退）所得税额（18+19+20）	
18		其中：总机构分摊应补（退）所得税额（16×总机构分摊比例__%）	
19		财政集中分配应补（退）所得税额（16×财政集中分配比例__%）	
20		总机构具有主体生产经营职能的部门分摊所得税额（16×全部分支机构分摊比例__%×总机构具有主体生产经营职能部门分摊比例__%）	
21	分支机构	分支机构本期分摊比例	

图 4-43　企业所得税月（季）度预缴纳税申报表（A类）

图 4-44 企业所得税月(季)度预缴纳税申报表(A 类)

在填写时,应根据《企业所得税申报事项目录》,在第 6 行"固定资产加速折旧(扣除)调减额"填报:固定资产税收上享受加速折旧优惠计算的折旧额大于同期会计折旧额期间,发生纳税调减的本年累计金额,对应的是《固定资产加速折旧(扣除)明细表》(A201020),加速折旧的重要行业有生物药品制造业,专用设备制造业,铁路、船舶、航空航天和其他运输设备制造业,计算机、通信和其他电子设备制造业,仪器仪表制造业,信息传输、软件和信息技术服务业等,2019 年 1 月 1 日起扩大至全部制造业领域。在第 7.1 行、第 7.2 行……填报税收规定的免税收入、减计收入、加计扣除等优惠事项的具体名称和本年累计金额。在第 8.1 行、第 8.2 行……填报税收规定的所得减免优惠事项的名称和本年累计金额。在第 9 行"弥补以前年度亏损",填报纳税人截至税款所属期末,按照税收规定在企业所得税税前弥补的以前年度尚未弥补亏损的本年累计金额。在第 13.1 行、第 13.2 行……填报税收规定的减免所得税额优惠事项的具体名称和本年累计金额。

温馨提示:发生多项且根据税收规定可以同时享受的优惠事项,可以增加行次,但每个事项仅能填报一次。

法律法规

财政部 税务总局公告 2018 年第 76 号 关于《财政部 税务总局关于延长高新技术企业和科技型中小企业亏损结转年限的通知》

自 2018 年 1 月 1 日起,当年具备高新技术企业或科技型中小企业资格的企业,其具备资格年度之前的 5 个年度发生的尚未弥补完的亏损,准予结转以后年度弥补,最长结转年限由 5 年延长至 10 年。

财政部 税务总局公告2020年第8号 关于支持新型冠状病毒感染的肺炎疫情防控有关税收政策的公告

……

四、受疫情影响较大的困难行业企业2020年度发生的亏损，最长结转年限由5年延长至8年。

困难行业企业，包括交通运输、餐饮、住宿、旅游（指旅行社及相关服务、游览景区管理两类）四大类，具体判断标准按照现行《国民经济行业分类》执行。困难行业企业2020年度主营业务收入须占收入总额（剔除不征税收入和投资收益）的50%以上。

自2020年1月1日起实施，截止日期视疫情情况另行公告。

②附表《资产加速折旧、摊销（扣除）优惠明细表》由本年度内享受相关文件规定的资产加速折旧、摊销和一次性扣除优惠政策的纳税人填写，不享受上述优惠政策的纳税人，无须填报，如图4-45所示。

A201020	资产加速折旧、摊销(扣除)优惠明细表						
行次	项目	本年享受优惠的资产原值	本年累计折旧\摊销（扣除）金额				
			账载折旧\摊销金额	按照税收一般规定计算的折旧\摊销金额	享受加速政策计算的折旧\摊销金额	纳税调减金额	享受加速政策优惠金额
		1	2	3	4	5	6（4-3）
1	一、加速折旧、摊销（不含一次性扣除，1.1+1.2+…）						
1.1	（填写优惠事项名称）						
1.2	（填写优惠事项名称）						
2	二、一次性扣除（2.1+2.2+…）						
2.1	（填写优惠事项名称）						
2.2	（填写优惠事项名称）						
3	合计（1+2）						

图4-45 资产加速折旧、摊销(扣除)优惠明细表

③附表《企业所得税汇总纳税分支机构所得税分配表》由于跨地区经营汇总纳税企业的总机构填报，其他纳税人无需填报，如图4-46所示。

A202000 企业所得税汇总纳税分支机构所得税分配表

税款所属期间：年 月 日至 年 月 日

总机构名称（盖章）：

总机构纳税人识别号（统一社会信用代码）：

金额单位：元（列至角分）

应纳所得税额		总机构分摊所得税额	总机构财政集中分配所得税额			分支机构分摊所得税额	
分支机构情况	分支机构纳税人识别号（统一社会信用代码）	分支机构名称	三项因素			分配比例	分配所得税额
			营业收入	职工薪酬	资产总额		
	合计						

图4-46 企业所得税汇总纳税分支机构所得税分配表

【案例引入】

"程达物流"企业所得税实行查账征收,按实际利润额预缴企业所得税,根据前述"程达物流"2021年第四季度的经营信息,填报第四季度的预缴企业所得税的申报表。

综合前述信息,"程达物流"第四季度企业所得税计算表见表4-22。

表4-22　"程达物流"第四季度企业所得税计算表

项　目	金　额(元)
营业收入	18 228 000.00
营业成本	10 936 800.00
利润总额	3 392 402.04
税率	25%
应纳所得税额	848 100.51
减免所得税额	0.00
本年实际已缴纳所得税额	156 814.14
本期应补(退)所得税额	691 286.37

企业所得税月(季)度预缴纳税申报表(A类)的填写如下所示:

附报事项信息的填写。季初(末)从业人数根据企业的人员基本信息填写,季初(末)资产总额应根据资产负债表进行填写。"程达物流"非国家限制禁止行业,也非小型微利企业(实际利润总额超过300万元),故均勾选"否",如图4-47所示。

A200000 中华人民共和国企业所得税月(季)度预缴纳税申报表(A类)

税款所属期间: 2021年10月01日 至 2021年12月31日

纳税人识别号(统一社会信用代码):

纳税人名称:北京程达物流有限公司　　　　　　　　金额单位:人民币元(列至角分)

优惠及附报事项相关信息

项　目	一季度		二季度		三季度		四季度		季度平均值
	季初	季末	季初	季末	季初	季末	季初	季末	
从业人数	60	54	54	48	48	52	52	50	52.00
资产总额(万元)	3,120.50	3,260.40	3,260.40	3,350.80	3,350.80	3,460.75	3,460.75	3,589.75	3,356.77
国家限制或禁止行业	□是 √否				小型微利企业			□是 √否	

图4-47　"程达物流"预缴纳税申报表(A类)填写(一)

从业人数季度平均值 = [(60+54)/2+(54+48)/2+(48+52)/2+(52+50)/2] = 52(人)

资产总额季度平均值 = [(3 120.50+3 260.40)/2+(3 260.40+3 350.80)/2+(3 350.80+3 460.75)/2+(3 460.75+3 589.75)/2]÷4 = 3 356.77(万元)

预缴税款计算的填报,如表4-23所示。

表4-23 "程达物流"预缴纳税申报表（A类）填写（二）

	预缴税款计算	本年累计金额
1	营业收入	18 228 000.00
2	营业成本	10 936 800.00
3	利润总额	3 392 402.04
4	加：特定业务计算的应纳税所得额	
5	减：不征税收入	
6	减：资产加速折旧、摊销（扣除）调减额（填写 A201020）	
7	减：免税收入、减计收入、加计扣除 7.1+7.2+……	
8	减：所得减免（8.1+8.2……）	
9	减：弥补以前年度亏损	
10	实际利润额（3+4-5-6-7-8-9）\按照上一纳税年度应纳税所得额平均额确定的应纳税所得额	3 392 402.04
11	税率（25%）	25%
12	应纳所得税额（10×11）	848 100.51
13	减：减免所得税额（13.1+13.2+……）	0.00
14	减：本年实际已缴纳所得税额	156 814.14
15	减：特定业务预缴（征）所得税额	
16	本期应补（退）所得税额（1-12-13-14）税务机关确定的本期应纳所得税额	691 286.37

①"行次1-3"营业收入、营业成本、利润总额根据"程达物流"利润表营业收入、营业成本、利润总额的本年累计数填写。

②"行次5-9"中需要根据相关税收优惠数据填写，"程达物流"本期不享受相关优惠政策。

③"行次10-12"由系统自动计算得出。

④"行次14-15"填写本年实际已预缴的企业所得税。

⑤"行次16"由系统自动计算得出。

此外，因"程达物流"不享受资产加速折旧、一次性扣除税收优惠，也没有分支机构，不需要填写另外2张附表。

（2）核定征收的预缴申报

实行核定征收的纳税人，应当填写《中华人民共和国企业所得税月（季）度预缴和年度纳税申报表（B类）》报表，由所有核定征收的纳税人填写，没有发生业务的纳税人也应当按期进行纳税申报（零申报），如图4-48所示。

《企业所得税月（季）度预缴和年度纳税申报表（B类）》

B100000　中华人民共和国企业所得税月（季）度预缴和年度纳税申报表
（B类，2018年版）

税款所属期间：　　年 月 日至　 年 月 日

纳税人识别号（统一社会信用代码）：　□□□□□□□□□□□□□□□□□□

纳税人名称：　　　　　　　　　　　　　　　金额单位：人民币元（列至角分）

核定征收方式	□核定应税所得率（能核算收入总额的）　□核定应税所得率（能核算成本费用总额的） □核定应纳所得税额

按 季 度 填 报 信 息

项　　目	一季度		二季度		三季度		四季度		季度平均值
	季初	季末	季初	季末	季初	季末	季初	季末	
从业人数									
资产总额（万元）									
国家限制或禁止行业	□是　□否				小型微利企业		□是　□否		

按 年 度 填 报 信 息

从业人数（填写平均值）		资产总额（填写平均值，单位：万元）	
国家限制或禁止行业	□是　□否	小型微利企业	□是　□否

行次	项　　　　目	本年累计金额
1	收入总额	
2	减：不征税收入	
3	减：免税收入（4+5+10+11）	
4	国债利息收入免征企业所得税	
5	符合条件的居民企业之间的股息、红利等权益性投资收益免征企业所得税（6+7.1+7.2+8+9）	
6	其中：一般股息红利等权益性投资收益免征企业所得税	
7.1	通过沪港通投资且连续持有H股满12个月取得的股息红利所得免征企业所得税	
7.2	通过深港通投资且连续持有H股满12个月取得的股息红利所得免征企业所得税	
8	居民企业持有创新企业CDR取得的股息红利所得免征企业所得税	
9	符合条件的居民企业之间属于股息、红利性质的永续债利息收入免征企业所得税	
10	投资者从证券投资基金分配中取得的收入免征企业所得税	
11	取得的地方政府债券利息收入免征企业所得税	
12	应税收入额（1-2-3） \ 成本费用总额	
13	税务机关核定的应税所得率（%）	
14	应纳税所得额（第12×13行） \ [第12行÷（1-第13行）×第13行]	
15	税率（25%）	
16	应纳所得税额（14×15）	
17	减：符合条件的小型微利企业减免企业所得税	
18	减：实际已缴纳所得税额	
L19	减：符合条件的小型微利企业延缓缴纳所得税额（是否延缓缴纳所得税　□是　□否）	
19	本期应补（退）所得税额（16-17-18-L19） \ 税务机关核定本期应纳所得税额	
20	民族自治地方的自治机关对本民族自治地方的企业应缴纳的企业所得税中属于地方分享的部分减征或免征（　□免征　□减征：减征幅度____%　）	
21	本期实际应补（退）所得税额	

谨声明：本纳税申报表是根据国家税收法律法规及相关规定填报的，是真实的、可靠的、完整的。
纳税人（签章）：　　　　年　　月　　日

经办人： 经办人身份证号： 代理机构签章： 代理机构统一社会信用代码：	受理人： 受理税务机关（章）： 受理日期：　　　年　　月　　日

图4-48　企业所得税月（季）度预缴和年度纳税申报表（B类）

【案例引入】

"小绵羊"企业所得税实行核定征收,税务机关核定的应税收入的应税所得率为3.8%。根据前述"小绵羊"2021年第四季度的经营信息,填报第四季度的预缴企业所得税的申报表。

综合前述信息,"小绵羊"第四季度企业所得税计算表见表4-24。

表4-24 "小绵羊"第四季度企业所得税计算表

项 目	金 额(元)
收入总额	1 219 500.00
应税所得率	3.8%
应纳税所得额	46 341.00
税率	25%
应纳所得税额	11 585.25
减免所得税额	10 426.72
本年实际已缴纳所得税额	687.80
本期应补(退)所得税额	470.73

企业所得税月(季)度预缴和年度纳税申报表(B类)的填写如下所示:

附报事项信息的填写。核定征收方式的填写,勾选"核定应税所得率(能核算收入总额的)"。季初(末)从业人数根据企业的人员基本信息填写,季初(末)资产总额应根据资产负债表进行填写。"小绵羊"非国家限制禁止行业,勾选"否",属于小型微利企业,勾选"是",如图4-49所示。

B100000	中华人民共和国企业所得税月(季)度预缴和年度纳税申报表 (B类,2018年版)							
税款所属期间:2021年10月01日至2021年12月31日								
纳税人识别号(统一社会信用代码):								
纳税人名称:上海小绵羊餐饮有限公司						金额单位:人民币元(列至角分)		
核定征收方式	✓核定应税所得率(能核算收入总额的) □核定应税所得率(能核算成本费用总额的) □核定应税所得税额							
按季度填报信息								
项 目	一季度		二季度		三季度		四季度	季度平均值
	季初	季末	季初	季末	季初	季末	季初 季末	
从业人数	20	24	24	27	27	30	30 26	26
资产总额(万元)	95.25	102.50	102.50	125.75	125.75	145.30	145.30 160.50	125.36
国家限制或禁止行业		□是 ✓否			小型微利企业		✓是 □否	

图4-49 "小绵羊"预缴纳税申报表(B类)填写(一)

从业人数季度平均值=[(20+24)/2+(24+27)/2+(27+30)/2+(30+26)/2]

$\qquad$ =26(人)

资产总额季度平均值=[(95.25+102.50)/2+(102.50+125.75)/2+(125.75+

$$145.30）／2+（145.30+160.50）／2]÷4 =125.36（万元）$$

预缴税款计算的填报,如图4-50所示。

行次	项　　目	本年累计金额
1	收入总额	1,219,500.00
2	减: 不征税收入	
3	减: 免税收入 (4+5+10+11)	
4	国债利息收入免征企业所得税	
5	符合条件的居民企业之间的股息、红利等权益性投资收益免征企业所得税 (6+7.1+7.2+8+9)	
6	其中: 一般股息红利等权益性投资收益免征企业所得税	
7.1	通过沪港通投资且连续持有H股满12个月取得的股息红利所得免征企业所得税	
7.2	通过深港通投资且连续持有H股满12个月取得的股息红利所得免征企业所得税	
8	居民企业持有创新企业CDR取得的股息红利所得免征企业所得税	
9	符合条件的居民企业之间属于股息、红利性质的永续债利息收入免征企业所得税	
10	投资者从证券投资基金分配中取得的收入免征企业所得税	
11	取得的地方政府债券利息收入免征企业所得税	
12	应税收入额 (1-2-3) \ 成本费用总额	1,219,500.00
13	税务机关核定的应税所得率 (%)	3.80%
14	应纳税所得额 (第12×13行) \[第12行÷ (1-第13行) ×第13行]	46,341.00
15	税率 (25%)	25.00%
16	应纳所得税额 (14×15)	11,585.25
17	减: 符合条件的小型微利企业减免企业所得税	10,426.72
18	减: 实际已缴纳所得税额	687.80
L19	减: 符合条件的小型微利企业延缓缴纳所得税额 (是否延缓缴纳所得税 □是 □否)	
19	本期应补 (退) 所得税额 (16-17-18-L19) \ 税务机关核定本期应纳所得税额	470.73

图4-50　"小绵羊"预缴纳税申报表(B类)填写(二)

①"行次1"收入总额根据"小绵羊"利润表中营业收入、营业外收入等收入的本年累计数填写。

②"行次2-11"中需要根据相关税收优惠数据填写,"小绵羊"本期不享受相关优惠政策。

③"行次13"填写税务机关核定的应税所得率。

④"行次12、14-16、19"由系统自动计算得出。

⑤"行次17"填写符合条件的小微企业减免的企业所得税。本期实际缴纳企业所得税=46 341.00×2.5% =1 158.53(元),本期减免税款=11 585.25-1 158.53=10 426.72(元)。

⑥"行次17"填写本年实际已预缴的企业所得税。

(3) 纳税申报操作

实务工作中,企业申报企业所得税通常使用的申报方式是网上申报。报税会计在填写完申报表后,就可以点击申报按钮进行申报。申报后,系统会提示是否缴纳税款,企业选择对应的缴纳方式缴款成功后,就完成了企业所得税的申报及缴纳。

（三）个人所得税的计算与申报

个人所得税是国家对我国公民、居住在我国境内的个人的所得和境外个人来源于我国的所得所征收的一种税。其纳税义务人包括中国公民、在中国有所得的外籍人员、个体工商户、个人独资企业、合伙企业投资者等。通常将纳税义务人划分为居民个人和非居民个人，承担不同的纳税义务，具体见表4-25。

表4-25　居民个人与非居民个人

类别	判定标准	纳税义务
居民个人	①在中国境内有住所 ②在中国境内无住所，但在一个纳税年度内在中国境内居住累计满183天	无限纳税义务，境内外所有所得都应当纳税
非居民个人	不符合居民个人标准的纳税人	有限纳税义务，对来源于中国境内所得负有纳税义务

个人要缴纳的个人所得税所得，并不是个人所有的收入，只是对税法规定的所得项目进行征税，现行个人所得税法规定的应税所得共9项，具体见表4-26。

表4-26　个人所得税的征税项目

序列	征税项目	
1	工资薪金所得	序列1~4 统称为综合所得
2	劳务报酬所得	
3	稿酬所得	
4	特许权使用费所得	
5	经营所得	
6	利息、股利、红利所得	
7	财产租赁所得	
8	财产转让所得	
9	偶然所得	

居民个人取得的综合所得按纳税年度合并计算个人所得税，有扣缴义务人的，由扣缴义务人按月或者按次预扣预缴税款，需要办理汇算清缴的，应当在取得所得的次年3月1日至6月30日内办理汇算清缴。非居民个人取得的综合所得按月或者按次分项计算个人所得税。对综合所得之外的其余五项所得分别计算个人所得税。

在实务中,最常见的是居民个人综合所得应纳税额的计算与申报。而在综合所得申报中,工资、薪金所得的预扣预缴计算及申报是最基本的业务。本部分内容主要对居民个人综合所得应纳税额的计算,工资、薪金所得预扣预缴税额的计算和申报进行介绍。

1. 综合所得应纳税额的计算

居民个人的综合所得,以每一纳税年度的收入额减除费用 60 000 元以及专项扣除、专项附加扣除、依法确定的其他扣除后的余额,为应纳税所得额,并采用超额累进税率计算应纳税额。

应纳税所得额=全年收入额-60 000-专项扣除-专项附加扣除-法定其他扣除

应纳税额=全年应纳税所得额×适用税率-速算扣除数

其中,工资、薪金所得全额计入收入额;劳务报酬、特许权使用费按照实际取得收入的80%计入收入额;稿酬按照实际取得收入的80%再减按70%(实际为56%)计入收入额。

综合所得个人所得税税率表见表4-27。

表4-27 综合所得个人所得税税率表

级数	全年应纳税所得额	税率(%)	速算扣除数(元)
1	不超过 36 000 元的	3	0
2	超过 36 000 元至 144 000 元的部分	10	2 520
3	超过 144 000 元至 300 000 元的部分	20	16 920
4	超过 300 000 元至 420 000 元的部分	25	31 920
5	超过 420 000 元至 660 000 元的部分	30	52 920
6	超过 660 000 元至 960 000 元的部分	35	85 920
7	超过 960 000 元的部分	45	181 920

2. 工资、薪金所得预扣预缴税额的计算

国家税务总局公告 2018 年第 61 号,关于发布《个人所得税扣缴申报管理办法(试行)》的公告中第六条规定:当扣缴义务人向居民个人支付工资、薪金所得时,应按照累计预扣法计算预扣预缴税款,并按月办理全员扣缴申报。具体计算公式如下:

本期应预扣预缴税额=(累计预扣预缴应纳税所得额×预扣率-速算扣除数)

-累计减免税额-累计已预扣预缴税额

累计预扣预缴应纳税所得额=①累计收入-②累计免税收入-③累计减除费用-④累计专项扣除-⑤累计专项附加扣除-累计依法确定的其他扣除

其中,预扣率、速算扣除数、累计预扣预缴应纳税所得额是关键要素,下面将逐一对其进行介绍。

（1）工资、薪金所得预扣预缴率表

工资、薪金所得的预扣预缴率按照超额累进的方法递增，见表4-28。

表4-28　工资、薪金所得的预扣预缴率表

级数	累计预扣预缴应纳税所得额	税率（%）	速算扣除数（元）
1	不超过36 000元的	3	0
2	超过36 000元至144 000元的部分	10	2 520
3	超过144 000元至300 000元的部分	20	16 920
4	超过300 000元至420 000元的部分	25	31 920
5	超过420 000元至660 000元的部分	30	52 920
6	超过660 000元至960 000元的部分	35	85 920
7	超过960 000元的部分	45	181 920

（2）累计预扣预缴应纳税所得额

工资、薪金所得包括基本工资、奖金、津贴、补贴、年终加薪、加班工资以及认知或者受雇有关的其他所得。个人所得的形式，包括现金、实物、有价证券和其他形式的经济利益。

实务中，对于一些不属于工资、薪金性质的补贴、津贴或者不属于纳税人本人工资、薪金所得项目的收入，不予征税。包括：独生子女补贴，执行公务员工资制度未纳入基本工资总额的补贴、津贴差额和家属成员的副食品补贴，托儿补助费，差旅费津贴、误餐补助。

累计预扣预缴应纳税所得额=累计收入-累计免税收入-累计减除费用-累计专项扣除

-累计专项附加扣除-累计依法确定的其他扣除

 **实务贴士**

累计的含义为当年截至本月数据的合计。

（1）累计收入为纳税人当年截至本月工资表中个人应付工资的合计；

（2）累计免税收入为当年截至本月免税收入的合计；

（3）累计减除费用按照5 000元/月乘以纳税人当年截至本月在本单位的任职受雇月份数计算；

（4）累计专项扣除为累计的工资表中个人支付的社保、公积金之和；

（5）累计专项附加扣除包括子女教育、继续教育、大病医疗、住房贷款利息或者住房租金、赡养老人等支出。

【案例引入】

2021年12月31日，北京程达物流有限公司12月份员工工资薪金表（图4-51），需对

代扣代缴的个人所得税进行计算。

2021年12月份工资薪金表

工号	姓名	*身份证号码	*本期收入	本期免税收入	基本养老保险	基本医疗保险	失业保险	住房公积金	子女教育支出	住房贷款利息支出	住房租金支出	继续教育支出	赡养老人支出
CD-001	谢尚	110101198302021213	10,100.00	-	628.40	157.10	15.71	462.00	1,000.00	1,000.00	-	-	-
CD-002	张高山	110112198401088890	9,600.00	-	628.40	157.10	15.71	462.00	1,000.00	1,000.00	-	-	-
CD-003	许甫	110102198607222428	8,400.00	-	628.40	157.10	15.71	462.00	1,000.00	1,000.00	-	-	-
CD-004	历文娟	110101198603045321	8,400.00	-	628.40	157.10	15.71	462.00	1,000.00	-	1,500.00	-	-
CD-005	陈思淼	110101198906190985	8,300.00	-	628.40	157.10	15.71	462.00	1,000.00	-	1,500.00	-	-
CD-006	张胜利	110112198801088330	8,100.00	-	628.40	157.10	15.71	462.00	1,000.00	1,000.00	-	-	-
CD-007	李丙文	110102198007302114	8,100.00	-	628.40	157.10	15.71	462.00	1,000.00	1,500.00	-	-	-
CD-008	龙晓胜	110101198906046872	8,100.00	-	628.40	157.10	15.71	462.00	1,000.00	-	-	-	-
CD-009	林剑锋	110101199007025513	7,000.00	-	628.40	157.10	15.71	462.00	1,000.00	1,000.00	-	-	-
CD-010	廖小壮	110112198102088313	6,900.00	-	628.40	157.10	15.71	462.00	1,000.00	1,000.00	-	-	-

图 4-51　"程达物流"2021 年 12 月工资薪金表

以员工"谢尚"为例，"程达物流"在发放工资前，需代扣代缴"谢尚"的个人所得税。

假设 2021 年"谢尚"每月应发工资均为 10 100 元，每月减除费用 5 000 元，每月"三险一金"等专项扣除为 1 263.21 元，从 1 月起享受子女教育、住房贷款利息两项专项附加扣除共计 2 000 元，累计已预缴税额（1~11 月已预扣预缴的个税）606.14 元，没有减免收入及减免税额等情况，12 月应预扣预缴"谢尚"个税税额计算如下：

累计预扣预缴应纳税所得额

$= 10\ 100×12-5\ 000×12-1\ 263.21×12-2\ 000×12$

$= 121\ 200-60\ 000-15\ 158.52-24\ 000$

$= 22\ 041.48（元）$

当期应代扣个人所得税 $= 22\ 041.48×3\%-0-606.14=55.10（元）$

3. 工资、薪金所得预扣预缴的申报

企业要申报个人所得税时，首先登录自然人税收管理系统平台进行个人信息采集，然后专项附加扣除信息采集，紧接着单击综合所得预扣预缴申报，填写个税需要申报的项目信息等。填完核对无误后，进入税款缴纳环节。具体流程如图 4-52 所示。

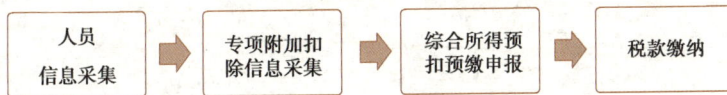

人员信息采集 → 专项附加扣除信息采集 → 综合所得预扣预缴申报 → 税款缴纳

图 4-52　个人所得税申报流程

(1)人员信息采集

人员信息采集是指企业对雇佣员工信息的采集，主要体现在当下企业雇佣多少员工，就在人员信息采集上面添加多少员工信息。

人员信息采集主要包括添加、导入、报送、获取反馈、导出、展开查询条件和更多操作，如图 4-53 所示。

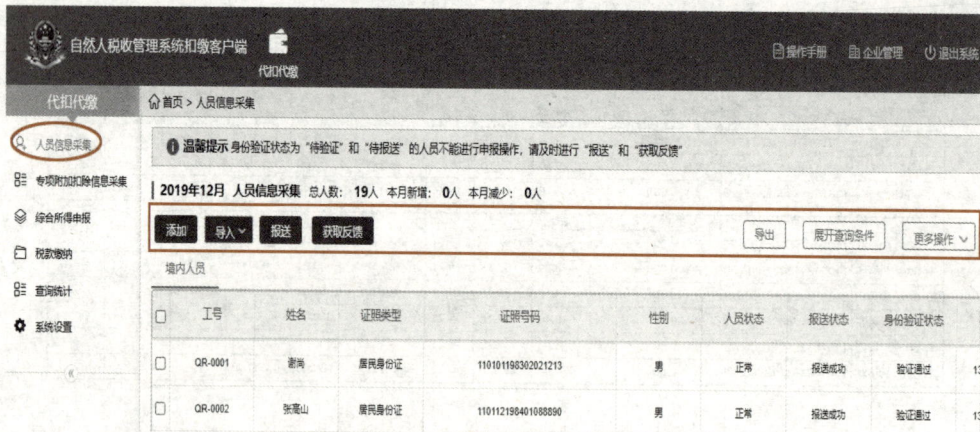

图4-53 自然人税收管理系统——人员信息采集

企业在添加人员信息时,可以逐个添加,也可以下载模板批量添加完之后再导入,主要的添加信息包括:基本信息、任职受雇信息、联系方式、投资信息等,具体内容如图4-54所示。

图4-54 人员信息采集——添加人员

当企业将员工信息添加完后,员工(自然人)可以通过手机个人所得税的APP—个人中心—任职受雇信息查询到自己目前所在的企业情况,如图4-55所示。

图4-55 个人所得税APP—信息查询

实务贴士

实务中,人员信息采集,还包括新入职的员工信息的添加和离职员工信息的修改。离职员工信息的修改,企业主要是通过"自然人税收管理系统扣缴客户端"——人员信息采集——点开查询条件界面,对离职员工的信息进行搜索查找,然后选中该离职的员工,点开"境内人员信息",在右上角有个"人员状态:正常 非正常"选项选中,在职员工的"人员状态是正常的",若是离职的员工,就要在"人员状态"上面点击"非正常"表明该员工已不是本公司成员了。

离职人员的状态修改方法如图4-56所示。

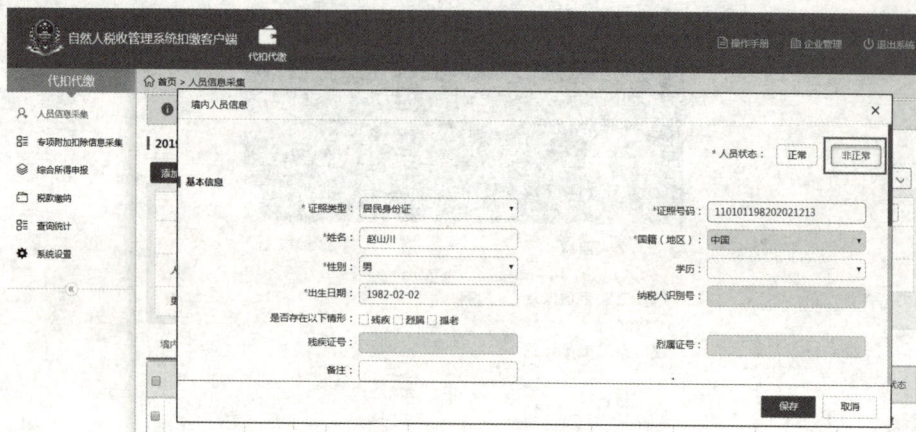

图 4-56   人员信息采集——人员状态修改

（2）专项附加扣除信息采集

个人所得税专项附加扣除，是指个人所得税法规定的子女教育、继续教育、大病医疗、住房贷款利息、住房租金和赡养老人、婴幼儿照护等七项专项附加扣除。个人所得税专项附加扣除如表4-29所示。

表 4-29   个人所得税专项附加扣除明细

专项扣除名称	扣除范围		扣除方式	扣除标准		扣除主体
子女教育	学前教育支出	年满3岁至小学入学前（不包括0~3岁）	定额扣除	每个子女每月1000元	父母（法定监护人）各扣除50%	父母（法定监护人）选择由其中一方全额扣除
	学历教育支出	义务教育（小学、初中教育）、高中阶段教育（普通高中、中等职业、技工教育）、高等教育（大学专科、大学本科、硕士研究生、博士研究生教育）	定额扣除			

续表

专项扣除名称	扣除范围		扣除方式	扣除标准	扣除主体	
继续教育	学历（学位）继续教育支出	境内学历（学位）教育期间	定额扣除	400元/每月，最长不超过48个月	本人扣除	个人接受本科及以下学历（学位）继续教育，可以选择由其父母扣除
	技能人员职业资格继续教育支出	取得证书的年度	定额扣除	3 600元	本人扣除	本人扣除
	专业技术人员职业资格继续教育的支出					
大病医疗	基本医保相关医药费扣除医保报销后发生的支出	个人负担累计超过15 000元的部分	限额内据实扣除	每年在不超过80 000元限额内据实扣除	本人医药费用本人或者其配偶扣除未成年子女医药费用支出由其父母一方扣除。	
住房贷款利息	首套住房贷款利息支出	在偿还贷款期间（不超过240个月）	定额扣除	1 000元/月	纳税人未婚，本人扣除	纳税人已婚，夫妻双方可选一方扣除
						纳税人已婚且婚前分别购买住房发生的首套住房贷款利息，选择一套房，由购买方扣除或对各自购买住房分别按扣除标准的50%扣除，具体扣除方式在一个纳税年度内不能变更
住房租金	在主要工作城市没有自有住房而发生的住房租金支出	直辖市、省会（首府）、计划单列市及国务院确定的城市	定额扣除	1 500元/月	纳税人未婚，本人扣除	纳税人已婚且夫妻双方主要工作城市相同，由承租人扣除
		市辖区户籍人口 > 100万的城市		1 100元/月		纳税人已婚且夫妻双方主要工作城市不同，分别扣除
		市辖区户籍人口 ≤ 100万的城市		800元/月		

续表

专项扣除名称	扣除范围		扣除方式	扣除标准			扣除主体
赡养老人	有赡养义务的子女赡养一位及以上60岁(含)以上父母，以及子女均已去世的年满60岁的祖父母、外祖父母的支出	独生子女	定额扣除	2 000元/月	本人扣除		
		非独生子女	定额扣除	每人不超过1 000元/月	平均分摊	约定分摊	指定分摊
婴幼儿照护	3岁以下婴幼儿子女		定额扣除	1 000元/月	父母(法定监护人)各扣除50%		父母(法定监护人)选择由其中一方全额扣除

个人所得税专项附加扣除注意事项，见表4-30。

表4-30　个人所得税专项附加扣除注意事项

专项扣除名称	注意事项
子女教育	子女在境内或境外接受学历(学位)教育,接受公办或民办教育均可享受 子女接受学历教育需为全日制学历教育 具体扣除方式在一个纳税年度内不能变更
继续教育	学历继续教育支出同一教育事项,不得重复扣除
大病医疗	次年汇算清缴时享受扣除
住房贷款利息	不得与住房租金专项附加扣除同时享受 纳税人本人或其配偶所购买住房需为中国境内住房
住房租金	不得与住房贷款利息专项附加扣除同时享受
赡养老人	指定分摊或约定分摊必须签订书面分摊协议 指定分摊与约定分摊不一致的,以指定分摊为准 具体分摊方式和额度在一个纳税年度内不能变更
婴幼儿照护	婴幼儿在国内还是国外出生,其父母都可以享受扣除 扣除起算时间为从婴幼儿出生的当月至满3周岁的前一个月

企业员工(自然人)符合子女教育、继续教育、住房贷款利息或住房租赁、赡养老人专项附加扣除范围和条件的纳税人,自其符合条件开始,可以向取得工资、薪金所得的扣缴义务

人提供上述专项附加扣除有关信息,由扣缴义务人在次月预扣预缴税款时办理扣除;也可以在次年 3 月 1 日至 6 月 30 日内,向税务机关办理汇算清缴申报时扣除,如图 4-57 所示。

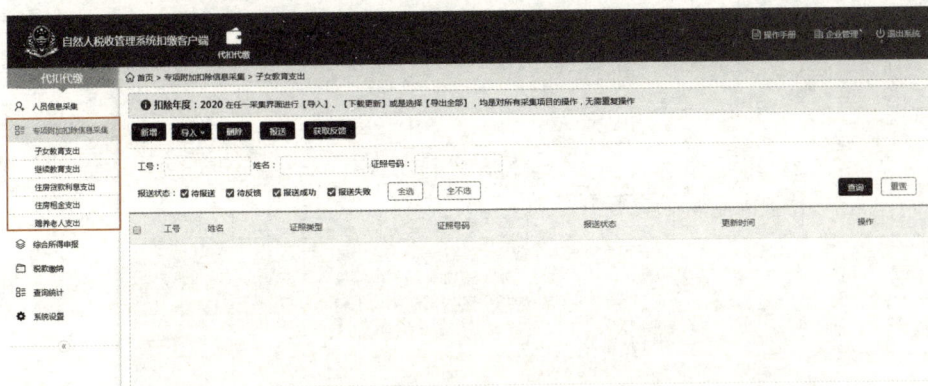

图 4-57　专项附加扣除信息采集界面

实务中,企业员工(自然人)在填写专项附加扣除信息时是通过手机个人所得税 APP进行填写的,填写过程中,选择扣除年度,然后根据自身的情况填写相应的专项附加扣除,如图 4-58 所示。

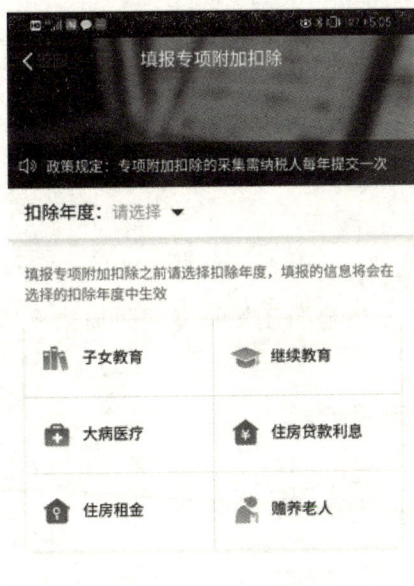

图 4-58　个人所得税 APP—专项附加扣除信息填写

根据系统提示进行填写,填写完后,在申报方式那边选择"通过扣缴义务人申报",然后点击对应的扣缴公司的名称,最后点击完成。就完成自然人专项附加扣除的内容了,如图 4-59 所示。

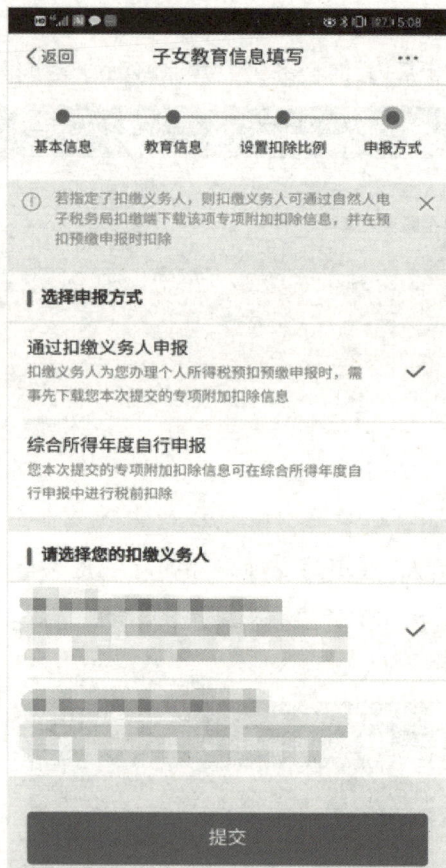

图 4-59　个人所得税 APP—专项附加扣除信息完成

企业根据员工自身填写的专项附加扣除信息,可以通过自然人税收管理系统扣缴客户端的专项附加扣除信息采集,查看到员工填写专项附加扣除的一些统计情况,如图 4-60 所示。

图 4-60　员工填写专项附加扣除统计情况

专项附加扣除信息采集完后,企业就可以进行预扣预缴申报了。

（3）综合所得预扣预缴申报

综合所得个人所得税预扣预缴申报,是指扣缴义务人在向居民个人支付综合所得时,根据已采集的个人身份证信息,结合当期收入、扣除等情况,在支付所得的月度终了之日起

15 日内,向主管税务机关报送《综合所得个人所得税预扣预缴报告表》和主管税务机关要求报送的其他有关材料,进行综合所得个人所得税预扣预缴申报。

具体的申报界面填写的内容主要包括:收入及减除填写、税款计算、附表填写、申报表报送,如图 4-61 所示。

图 4-61 综合所得申报

①以工资薪金所得的填写为例,点击右侧的“填写”按钮,进入填写界面,系统弹出提示框,可以点击“确定”,点击“确定”后弹出新窗口,选择“标准模板导入”,选择并导入已经编制好的数据表格,如图 4-62 所示。

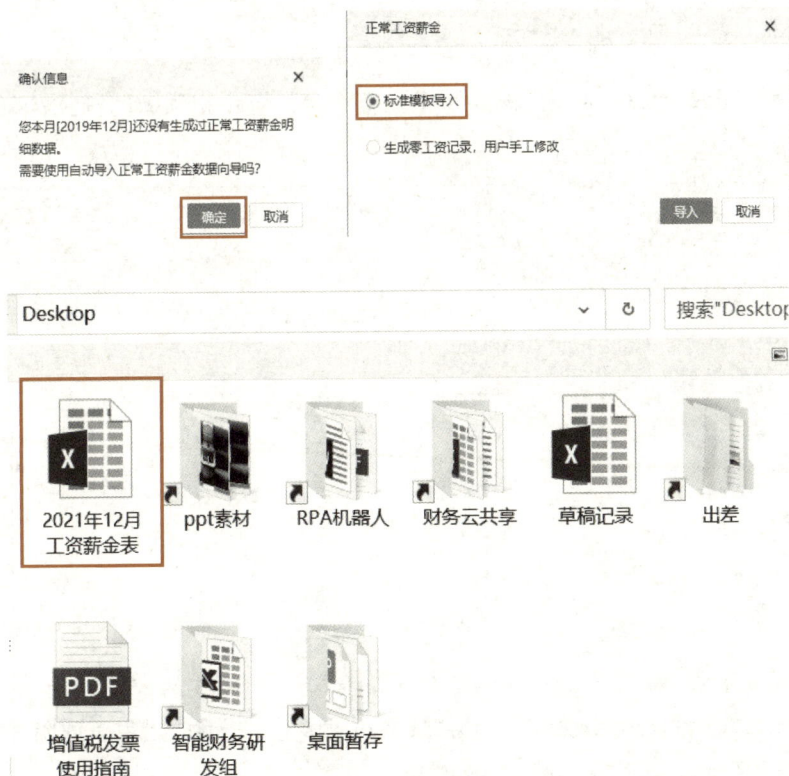

图 4-62 综合所得申报—工资薪金所得(导入数据)

在实务工作中,企业的报税会计通常会按照导入的模板格式编制工资表,每月直接导入系统即可。

如果企业员工比较少且工资数据变化不大,也可以选择"生成零工资记录,用户手工修改",系统会自动把上个月的职工信息带入,只需要在系统中填写相关金额即可。部分表格如图4-63所示。

	工号	姓名	本期收入	本期免税收入	基本养老保险费	基本医疗保险费
☐	QR-0001	谢尚	0	0	0	0
☐	QR-0002	张高山	0	0	0	0
☐	QR-0003	许莉	0	0	0	0
☐	QR-0004	历文娟	0	0	0	0
☐	QR-0005	陈思淼	0	0	0	0
☐	QR-0006	张胜利	0	0	0	0
☐	QR-0007	李丙文	0	0	0	0
☐	QR-0008	龙晓胜	0	0	0	0
☐	QR-0009	林剑锋	0	0	0	0
☐	QR-0010	廖小壮	0	0	0	0

图4-63 综合所得申报—工资薪金所得(填写数据)

②信息填写完成后,即可点击"税款计算",查看当月应预扣预缴的税款,部分数据如图4-64所示。

工号	姓名	证照类型	累计应扣缴税额	已扣缴税额	应补(退)税额
QR-0001	谢尚	居民身份证	401.04	551.04	0
QR-0002	张高山	居民身份证	251.04	401.04	0
QR-0003	许莉	居民身份证	0	41.04	0
QR-0004	历文娟	居民身份证	0	0	0
QR-0005	陈思淼	居民身份证	0	0	0
QR-0006	张胜利	居民身份证	0	0	0
QR-0007	李丙文	居民身份证	0	0	0
QR-0008	龙魏胜	居民身份证	0	0	0
QR-0009	林剑锋	居民身份证	0	0	0

图4-64 综合所得申报—工资薪金所得(税款计算)

③根据员工享受个人所得税减免税情况,填写附表信息,包括减免事项附表、商业健康保险附表、税延养老保险附表,如图4-65所示。

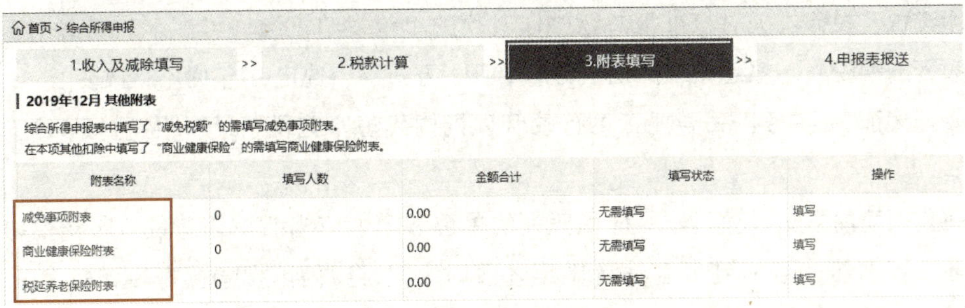

首页 > 综合所得申报

1.收入及减除填写 >> 2.税款计算 >> 3.附表填写 >> 4.申报表报送

| 2019年12月 其他附表

综合所得申报表中填写了“减免税额”的需填写减免事项附表。
在本项其他扣除中填写了“商业健康保险”的需填写商业健康保险附表。

附表名称	填写人数	金额合计	填写状态	操作
减免事项附表	0	0.00	无需填写	填写
商业健康保险附表	0	0.00	无需填写	填写
税延养老保险附表	0	0.00	无需填写	填写

图 4-65　综合所得申报—工资薪金所得(附表填写)

④查看本月申报表,核对无误后“发送申报”,如图 4-66 所示。

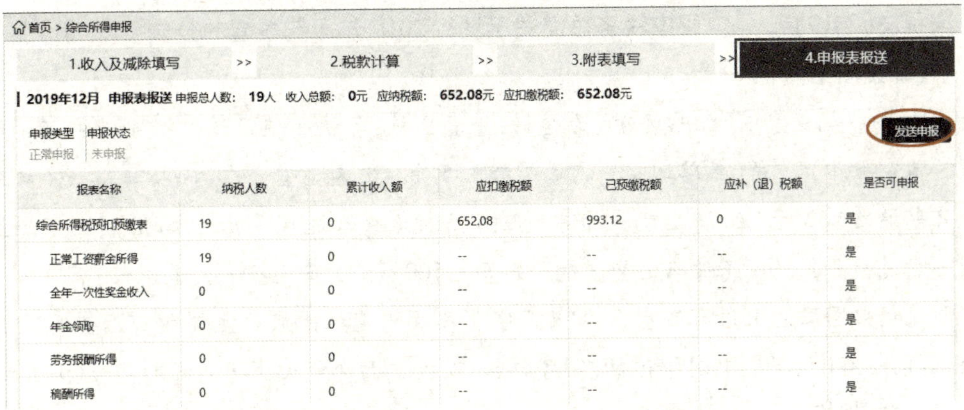

首页 > 综合所得申报

1.收入及减除填写 >> 2.税款计算 >> 3.附表填写 >> 4.申报表报送

| 2019年12月 申报表报送 申报总人数: 19人 收入总额: 0元 应纳税额: 652.08元 应扣缴税额: 652.08元

申报类型 申报状态
正常申报 未申报

发送申报

报表名称	纳税人数	累计收入额	应扣缴税额	已预缴税额	应补(退)税额	是否可申报
综合所得税预扣预缴表	19	0	652.08	993.12	0	是
正常工资薪金所得	19	0	--	--	--	是
全年一次性奖金收入	0	0	--	--	--	是
年金领取	0	0	--	--	--	是
劳务报酬所得	0	0	--	--	--	是
稿酬所得	0	0	--	--	--	是

图 4-66　综合所得申报—工资薪金所得(发送申报)

(四)印花税的计算与申报

印花税是对经济活动和经济交往中订立,领受具有法律效力的凭证的行为所征收的一种税。因采用在应税凭证上粘贴印花税票作为完税的标志而得名。印花税缴纳主要有以下几种方法:

自行贴花方法:一般情况下,企业需要预先购买印花税票,待发生应税行为时,再根据凭证的性质和规定的比例税率或者按件计算应纳税额,将已购买的印花税票粘贴在应纳税凭证上,并在每枚税票的骑缝处盖戳注销或者划销,办理完税手续。该方法一般适用于应税凭证少或者贴花次数少的纳税人。已贴用的印花税票揭下重用造成未缴或者少缴印花税的,由税务机关追缴其不缴或者少缴的税款、滞纳金,并处不缴或者少缴的税款 50% 以上 5 倍以下的罚款;构成犯罪的,依法追究刑事责任。

汇贴方法:是指一份凭证应纳税额超过 500 元的,应向当地税务机关申请填写缴款书或者完税凭证,将其中一联粘贴在凭证上或者由税务机关在凭证上加注完税标记代替贴花,一般适用于应纳税额较大的纳税人。

汇总缴纳:对同一类应纳税凭证较多,需频繁贴花的,应向当地税务机关申请按期汇总缴纳印花税。税务机关对核准汇总缴纳印花税的单位发给汇缴许可证。一般适用于贴花次数频繁的纳税人。汇总缴纳的期限为 1 个月。方式一经选定,1 年内不得改变。

委托代征法:税务机关委托工商行政管理机构代售印花税票,按代售金额 5% 支付手续费。

在我国境内书立、使用、领受应税凭证的单位和个人应当缴纳印花税。印花税的税费金额通常较小,但是企业比较容易漏缴,若不及时缴纳,将面临的罚款金额则比较大。

法律法规

国税发〔2019〕42 号　国家税务总局关于发行 2019 年印花税票的公告

一、税票图案内容

2019 年印花税票以"丝路远望"为题材,一套 9 枚,各枚面值及图名分别为:1 角(丝路远望·凿空丝路)、2 角(丝路远望·河西互市)、5 角(丝路远望·广纳远宾)、1 元(丝路远望·舟舶继路)、2 元(丝路远望·市舶通商)、5 元(丝路远望·云帆高张)、10 元(丝路远望·古道新程)、50 元(丝路远望·潮平岸阔)、100 元(丝路远望·大道同行)。

印花税票图案左上角有镂空篆体"税"字。各枚印花税票底边左侧印有面值和"2019"字样,右侧印有图名和"中国印花税票"字样,以及按票面金额大小排列的顺序号(9-X)。

二、税票规格

2019 年印花税票打孔尺寸为 50mm×38mm,齿孔度数为 13×12.5,20 枚 1 张,每张尺寸为 280mm×180mm,左右两侧出孔到边。

三、税票防伪措施

(一)采用哑铃异形齿孔,左右两边居中;

(二)图内红版全部采用特制防伪油墨;

(三)每张喷有 7 位连续墨号;

(四)其他技术及纸张防伪措施。

四、其他事项

2019 年印花税票自本公告发布之日起启用,以前年度发行的各版印花税票仍然有效。

印花税票"丝路远望"如图 4-67、4-68 所示。

图4-67　印花税票"丝路远望"

图4-68　印花税票"丝路远望"

1.印花税的计算

应纳税额=应税凭证的计税金额(或件数)×适用税率-减免税额

在计算过程中,税目税率、计税依据、减免税是关键因素。

(1)税目、税率和计税依据

印花税的税目分为合同、产权转移书据、营业账簿、权利证照四大类。

印花税的税率有定额税率和比例税率两种。定额税率适用于权利证照和营业账簿,按5元/件贴花,比例税率分为0.05‰,0.3‰,0.5‰,1‰四档税率。具体的税目、税率和计税依据见表4-31。

表4-31　印花税暂行条例的税目、税率和计税依据

税　目	计税依据	税　率
1.购销合同	合同记载的购销金额,不包括列明的增值税税款	0.3‰
2.加工承揽合同	加工或承揽的收入	0.5‰
3.建设工程勘察设计合同	收取的费用	0.5‰

续表

税　目	计税依据	税　率
4.建筑安装工程承包合同	承包的金额	0.3‰
5.财产租赁合同	租赁金额	1‰
6.货物运输合同	运输费用	0.5‰
7.仓储保管合同	收取的仓储保管费用	1‰
8.借款合同	借款金额	0.05‰
9.财产保险合同	收取的保险费	1‰
10.技术合同	所记载的价款	0.3‰
11.产权转移书据	所记载的金额	0.5‰
12.营业账簿	资金账簿:实收资本和资本公积记载的金额	0.5‰
	其他账簿的件数	5元/件
13.权利许可证照	应税凭证的件数(营业执照、房产证、土地证、商标证、专利证)	5元/件

　　《中华人民共和国印花税法》已于2021年6月10日通过,自2022年7月1日起施行。新法取消了定额税率,调整了部分税目,具体见表4-32。

表4-32　印花税法的税目、税率和计税依据

税　目		计税依据	税　率
合同	借款合同	借款金额	0.05‰
	融资租赁合同	租金	0.05‰
	买卖合同(动产)	合同记载的价款	0.3‰
	承揽合同	加工或承揽的报酬	0.3‰
	建设工程合同	合同记载的价款	0.3‰
	运输合同	运输费用	0.3‰
	技术合同	所记载的价款	0.3‰
	租赁合同	租赁金额	1‰
	保管合同	保管费用	1‰
	仓储合同	仓储费用	1‰
	财产保险合同	收取的保险费	1‰

税　目		计税依据	税　率
产权转移书据	土地使用权出让书	合同记载价款	0.5‰
	土地使用权、房屋等建筑和构筑物转让书	合同记载价款	0.5‰
	股权转让书	合同记载价款	0.5‰
	商标专用权、著作权、专利权、专有技术使用权转让书据	所记载的金额	0.3‰
营业账簿		实收资本和资本公积记载的金额	0.25‰
证券交易		成交金额	1‰

实务贴士

在实务工作中,通常按照计税依据的一定比例核定征收印花税,具体比例由税务机关核定,各省并不相同。

例如:国家税务总局青岛市税务局公告2018年第21号。

一、购销合同

(一)工业采购和销售环节应纳印花税,按销售收入的50%核定征收。

(二)商业零售采购环节应纳印花税,按销售收入的20%核定征收。

(三)外贸采购和销售环节应纳印花税,按销售收入的50%核定征收。

二、货物运输合同,按运输货物收入、费用的80%核定征收。

三、仓储保管合同,按仓储保管收入、费用的80%核定征收。

本公告自2018年10月1日起执行。

(2)减免税款

自2018年5月1日起,对按万分之五税率贴花的资金账簿减半征收印花税,按件贴花五元的其他账簿免征印花税。

根据财税2019年第13号第三条规定:由省、自治区、直辖市人民政府根据本地区实际情况,以及宏观调控需要确定,对增值税小规模纳税人可以在50%的税额幅度内减征资源税、城市维护建设税、房产税、城镇土地使用税、印花税(不含证券交易印花税)、耕地占用税和教育费附加、地方教育附加。执行期限自2019年1月1日至2021年12月31日。第四条规定:增值税小规模纳税人已依法享受资源税、城市维护建设税、房产税、城镇土地使用税、印花税、耕地占用税、教育费附加、地方教育附加其他优惠政策的,可叠加享受本通知第三条规定的优惠政策。

【案例引入】

北京程达物流有限公司的印花税按照法定的税率征收,请根据企业合同登记统计表(表4-33),计算2021年12月应缴纳的印花税。

表4-33 "程达物流"2021年12月合同统计表

合同名称	签订日期	合同金额	备注
购销合同	2021年12月10日	258 850.00	
财产保险合同	2021年12月15日	90 000.00	
货物运输合同	2021年12月16日	831 000.00	

根据合同名称查找印花税对应的税目,税目分别为购销合同、财产保险合同、货物运输合同,采用的比例税率分别为0.3‰、1‰、0.5‰。

购销合同:应纳税额=258 850.00×0.3‰=77.66(元)

财产保险合同:应纳税额=90 000.00×1‰=90.00(元)

货物运输合同:应纳税额=831 000.00×0.5‰=415.50(元)

合计应纳税额=77.66+90.00+415.50=583.16(元)

2. 印花税的申报

采用按期汇总方式纳税的企业应当在次月15日内申报缴纳印花税,根据应纳税额的计算结果,登录电子税务局进行纳税申报。

(1)申报表的填写

自2021年6月1日起,纳税人申报缴纳城镇土地使用税、房产税、车船税、印花税、耕地占用税、资源税、土地增值税、契税、环境保护税、烟叶税中一个或多个税种时,使用《财产和行为税纳税申报表》,共有3张明细表。

①主表《财产和行为税纳税申报表》由所有印花税纳税人填写,本表根据各税种税源明细表自动生成,申报前需填写税源明细表。如图4-69所示。

《财产和行为税纳税申报表》

财产和行为税纳税申报表

纳税人识别号（统一社会信用代码）：□□□□□□□□□□□□□□□□□□

纳税人名称： 金额单位：人民币元（列至角分）

序号	税种	税目	税款所属期起	税款所属期止	计税依据	税率	应纳税额	减免税额	已缴税额	应补（退）税额
1										
2										
3										
4										
5										
6										
7										
8										
9										
10										
11	合计	—	—	—	—					

声明：此表是根据国家税收法律法规及相关规定填写的，本人（单位）对填报内容（及附带资料）的真实性、可靠性、完整性负责。

纳税人（签章）： 年 月 日

经办人： 经办人身份证号： 代理机构签章： 代理机构统一社会信用代码：	受理人： 受理税务机关（章）： 受理日期： 年 月 日

图4-69 财产和行为税纳税申报表（主表）

②附表《财产和行为税减免税明细申报附表》由享受印花税减免政策的纳税人填写，本表除表头项目外，其余内容根据各税种税源明细表自动生成，申报前需填写税源明细表。部分申报表如图4-70所示。

财产和行为税减免税明细申报附表

纳税人识别号（统一社会信用代码）：□□□□□□□□□□□□□□□□□□

纳税人名称： 金额单位：人民币元（列至角分）

本期是否适用增值税小规模纳税人减征政策	□是 □否	本期适用增值税小规模纳税人减征政策起始时间	年 月
		本期适用增值税小规模纳税人减征政策终止时间	年 月
合计减免税额			

城镇土地使用税

序号	土地编号	税款所属期起	税款所属期止	减免性质代码和项目名称	减免税额
1					
2					
小计	—		—	—	

房产税

序号	房产编号	税款所属期起	税款所属期止	减免性质代码和项目名称	减免税额
1					
2					
小计	—		—	—	

车船税

序号	车辆识别代码/船舶识别码	税款所属期起	税款所属期止	减免性质代码和项目名称	减免税额
1					
2					
小计	—		—	—	

印花税

序号	税目	税款所属期起	税款所属期止	减免性质代码和项目名称	减免税额
1					
2					
小计	—		—	—	

图4-70 财产和行为税纳税申报表（附表）

③《财产和行为税税源明细表》按照各税种分别进行填列，在纳税申报时应当先填写本

表。"印花税税源明细表"如图 4-71 所示。

《财产和行为税纳
税税源明细表》

印花税税源明细表

纳税人识别号（统一社会信用代码）：□□□□□□□□□□□□□□□□□□

纳税人名称：　　　　　　　　　　　　　　　　　　　　　　　　金额单位：人民币元（列至角分）

序号	*税目	*税款所属期起	*税款所属期止	应纳税凭证编号	应纳税凭证书立（领受）日期	*计税金额或件数	核定比例	*税率	减免性质代码和项目名称
				按期申报					
1									
2									
3									
				按次申报					
1									
2									
3									

图 4-71　印花税税源明细表

在该表当中，带"＊"的项目为必填项目，其他项目根据情况填写。

【案例引入】

"程达物流"不享受印花税优惠政策，根据 2021 年 12 月份的合同情况，填写纳税申报表。

综合"程达物流"的信息，2021 年 12 月份印花税计算表见表 4-34。

表 4-34　"程达物流"2021 年 12 月印花税计算表

合同名称	签订日期	计税依据	税率	应纳税额
购销合同	2021-12-10	258 850.00	0.3‰	77.60
财产保险合同	2021-12-15	90 000.00	1‰	90.00
货物运输合同	2021-12-16	831 000.00	0.5‰	415.50
小计				582.80

"印花税税源明细表"的填写如图 4-72 所示。

印花税税源明细表

纳税人识别号（统一社会信用代码）：
纳税人名称：北京程达物流有限公司　　　　　　　　　金额单位：人民币元（列至角分）

序号	*税目	*税款所属期起	*税款所属期止	应纳税凭证编号	应纳税凭证书立(领受)日期	*计税金额或件数	核定比例	*税率	减免性质代码和项目名称
				按期申报					
1	购销合同	2021-12	2021-12		2021-12-10	258,850.00		0.3‰	
2	财产保险合同	2021-12	2021-12		2021-12-15	90,000.00		1‰	
3	货物运输合同	2021-12	2021-12		2021-12-16	831,000.00		0.5‰	
				按次申报					
1									
2									
3									

图4-72 "程达物流"印花税税源明细表

附表"财产和行为税减免税明细申报附表"的填写如图4-73所示。

财产和行为税减免税明细申报表

纳税人识别号（统一社会信用代码）：
纳税人名称：北京程达物流有限公司　　　　　　金额单位：人民币元（列至角分）

本期是否适用增值税小规模纳税人减征政策	□是 ✓否	本期适用增值税小规模纳税人减征政策起始时间	年 月
		本期适用增值税小规模纳税人减征政策终止时间	年 月

合计减免税额					
		印花税			
序号	税目	税款所属期起	税款所属期止	减免性质代码和项目名称	减免税额
1	购销合同	2021-12	2021-12		-
2	财产保险合同	2021-12	2021-12		-
3	货物运输合同	2021-12	2021-12		-
小计	—				—

图4-73 "程达物流"财产和行为税纳税申报表（附表）

"本期是否适用增值税小规模纳税人减征政策"根据实际情况填写，其他数据由"印花税税源明细表"自动生成。

主表"财产和行为税纳税申报表"的填写如图4-74所示。

财产和行为税纳税申报表

纳税人识别号（统一社会信用代码）：
纳税人名称：北京程达物流有限公司　　　　　　金额单位：人民币元（列至角分）

序号	税种	税目	税款所属期起	税款所属期止	计税依据	税率	应纳税额	减免税额	已缴税额	应补(退)税额
1	印花税	购销合同	2021-12	2021-12	258,850.00	0.3‰	77.66	-	-	77.66
2	印花税	财产保险合同	2021-12	2021-12	90,000.00	1‰	90.00	-	-	90.00
3	印花税	货物运输合同	2021-12	2021-12	831,000.00	0.5‰	415.50	-	-	415.50
4										
5										
6										
7	合计				-		583.16			583.16

图4-74 "程达物流"财产和行为税纳税申报表（主表）

(2)纳税申报操作

实务工作中，企业申报印花税通常使用的申报方式是网上申报。报税会计在填写完申报表后,点击申报按钮进行申报,然后选择对应的缴纳方式进行缴款,缴款成功后,就完成了印花税的申报及缴纳。

实务贴士

根据《印花税暂行条例》的规定,印花税的纳税期限是在印花税应税凭证书立、领受时贴花完税的。对实行印花税汇总缴纳的单位,缴款期限最长不得超过一个月。

根据新的《印花税法》的规定,印花税按季、按年或者按次计征。实行按季、按年计征的,纳税人应当自季度、年度终了之日起十五日内申报缴纳税款;实行按次计征的,纳税人应当自纳税义务发生之日起十五日内申报缴纳税款。

四、业务训练

登录财务共享中心平台,进入南京公创数码科技有限公司的账套,计算涉及的增值税、附加税、企业所得税的金额,填写纳税申报表。

参考文献

[1]北京东大正保科技有限公司.财务共享服务职业技能等级标准[R].2019.

[2]北京东大正保科技有限公司.财务共享服务实务(初级)[M].北京:高等教育出版社,2022.

[3]布赖恩·伯杰伦.共享服务精要[M].北京:中国人民大学出版社,2004.

[4]安德鲁·克里斯,马丁·费伊.服务共享[M].郭蓓,译.北京:中国人民大学出版社,2005.

[5]陈虎,董皓.财务共享服务[M].北京:中国财政经济出版社,2009.

[6]陈虎,李颖.财务共享服务行业调查报告[M].北京:中国财政经济出版社,2011.

[7]王明亮.以"共享服务中心"推动财务管理升级[J].新理财,2006.

[8]Barbara Quinn,Robert Cooke,Andrew Kris.公司的金矿——共享式服务[M].郭蓓,译.昆明:云南大学出版社,2001.

[9]任振清.财务数字化转型:大型企业财务共享服务中心建设实践[M].北京:清华大学出版社,2020.

[10]万晓曦.智慧共享助力管理提升[J].中国建设信息化,2020(16):2.

[11]李玉环.财务共享服务模式下高职会计教学改革研究[J].当代会计,2021(2):185-186.

[12]王海明.中小企业财务共享信息化实施研究[J].中国管理信息化,2021,24(18):63-64.

[13]林月华.1+X证书制度下的中职会计实训一体化教学实践[J].教师,2021(22):86-87.

[14]罗媚妮.财务共享平台提升施工企业财务管理水平[J].今日财富,2019(4):130-131.